★ 北京外国语大学一流学科建设科研项目成〔果〕

商业策划与项目管理

BUSINESS PLANNING AND PROJECT MANAGEMENT

曹鸿星◎编著

知识产权出版社
全国百佳图书出版单位

图书在版编目（CIP）数据

商业策划与项目管理/曹鸿星编著. —北京：知识产权出版社，2019.8（2025.7重印）
ISBN 978-7-5130-6373-9

Ⅰ.①商… Ⅱ.①曹… Ⅲ.①商业—策划②项目管理 Ⅳ.①F713.5②F224.5

中国版本图书馆 CIP 数据核字（2019）第 147652 号

内容提要

鉴于实践中商务策划项目的普遍性和重要性，本书紧密结合企业实践，以商务策划为核心，涵盖项目管理的理论知识、管理过程和重要的方法和技术。目的在于围绕撰写商务策划书的内容，指导学生结合企业实际调研，进行商务策划与项目管理的实践活动，掌握商务策划的基本理论和方法，使学生具备一定程度的项目管理水平和能力。

策划编辑：蔡　虹	
责任编辑：栾晓航	责任校对：谷　洋
封面设计：邵建文　马倬麟	责任印制：孙婷婷

商业策划与项目管理
曹鸿星　编著

出版发行：知识产权出版社有限责任公司	网　　址：http://www.ipph.cn
社　　址：北京市海淀区气象路 50 号院	邮　　编：100081
责编电话：010-82000860 转 8324	责编邮箱：caihong@cnipr.com
发行电话：010-82000860 转 8101/8102	发行传真：010-82000893/82005070/82000270
印　　刷：北京九州迅驰传媒文化有限公司	经　　销：各大网上书店、新华书店及相关专业书店
开　　本：787mm×1092mm　1/16	印　　张：18.5
版　　次：2019 年 8 月第 1 版	印　　次：2025 年 7 月第 3 次印刷
字　　数：268 千字	定　　价：69.00 元
ISBN 978-7-5130-6373-9	

出版权专有　侵权必究
如有印装质量问题，本社负责调换。

前　言

　　现代商业活动，是各种创意迭出、竞争激烈和纷繁复杂的世界。我们每天都可以观察到各种商业策划的现象，体验到不同策划项目管理的效果。作为经济管理专业的本科生或者研究生，怎么可以缺乏这方面的知识、能力和素质呢？

　　商业策划就是企业或组织发现与利用规律，借鉴与运用科学方法，整合资源，进行专业化决策的思维方式。商业策划是对一个项目的全方位规划，对项目管理的效果至关重要。项目是完成某些特定指标的独立的一次性任务。项目管理就是运用科学的理论和方法，对项目进行计划、组织、指挥、协调和控制，实现项目立项时确定的目标。随着信息和通信技术的迅速发展，项目管理的应用日益广泛和深入，掌握商业策划和项目管理的知识和方法已经成为经济管理专业毕业生的要求。

　　商业策划和项目管理有着非常紧密的逻辑关系。商业策划的对象大多以项目的形式存在，例如，某项新产品的上市推广方案、某项产品的公共关系策划方案等，都是一次性的特定任务，属于项目和项目管理的范畴。一套完整、严谨的商业策划书能够为项目启动和运营提供工作指南和行动纲领，是项目管理的前期工作，而项目管理是商业策划是否能够具体落实，并执行到位的关键。项目管理水平综合反映了一个国家的经济发展状况和科技发展水平。

　　编者从2002年至今，一直在从事《商业策划与项目管理》的教学工作，编者发现，最大的困难在于理论落后于实践的发展。丰富的商业策划和项目管理实践很难用理论来引导或概括。当然，这也正是这门课程的魅力所在，没有太多条条框框，非常灵活。然而，在教学中，一直感觉缺乏一本非常具有针对性的教材，即：既在有限的课时内，可以结合学生的实际情况，尤其是综合性大学本科生的背景，介绍商业策划的思路、方法和过程；又可以学习项目管理的主要知识领域，帮助学生将商业策划的创意或者计划进行落实的教材。

在北京外国语大学"2018年度一流学科建设"经费和知识产权出版社的大力支持下，编者有幸将此设想变为现实。本书力求具有以下几个特点：

1. 强调理论指导。本书分为两个模块：第一个模块是商业策划；第二个模块是项目管理。两个模块各有八章，共计十六章的内容。对于商业策划模块，由于该部分的内容艺术性大于科学性，所以，编者力求从多个商业领域的畅销书中寻找理论支持，并集合起来形成策划思想精髓，为商业策划提供参考。对于项目管理模块，则以《项目管理知识体系》作为理论指导，同时选择项目管理特有的内容，尽量做到不与其他教材内容重复。

2. 尽量反映当前商业世界的最新实践活动。例如，本书所选取的故宫淘宝、华帝2018年世界杯营销、阿迪达斯NMD运动鞋、奥运会的花费等案例，使得学生能够理论联系实际，提高学习热情和兴趣。

3. 选取材料尽量客观、公正、中立。编者大多以第三方媒体来源，而不以当事人的立场叙述为主来选取材料。例如，案例选取遵循两个原则：一是力求较新，能够切实反映当前商务实践；另一个是力求经典，即该案例不受限于时间，历经久远仍然能够给人启示，反映了商业策划的思想或实质。

4. 本教材的体例丰富多彩。本书设计了各种案例讨论题目和课程项目实践活动。例如，在第一章的课程项目里，将会组织学生分组阅读经典畅销书的活动，一直持续到学期末，通过加强学生的知识输入和储备，切实提高其商业策划能力和项目管理水平。同时，本书强调内容精简，避免内容庞杂和篇幅冗长。

本教材的编写要感谢从2002年以来所教授的北京外国语大学国际商学院的各届学生，他们在课堂的参与和反馈，各种课内外讨论和分享，使得本教材能够较为贴近学生需求；同时，本书借鉴和引用了很多国内学者和企业家的成果，在此，一并表示衷心、诚挚的感谢！当然，由于本人水平、资源和时间有限，书中尚有很多不足之处，恳请读者指正和赐教，以便本书不断修订，编者不胜感激。

曹鸿星（caohongxing@bfsu.edu.cn）

2019 年 1 月 4 日

教学建议

教学目的

商业策划和项目管理是一门以商业策划和项目管理活动为研究对象的新兴学科,它把科学的认真严谨和艺术的创意创造巧妙地统一起来。该课程是理论与实践紧密结合的活动,应该采用案例教学、课题讨论、现场模拟、情景再现、企业参观实践等行之有效的教学方法和模式,培养学生积极思考、分析问题和解决问题的能力。具体而言,教学要达到以下三个层次的目标:

1. 知识目标

学习商业策划思路、方法和过程;以及项目管理知识体系的理论、管理过程和方法技术。

2. 能力目标

围绕商业策划和项目管理的内容,指导学生结合企业实际,积极应用所学知识,以团队方式进行实践活动,掌握商业策划的基本理论和方法,具备一定程度的项目管理水平和能力。

3. 素质目标

学会团队合作,在与他人交流和相处中提高自己的沟通能力和管理水平。具备团队合作精神,培养商业道德和伦理观念。

前期课程

微观经济学、宏观经济学、管理学、市场营销学、财务会计等。

教学安排

教学周	教学内容	作业
1	课程介绍 第一章 商业策划概念和发展	课后阅读导论和第一章
2	第二章 商业策划原理	课后阅读第二章
3	第三章 商业策划分析	案例讨论
4	第四章 产品策划	案例讨论
5	第五章 广告策划	案例讨论
6	第六章 营销国际化策划	案例讨论
7	第七章 网络营销策划	案例讨论
8	第八章 商业策划伦理道德	案例讨论
9	第九章 项目管理概论	
10	第十章 项目可行性研究与评估	练习题
11	第十一章 项目范围管理和时间管理	练习题
12	第十二章 项目成本管理	练习题
13	第十三章 项目质量管理	案例讨论
14	第十四章 项目人力资源管理	案例讨论
15	第十五章 项目沟通管理	案例讨论
16	第十六章 项目风险管理	案例讨论
17	复习和总结	
18	考试	

说明：本教学计划针对经济管理专业本科生的教学要求，按照2学分，18周，36课时来进行安排，可根据授课学生实际情况进行增减。

教学方式

在教学方法上，理论和方法的学习以课堂讲授为主，要求每组学生选择一本经典书籍，阅读相应书目、材料，进行讨论并完成作业。参加营销策划实践，撰写营销策划方案，自愿选择参加比赛。采用"通过做来学习"的方法，以理论和实践结合的方式来培养相应的能力和素质。

CONTENTS

目 录

第一部分 商业策划

第一章 商业策划概念和发展 …… 3
开篇案例：故宫淘宝 …… 3
第一节 商业策划的概念 …… 4
第二节 商业策划的历史 …… 5
 一、世界策划思想的发展阶段 …… 5
 二、商业策划的思想基础 …… 6
第三节 商业策划六要素 …… 13
 一、解决问题 …… 13
 二、预期目标 …… 13
 三、战略规划 …… 14
 四、专业人士 …… 14
 五、创造力 …… 15
 六、智慧资本 …… 16
第四节 商业策划在我国的发展 …… 16
核心概念或理论 …… 18
练习 …… 18

第二章 商业策划原理 …… 20
开篇案例：成都火锅店被吃垮 …… 20
第一节 商业策划与市场营销的关系 …… 21
第二节 独特销售主张 …… 24
第三节 商业策划的原理 …… 25

一、可持续发展原理 ……………………………………… 25
　　二、效益和平衡原理 ……………………………………… 27
　　三、习以为常原理 ………………………………………… 30
　　四、信息干扰分散原理 …………………………………… 30
　　五、重复加深印象原理 …………………………………… 32
　　六、系统和整合性原理 …………………………………… 33
　第四节　商业策划的流程 …………………………………… 33
　核心概念或理论 ……………………………………………… 35
　练习 …………………………………………………………… 36

第三章　商业策划分析 …………………………………… 37
　开篇案例：华帝2018年世界杯营销 ………………………… 37
　第一节　商业策划思想 ……………………………………… 38
　　一、有限理性 ……………………………………………… 38
　　二、问题本位 ……………………………………………… 39
　　三、事实本位 ……………………………………………… 39
　　四、因果关系 ……………………………………………… 40
　　五、系统观 ………………………………………………… 40
　第二节　商业策划方法 ……………………………………… 41
　　一、头脑风暴法 …………………………………………… 41
　　二、逆向思考法 …………………………………………… 42
　　三、类比思考法 …………………………………………… 43
　　四、5W2H分析法 ………………………………………… 45
　第三节　商业策划的调研和分析 …………………………… 46
　　一、策划的调研方法 ……………………………………… 46
　　二、策划方案的结构 ……………………………………… 48
　核心概念或理论 ……………………………………………… 50
　练习 …………………………………………………………… 51

第四章　产品策划 ………………………………………… 52
　开篇案例：阿迪达斯的NMD ………………………………… 52
　第一节　产品入市策划 ……………………………………… 53

一、产品入市策划的流程 ·· 55
　　二、产品入市的战略和营销组合 ·· 56
第二节　品牌策划 ·· 56
　　一、品牌名称策划 ··· 56
　　二、品牌延伸的概念和效应 ·· 57
　　三、品牌延伸的基础和原则 ·· 58
　　四、品牌延伸的方式 ··· 59
　　五、品牌延伸成功的条件和保障 ·· 60
　　六、副品牌策划 ·· 62
第三节　商标认证和包装策划 ··· 62
　　一、商标注册和使用策划 ·· 62
　　二、商品合格认证策划 ·· 63
　　三、包装策划 ·· 63
核心概念或理论 ·· 64
练习 ·· 65

第五章　广告策划 ·· 66
开篇案例：广告语中的"最高级"限定 ··· 66
第一节　广告和广告策划 ·· 67
第二节　广告策划的程序 ·· 68
　　一、广告市场调查 ··· 68
　　二、确定广告目标 ··· 69
　　三、广告内容策划 ··· 69
　　四、广告媒体策划 ··· 71
　　五、确定广告预算 ··· 72
　　六、广告效果测定 ··· 72
核心概念或理论 ·· 73
练习 ·· 74

第六章　营销国际化策划 ·· 75
开篇案例：迪士尼在中国 ·· 75
第一节　经济全球化的发展趋势 ··· 75

第二节　进入国际市场的方式 ································ 78
　　　一、出口模式 ······································· 78
　　　二、合同模式 ······································· 79
　　　三、投资模式 ······································· 80
　　第三节　进入国际市场的障碍 ································ 83
　　　一、国际贸易壁垒 ···································· 83
　　　二、语言文化障碍 ···································· 84
　　第四节　国际营销策划 ···································· 86
　　核心概念或理论 ·· 88
　　练习 ·· 89

第七章　网络营销策划 ······································ 90
　　开篇案例：喜马拉雅的崛起 ································ 90
　　第一节　网络营销的定义和优势 ···························· 91
　　　一、网络营销的定义 ·································· 91
　　　二、网络营销的优势 ·································· 92
　　第二节　网络营销的方式 ·································· 94
　　　一、搜索引擎营销 ···································· 94
　　　二、电子邮件营销 ···································· 94
　　　三、即时通信营销 ···································· 94
　　　四、病毒式营销 ······································ 95
　　　五、BBS营销 ·· 95
　　　六、博客营销 ······································· 96
　　　七、播客营销 ······································· 96
　　　八、体验式微营销 ···································· 96
　　　九、O2O立体营销 ···································· 97
　　第三节　网络营销策划的类型和内容 ························ 98
　　　一、网络营销组合 ···································· 98
　　　二、网络营销策划的分类 ······························ 100
　　　三、网络营销策划的内容 ······························ 101
　　　四、网络营销策划的原则 ······························ 102

第四节　网络营销策划的步骤 …………………………… 103
　　核心概念或理论 ………………………………………………… 105
　　练习 ……………………………………………………………… 105
第八章　商业策划伦理道德 ………………………………………… 106
　开篇案例：低俗营销为何层出不穷？ ……………………………… 106
　　第一节　商业伦理道德的基础 ………………………………… 107
　　　一、伦理学的起源和发展 …………………………………… 107
　　　二、市场营销伦理道德的研究 ……………………………… 109
　　　三、企业实践中的重要准则 ………………………………… 110
　　第二节　网络营销策划的伦理道德 …………………………… 111
　　　一、网络营销策划的伦理道德问题 ………………………… 111
　　　二、网络营销策划的伦理道德问题的对策 ………………… 113
　　第三节　商业策划从业人员职业道德规范 …………………… 114
　　核心概念或理论 ………………………………………………… 116
　　练习 ……………………………………………………………… 117

第二部分　项目管理

第九章　项目管理概论 ……………………………………………… 121
　开篇案例：我国首个海外高铁项目 ………………………………… 121
　　第一节　项目的概念和特征 …………………………………… 121
　　第二节　项目利益相关者 ……………………………………… 125
　　第三节　项目管理的含义和层次 ……………………………… 126
　　第四节　项目生命周期和管理过程 …………………………… 128
　　第五节　项目管理的历史 ……………………………………… 131
　　第六节　项目管理知识体系和发展趋势 ……………………… 134
　　核心概念或理论 ………………………………………………… 137
　　练习 ……………………………………………………………… 138
第十章　项目可行性研究与评估 …………………………………… 142
　开篇案例：昆士兰医疗卫生部的工资系统 ………………………… 142
　　第一节　可行性研究的含义和阶段 …………………………… 143

第二节　可行性研究的步骤及原则 ·············· 145
　　第三节　可行性研究的分析方法 ·············· 146
　　　一、价值分析方法 ·············· 147
　　　二、项目风险分析 ·············· 151
　　第四节　可行性研究报告 ·············· 155
　　第五节　项目评估 ·············· 157
　　核心概念或理论 ·············· 159
　　练习 ·············· 160

第十一章　项目范围管理和时间管理 ·············· 163
　　开篇案例：元旦庆典活动 ·············· 163
　　第一节　项目范围管理 ·············· 165
　　　一、项目范围的定义和内容 ·············· 165
　　　二、工作分解结构 ·············· 168
　　第二节　项目时间管理的定义和内容 ·············· 171
　　第三节　项目活动排序方法 ·············· 174
　　　一、网络图和工作关系 ·············· 174
　　　二、项目活动的排序方法 ·············· 178
　　核心概念或理论 ·············· 182
　　练习 ·············· 183

第十二章　项目成本管理 ·············· 187
　　开篇案例：奥运会的花费 ·············· 187
　　第一节　项目成本管理的内容 ·············· 188
　　第二节　成本控制的方法和技术 ·············· 193
　　第三节　费用审计 ·············· 196
　　第四节　项目融资 ·············· 197
　　核心概念或理论 ·············· 199
　　练习 ·············· 201

第十三章　项目质量管理 ·············· 207
　　开篇案例：英国高等教育质量保证体系 ·············· 207
　　　一、内部质量保证 ·············· 207

二、外部质量保证：QAA 的质量保证过程 …………………… 207
　第一节　质量管理 …………………………………………… 208
　　一、质量管理历程及其代表人物 …………………………… 208
　　二、质量管理认证体系 ……………………………………… 209
　第二节　项目质量管理 ……………………………………… 211
　第三节　质量保证与质量控制的异同 ……………………… 214
　第四节　项目质量管理组织 ………………………………… 215
　核心概念或理论 ……………………………………………… 217
　练习 …………………………………………………………… 218

第十四章　项目人力资源管理 ……………………………… 223
　开篇案例：两则宗教故事 …………………………………… 223
　第一节　项目人力资源管理 ………………………………… 224
　第二节　项目经理 …………………………………………… 225
　　一、项目经理的定义 ………………………………………… 225
　　二、项目经理的地位 ………………………………………… 226
　　三、项目经理负责制 ………………………………………… 227
　　四、项目经理的素质 ………………………………………… 227
　第三节　项目团队建设 ……………………………………… 228
　第四节　项目组织结构 ……………………………………… 230
　　一、职能式组织 ……………………………………………… 231
　　二、项目式组织 ……………………………………………… 231
　　三、矩阵式组织结构 ………………………………………… 232
　第五节　项目岗位评价 ……………………………………… 235
　核心概念或理论 ……………………………………………… 236
　练习 …………………………………………………………… 238

第十五章　项目沟通管理 …………………………………… 243
　开篇案例：微软公司的项目沟通 …………………………… 243
　第一节　项目沟通管理的内容 ……………………………… 243
　第二节　项目信息沟通的方式 ……………………………… 246
　　一、正式沟通渠道 …………………………………………… 246

二、非正式沟通渠道 ·· 248

　第三节　项目经理的沟通 ·· 249

　第四节　项目的冲突管理 ·· 250

　核心概念或理论 ·· 253

　练习 ··· 255

第十六章　项目风险管理 ··· 259

　开篇案例：世界之巅的风险管理 ··· 259

　第一节　风险和风险管理 ·· 260

　第二节　项目风险管理过程 ··· 262

　　一、项目风险规划 ··· 263

　　二、项目风险识别 ··· 263

　　三、项目风险估计 ··· 264

　　四、项目风险评价 ··· 264

　　五、项目风险应对 ··· 265

　　六、项目风险监控 ··· 266

　第三节　项目风险管理举例 ··· 266

　核心概念或理论 ·· 272

　练习 ··· 273

参考文献 ·· 278

第一部分

商业策划

第一章　商业策划概念和发展

开篇案例：故宫淘宝

　　故宫是来北京旅游者的必到之处，除了旅游参观，更多的是对故宫历史的教育学习，在游览的背景下，故宫更多传递给用户的都是历史故事，与用户之间形成的连接是有距离感的。然而，"故宫淘宝"出现之后这个距离感在迅速缩短，创新的文创产品不仅上了淘宝，还开通了微博、微信公众号。"故宫淘宝"是一个会卖萌的、与用户主动互动的形象，这个变化让用户"受宠若惊"。故宫博物院有着沉重、庄严的历史感，朝代更替中数不尽的故事、人物都深得人心。如今，将内容进行了不同的改变，这样的反差感迅速获得了大量年轻人的点赞、转发和购买❶。

　　截至2015年12月，故宫博物院共计研发文创产品8683种，包括服饰、陶器、瓷器、书画等系列，产品涉及首饰、钥匙扣、雨伞、箱包、领带等，2015年营业额也超过了10亿元，2015年8月，故宫淘宝在网上促销，第一个小时，1500个手机座宣布售罄，一天内成交1.6万单。不仅仅是故宫，其他博物馆也都有自己的IP，现在，故宫淘宝还在陆续开发新的产品，很多产品的创意也源于用户，激发了用户参与感，一个由用户创造的文创品牌，自然得到用户喜爱。

　　为什么故宫淘宝可以如此火爆？他们是如何打造这个爆款IP的呢？故宫还在哪些方面进行尝试，他们的营销目的是什么？

---

❶ 资料来源：根据故宫淘宝网络内容营销案例改编（http://www.360doc.com/content/18/0614/10/56729455_762313195.shtml）。

第一节　商业策划的概念

从故宫淘宝案例我们可以发现，成功的商业策划使得具有古老悠久历史的故宫成了年轻人追捧的"网红"，焕发出青春活力和时代风采。那么，什么是商业策划呢？

商业策划就是专业人士运用智慧资本解决问题，以达成约定目标的社会管理过程。商业策划就是企业法人等组织为了谋求利益最大化所采取的，科学地发现与利用规律，借鉴与运用科学方法，整合资源，进行专业化决策的思维方式。具体而言，商业策划，就是在商业活动中通过与生产、管理、战略等的紧密协调，运用广告、促销、公关、新闻等手段，综合实施运行，使商业活动达到较好的效果。

商业策划，在对策划人员的水平要求方面比较严格，需要策划人员非常了解行业的相关政策及专业职能；同时要求策划人员有一定的市场调控能力。宣传策划，在对策划人员的要求方面相对商业策划而言就比较宽余，因为，一个公司企业形象的宣传主要目的是把企业的形象和知名度广泛地推广到消费者心中，那么，并不需要非常专业的技能，只需要了解市场的需求和消费者的喜好就可以了。

20世纪80年代早期，商业策划的范畴扩展了，策划者们开始把市场中的竞争因素加以考虑了。近年来，商业策划中又加入了一些新的概念，即在构思策划的时候要把公司的核心能力考虑进去，也就是说，要围绕公司擅长的方向进行策划。比如，本田公司的核心能力是在发动机方面，因此本田的战略策划是生产汽车、摩托车、除草机等。而现在，最流行的商业策划理论是"流程中心论"，即更明确地把公司所擅长的方面定义为公司的流程而不是公司生产的产品或是服务。西铁城公司形象地把这两者之间的差别做了说明：它生产的是表，而它从事的是制造精密的机械。把流程作为公司或实业的中心，并且根据流程的性能来确定商业。这样的新视角使得我们在策划的时候不仅能解决"我们应该做什么"的问题，而且解决了"我们能否执行它"的问题。

第二节 商业策划的历史

商业策划起源于近代商业制度出现之后,其形成和广泛应用是在当代,发展至今已越来越专业化。商业策划的主体是策划人或策划机构,客体是策划指向或策划标的;商业策划的要素包括策划过程、策划力和策划经费;商业策划的载体是策划方案。商业策划的内容非常广泛,大到城市商业空间的布局调整、现代化商业街区的建设,小到一个店铺的促销活动。成功的商业策划不仅可以赢得顾客的认可,更可以给商家带来可观的效益。这里仅就商业策划的基本方法、策划人员的思维特征与必备素质等问题做一些探讨,以求同行共勉之。

一、世界策划思想的发展阶段

回首世界策划思想发展史,可以大致分为三个大的阶段:

(1) 策划思想原创阶段:自公元500年的先贤论道至14世纪末15世纪初。商业策划有着非常悠久的历史。公元前500年,世界各地出现了多位思想圣人:老子、孔子、孙子、苏格拉底等,他们都不约而同地把思想集中在"道"上。例如,老子曰:道可道,非常道。孔子曰:道不同,不相为谋;朝闻道,夕死可矣。孙子曰:道者,令民与上同意也。

例如,古希腊哲学家苏格拉底就认为,真理只有一个,且真理就在人们的心里,只是人们很难知晓。苏格拉底的问答法是非常有代表性的探索真理的方法。据说有这样一个故事:一年秋天,苏格拉底带领几个弟子到丰收的麦地里说:"你们去摘下一个最大的麦穗,只许进不许退。我在麦地尽头等你们。"经过好长一段时间,大家听到苏格拉底喊道:"你们已经到头了。"这时两手空空的弟子们才如梦初醒。苏格拉底对弟子们说:"这块麦地里肯定有一个最大的麦穗,但你们未必能碰见它;即使碰见了,也未必能做出准确的判断。因此,最大的一个麦穗就是你们刚刚摘下的那个。"弟子们听了老师的话,悟出了这样一个道理:人的一生仿佛也是在麦地中行走,也在寻找最大的一个。有的人见了那个颗粒饱满的"麦穗",就不失时机地摘下它;有的人则东张西望,一再错失良机。当然,应该追求最大的,但把眼前的麦穗拿到手中,才是实实在在的。

无论是我国古代的诸子百家,还是古希腊的哲学家,他们所提到的"道",实质上就是思想的根本,事物发展的自然规律,因此,也是谋划、策划的思想根源。所以,策划首先要悟道与求道,必须发现事物的自然规律。策划不能创造规律,只能发现和利用规律。所以,策划就是发现与利用规律进行决策的思维方式。

(2)策划思想飞跃阶段:自文艺复兴至19世纪初。文艺复兴时代的西方策划思想有几个代表性的人物,他们的思想至今仍然对我们产生深远的影响。例如,英国哲学家弗兰西斯·培根:"知识就是力量!力量就是知识!"西方现代哲学思想的奠基人、解析几何之父勒奈·笛卡尔:"我思故我在。"德国哲学家黑格尔:"凡是合理的都是存在的,凡是存在的都是合理的。"如果说文艺复兴时代的策划思想更多的是一种哲学思想,那么,工业革命后的商业策划思想,则与市场化产生密切的联系,从一开始,就有着非常明确的利润目标和成本意识。

(3)企业应用阶段:自工业革命至20世纪。例如,1938年,圆珠笔在匈牙利发明,风靡一时。但是它有一个致命的缺点——漏油,消费者受不了污染,很快圆珠笔就没了市场。此后,美、法、英、德等国先后加入圆珠笔的技术攻关中,他们的注意力全都集中于笔尖的改造,但仍然没有攻克漏油难题。1950年,日本发明家田藤三郎变换了思路,经过试验,他发现圆珠笔一般写到20000字时就漏油,那么,控制圆珠笔笔芯中的油量,使之写到大概15000字时刚好用完弃之不用,漏油问题不就彻底解决了吗?这一发明造就了圆珠笔的巨大产业。

二、商业策划的思想基础

在商业策划的发展过程中,很多杰出的学者、实践者和企业家做出了卓越的贡献,今天我们很多的策划思想大多来源于这些思想。以下以最具代表性的著作为例。

1.《定位》

定位理论，由美国营销专家艾·里斯（Al Ries）与杰克·特劳特（Jack Trout）于20世纪70年代提出[1]。在《定位》这本书里，他们提出了被称为"有史以来对美国营销影响最大的观念"——定位，改观了人类"满足需求"的旧有营销认识，开创了"胜出竞争"的营销之道。

根据哈佛大学心理学博士米勒德研究，顾客心智中最多也只能为每个品类留下7个品牌空间。而特劳特进一步发现，随着竞争的加剧，最终连7个品牌也容纳不下，只能给两个品牌留下心智空间，也就是定位理论中著名的"二元法则"。所以，里斯和特劳特认为，开创并主导一个品类，令品牌成为潜在顾客心智中某一品类的代表，是赢得心智之战的关键。要在预期客户的头脑里给产品定位，确保产品在预期客户头脑里占据一个真正有价值的地位。

定位步骤共分四步：

第一步：分析行业环境。不能在真空中建立区隔，周围的竞争者们都有着各自的概念，需要切合行业环境才行。从系统整体的角度来思考各种因素的相互影响。做到知己知彼，知道自己的优势和弱点才能有效利用自己的优势并隐藏自己的弱点，而知道敌人的优势和弱点才能避开敌人的优势并打击敌人的弱点。不能找到对手的弱点，打击不会有效；不能集中自己的优势兵力，成果不能巨大。而不了解对手的优势，容易被定点反击，被敌人抓住自己的弱点，容易被定点打击。知己知彼，才能做到百战不殆。

第二步：寻找区隔概念。分析行业环境之后，要寻找一个概念，使自己与竞争者区别开来。寻找区隔概念，就是寻找定位点，其本质就是寻找广义动量定理中的作用点，作用点越关键，取得的效果越大。在分析行业环境之后，需要寻找一个概念来使自己与竞争者区别

---

[1] [美]艾·里斯，杰克·特劳特. 定位：有史以来对美国营销影响最大的观念[M]. 第1版. 北京：机械工业出版社，2015.

开来。找到敌人的弱点，这个敌人既可以是竞争对手，也可以是消费者。这里可以使用下面介绍的定位方法来完成，比如发现一个空白的市场，那么赶快占有它，空白市场就是消费者的弱点。

第三步：找到支持点。有了区隔概念，你还要找到支持点，让它真实可信。

第四步：传播与应用。并不是说有了区隔概念，就可以等着顾客上门。最终，企业要靠传播才能将概念植入消费者心智，并在应用中建立起自己的定位。传播与应用，在找到了定位和支持力量之后，并不能产生成果，因为这个力量没有冲击到消费者，所以消费者的头脑就是力量的作用方向。

2.《长尾理论》

长尾（The Long Tail）是由《连线》杂志主编 Chris Anderson 在 2004 年十月的"长尾"一文中最早提出，用来描述诸如亚马逊和 Netflix 之类网站的商业和经济模式[1]。长尾理论是网络时代兴起的一种新理论，由于成本和效率的因素，当商品储存、流通、展示的场地和渠道足够宽广，商品生产成本急剧下降以至于个人都可以进行生产，并且商品的销售成本急剧降低时，几乎任何以前看似需求极低的产品，只要有卖，都会有人买。这些需求和销量不高的产品所占据的共同市场份额，可以和主流产品的市场份额相当，甚至更大。

长尾市场也称为"利基市场"。"利基"一词是英文"Niche"的音译，意译为"壁龛"，有拾遗补阙或见缝插针的意思。菲利普·科特勒在《营销管理》中给利基下的定义为：利基是更窄地确定某些群体，这是一个小市场并且它的需要没有被服务好，或者说"有获取利益的基础"。通过对市场的细分，企业集中力量于某个特定的目标市场，或严格针对一个细分市场，或重点经营一个产品和服务，创造出产品和服务的优势。

Google 是一个最典型的"长尾"公司，其成长历程就是把广告商

---

[1] [美]安德森. 长尾理论：为什么商业的未来是小众市场[M]. 乔江涛，石晓燕，译. 北京：中信出版社，2015.

和出版商的"长尾"商业化的过程。以占据了 Google 半壁江山的 AdSense 为例,它面向的客户是数以百万计的中小型网站和个人——对于普通的媒体和广告商而言,这个群体的价值微小得简直不值一提,但是 Google 通过为其提供个性化定制的广告服务,将这些数量众多的群体汇集起来,形成了非常可观的经济利润。据报道,Google 的市值已超过 2100 亿美元,被认为是"最有价值的媒体公司",远远超过了那些传统的老牌传媒。

3.《影响力》

《影响力》作者是"影响力教父",著名社会心理学家,全球知名的说服术与影响力研究权威罗伯特·B. 西奥迪尼[1]。在这本书中,著名的心理学家罗伯特·西奥迪尼博士为我们解释了为什么有些人极具说服力,而我们总是容易上当受骗。隐藏在冲动地顺从他人行为背后的六大心理秘籍,正是这一切的根源。那些劝说高手们,总是熟练地运用它们,让我们就范。

在正常情况下,促使我们做出顺从决策的信息,就是我们在决策时频繁、机械地使用互惠、言行一致、社会认同、喜好、权威以及稀缺原理的原因。每个原理本身都能够极为可靠地提示我们,什么时候说"是"比说"不"更加有利。但现实中,大量的、极易伪造的信息被人利用,他们借此引诱我们做出机械的反应并从中获利,我们不得不防。

例如,所谓的社会认同,罗伯特·B. 西奥迪尼对其本质给出了通俗易懂的解释,即"我们进行是非判断的标准之一就是看别人是怎么想的,尤其是当我们要决定什么是正确的行为的时候"。其发挥最大威力需要具备两个条件:一个条件是"不确定性",即"当人们对自己不是很有把握时,他们依靠其他人的行为来决定自己应该怎么做的可能性更大";另一个条件为"相似性",即在不确定的情况下,"我们往往会效仿那些与我们相似的人",即"我们参照别人的行为来

---

[1] [美] 罗伯特·B. 西奥迪尼(Robert B. Cialdini). 影响力 [M]. 经典版,新版. 闾佳,译. 北京:北京联合出版公司,2016.

决定我们采取什么样的行为才是正确的，尤其是当我们认为那些人与我们相似的时候"。

4. 《引爆点》

《引爆点》是英国作家马尔科姆·格拉德威尔（Malcolm Gladwell）的一本著作[1]，在该书中，他提出了一个"引爆点"（The Tipping Point）的概念，来说明许多难以理解的流行潮背后的原因，并且发现其中的因素，说明如果能够掌握这些因素，就可以轻易地推动起一个流行潮。

该书提出了一个非常重要和有趣的问题：为什么有些观念、产品能突然流行？如何引发流行潮？作者以社会上突如其来的流行潮为切入点，从全新角度探索了控制科学和营销模式。他认为，思想、行为、信息及产品常会像传染病暴发一样迅速传播。正如一个病人就能引起全城流感；几位涂鸦爱好者能在地铁掀起犯罪浪潮；一位满意而归的顾客能让新开张的餐馆座无虚席；发起小规模流行的团队能引发大规模流行风暴。这些现象均属"社会流行潮"，它达到临界水平并爆发的那一刻，就是一个"引爆点"。

书中将产品爆发流行的现象归因为三种模式：个别人物法则、附着力因素及环境威力法则。个别人物法则是圈层营销或者说窄众营销的理论基础。作者在书中详细地指导了我们如何去寻找目标客户中的传播员、内行与推销员——那些有着非凡人际能力的人们。附着力因素解决的是项目应该怎样传递信息的问题。附着力因素首先告诉我们要在诸多卖点中提炼出高质量的信息，并寻找一种简单的信息包装方法，使信息变得不可抗拒。环境威力法则针对的是客户感知与项目期望表达的信息是否高度一致的问题。

5. 《蓝海战略》

针对竞争战略理论的缺陷，韩国战略学家 W. 钱·金教授和美国

---

[1] [美] 马尔科姆·格拉德威尔. 引爆点 [M]. 北京：中信出版社，2009：15-64.

战略学家勒妮·莫博涅教授 2005 年提出了蓝海战略理念[1]。"蓝海"是相对"红海"而言。传统的竞争极端激烈的市场是"红海",而"蓝海"是一个未知的市场空间,没有竞争的领域。企业可以通过价值创新手段得到崭新的市场领域,获得更快的增长和更高的利润。

作者基于对跨度达 100 多年、涉及 30 多个产业的 150 个战略行动的研究提出,要赢得明天,企业不能靠与对手竞争,而是要开创"蓝海",即蕴含庞大需求的新市场空间,以走上增长之路。这种被称为"价值创新"的战略行动能够为企业和买方都创造价值的飞跃,使企业彻底甩脱竞争对手,并将新的需求释放出来。《蓝海战略》为企业甩脱竞争对手提供了一套系统性的方法。通过对各种产业中为数众多的战略行动的分析,作者提出了成功制定和执行蓝海战略的六项原则。这些原则告诉企业,该如何重建市场边界、注重全局、超越现有需求、遵循合理的战略顺序、克服组织障碍并把战略的执行建成战略的一部分。

构思蓝海的战略布局需要回答四个问题:(1)哪些被产业认定为理所当然的元素需要剔除?这个问题剔除产业中企业竞争攀比的元素,这些元素经常被认为理所当然,虽然它们不再具有价值。(2)哪些元素的含量应该被减少到产业标准之下?这个问题促使做出决定,看看现有产品或服务是否在功能上设计过头,只为竞比和打败竞争对手,企业所给超过顾客所需并徒然增加成本。(3)哪些元素的含量应该被增加到产业标准之上?这个问题促使去发掘产业中消费者不得不做出的妥协。(4)哪些产业从未有过的元素需要创造?这个问题帮助发现买方价值的全新源泉,以创造新需求改变产业战略定价标准。

6.《水平思考法》和《六顶思考帽》

《水平思考法》作者爱德华·德·博诺,全球创新思维理论的奠基之作[2],该书告诉读者水平思考的本质是什么,以及怎样运用水平

---

[1] [韩] W. 钱·金,[美] 勒妮·莫博涅. 蓝海战略 [M]. 吉宓,译. 北京:商务印书馆,2005.

[2] [美] 爱德华·德·博诺. 水平思考法 [M]. 第 1 版. 太原:山西人民出版社,2008. 爱德华·德·博诺. 六顶思考帽 [M]. 第 1 版. 太原:山西人民出版社,2008.

思考，它还鼓励读者运用水平思考来开发出自身的潜力。水平思考并不是一种新奇的药方，它只不过是我们运用大脑的另一种不同的更有效的方式。水平思考使学生的头脑更灵活，因为他们被鼓励用多种不同的视角来看待问题，并能发现好几种方法来解决同一个问题。日积月累，水平思考的这种思维方式就会渗透到学生的其他思考领域当中。

博诺的另外一本书——《六项思考帽》，就是对水平思考法的具体运用。六项思考帽是一种思维训练模式，或者说是一个全面思考问题的模型。它提供了"平行思维"的工具，避免将时间浪费在互相争执上。强调的是"能够成为什么"，而非"本身是什么"，是寻求一条向前发展的路，而不是争论谁对谁错。运用德博诺的六项思考帽，将会使混乱的思考变得更清晰，使团体中无意义的争论变成集思广益的创造，使每个人变得富有创造性。

具体而言，六项思考帽是指使用六种不同颜色的帽子代表六种不同的思维模式。任何人都有能力使用以下六种基本思维模式：（1）白色思考帽：白色是中立而客观的。戴上白色思考帽，人们思考的是关注客观的事实和数据。（2）绿色思考帽：绿色代表茵茵芳草，象征勃勃生机。绿色思考帽寓意创造力和想象力。具有创造性思考、头脑风暴、求异思维等功能。（3）黄色思考帽：黄色代表价值与肯定。戴上黄色思考帽，人们从正面考虑问题，表达乐观的、满怀希望的、建设性的观点。（4）黑色思考帽：戴上黑色思考帽，人们可以运用否定、怀疑、质疑的看法，合乎逻辑地进行批判，尽情发表负面的意见，找出逻辑上的错误。（5）红色思考帽：红色是情感的色彩。戴上红色思考帽，人们可以表现自己的情绪，还可以表达直觉、感受、预感等方面的看法。（6）蓝色思考帽：蓝色思考帽负责控制和调节思维过程。负责控制各种思考帽的使用顺序，规划和管理整个思考过程，并负责做出结论。总之，六项思考帽是平行思维工具，是创新思维工具，也是人际沟通的操作框架，更是提高团队智商的有效方法。

第三节　商业策划六要素

一、解决问题

策划是一门解决问题的学问，无论企业请外部机构还是内部策划部门进行策划，无非是要解决企业面临的问题。没有问题就没有策划。商业策划解决的不是一般的管理问题，而是企业难以解决或者希望寻求更好解决方案的疑难问题。企业往往为了达成某一策略性目标而寻求外部智力支持。因此，从某种意义上来说，策划就是一门解决问题的学问。

二、预期目标

目标管理是由企业最高层领导制定一定时期内整个企业期望达到的总目标，然后由各部门和全体职工根据总目标的要求，制定各自的分目标，并积极主动地设法实现这些目标的管理方法。

美国管理大师彼得·德鲁克（Peter F. Drucker）于1954年在其名著《管理实践》中最先提出了"目标管理"的概念，其后他又提出"目标管理和自我控制"的主张。德鲁克认为，并不是有了工作才有目标，而是相反，有了目标才能确定每个人的工作。一方面强调完成目标，实现工作成果；另一方面重视人的作用，强调员工自主参与目标的制定、实施、控制、检查和评价。目标管理提出以后，便在美国迅速流传。时值第二次世界大战后西方经济由恢复转向迅速发展的时期，企业急需采用新的方法调动员工积极性以提高竞争能力，目标管理的出现可谓应运而生，遂被广泛应用，并很快为日本、西欧国家的企业所仿效，在世界管理界大行其道。

策划就是一项帮助组织或者个人达成某种目标的活动，衡量策划好坏的重要标准之一，就是策划是否达成了企业或策划方的预期目标。因此，策划人必须与策划委托方共同确定目标。目标不仅是策划人解决问题的方向，也是用来衡量策划人绩效的标准。目标是策划人对委托方的一种承诺，会使策划人集中资源和精力来实现预期的目标。

三、战略规划

商业策划是战略规划和策略规划的结合。战略规划是指对重大的、全局性的、基本的、未来的目标、方针、任务的谋划。战略规划有效性包括两个方面：一方面是战略正确与否，正确的战略应当做到组织资源和环境的良好匹配；另一方面是战略是否适合于该组织的管理过程，也就是和组织活动匹配与否，一个有效的战略一般有以下特点：（1）目标明确；（2）可执行性良好；（3）组织人事落实；（4）灵活性好。

策略规划是指为实现战略目标和任务而采取的各种手段的谋划。策略规划与战略规划的不同之处在于，前者重在微观，可操作性强；后者重在宏观，指导性强。采取什么手段，如何完成战略任务，是策略规划的重点。这就决定了策略规划有以下特点：（1）策略规划相对于战略规划来说，范围更小，内容更具体。其任务是为实现阶段性任务制定实际操作的内容和程序。（2）运行过程的阶段性与连续性相结合。策略作为完成战略任务的手段，决定了它运行的过程的连续性和阶段性。只有把阶段性同连续性很好地结合起来，策略规划才能保证战略任务的整体完成。（3）策略规划实施的灵活性。必须预测策略实施进程，适时地变换、调整和修正策略，确保战略任务的系统完成。

四、专业人士

商业策划是一项专业行为，因此，需要专业人士承担。当然，这里的专业人士不一定必须是策划专业毕业，每个人通过一定的训练和持续的学习，都能够成为专业人士。一般而言，商业策划专业人士应该是具有商业策划、法律等方面知识和能力、能熟练地在各类商务活动中进行战略策略构思、设计、实施和管理控制能力的高级复合型专门人才。他们应该具备以下几个方面的能力：（1）具有宽厚的经济学、管理学知识基础，系统掌握现代商业策划理论知识、方法和技能；（2）具备有关企业发展、市场研究、行业竞争、企业战略策略设计与实施、策略管理与评价等专业理论与实践能力；（3）具有较强的文字与口头表达能力；（4）具有现代信息网络与软件应用能力；（5）外语能力、初步的科研能力。

五、创造力

商业策划是一项需要运用智力解决企业问题的创造性活动。一般认为创造性是指个体产生新奇独特的、有社会价值的产品的能力或特性，故也被称为创造力。新奇独特意味着能别出心裁地做出前人未曾做过的事，有社会价值意味着创造的结果或产品具有实用价值或学术价值、道德价值、审美价值等。

创造性有两种表现形式：一是发明，二是发现。发明是制造新事物，例如瓦特发明蒸汽机，鲁班发明锯子。发现是找出本来就存在但尚未被人了解的事物和规律，如门捷列夫发现元素周期律，马克思发现剩余价值规律等。

创造性由创造性意识、创造性思维过程和创造性活动三部分组成。在创造性的组成部分中，创造性思维是其核心。创造性思维又包含聚合思维和发散思维，发散思维是创造性思维的核心，它与创造性思维关系最为密切。发散性思维表现在行为上，即代表个人的创造性。发散思维有三个主要特征：（1）流畅性是指针对问题（发散点）从不同角度在短时间内反应迅速而众多的思维特征。比如能在短时间内表达较多的观念，使用较多文字，产生较多联想等。（2）变通性也就是思维的灵活，它要求能针对问题（发散点）从不同角度用多种方法思考，能举一反三、触类旁通。当解决问题的思路受阻时，能另辟蹊径，寻找解决问题的其他方法。对同一问题，想出不同类型答案越多，其变通性越高。（3）独特性是指针对问题（发散点）用新角度、新观点去分析，提出独特的、有新颖成分的见解。行为表现超常，对事物处理能提出超常意见，对疑难问题能提出独特见解是其基本表现。对同一问题，意见越奇特，其独创性越高。

六、智慧资本

商业策划人士是智慧资本的创造者或整合者，策划人在解决问题时更多需要的是无形资产、关系资产、结构资产以及人力资产，这些都是智慧资本的重要组成部分。

智慧资本是指能够转化为市场价值的知识，是企业所有能够带来利润的知识和技能。智慧资本的价值，就是人的智慧所在，只不过表现形式不同而已，比如，知识产权、管理体制、经营策略、策划战略、个人的创造能力、应变能力、学习能力、解决问题的能力等，都离不开人的智慧这一关键性因素。进入信息经济、知本经济时代，企业的价值来源除人力资本、资金资本、固定资产外，智慧资本起着越来越重要的价值创造作用。

智慧资本是由人力、结构和顾客资本共同构成的一个相互联系、相互渗透、相互影响的有机体。通过有效的知识流动渠道，三种资本彼此分享、促进、成长，产生综合效用越大，则对企业价值的贡献也越大。因此，在具体管理体系的构建上，建议采用互动管理模式：（1）借助员工的创新、发明及高素质能力，以人力资本提升顾客与结构资本。（2）借由优异的 KM 文化制度与科技（例如 ES、CRM），以结构资本提升人力与顾客资本。（3）借由良好创新的顾客资本来了解市场，教育人力、结构资本，以顾客资本提升人力，结构资本。

此外，最关键的是，公司还必须努力提高知识分享的技术，支持企业知识的整体性与可使用性，智慧资本不是企业老板个人拥有的，它是企业主、员工、顾客、供货商所共有的，应共同使用分享的成果。

第四节　商业策划在我国的发展

我国的策划思想由来已久，以《孙子兵法》为例，比西方德国军事学家克劳塞维茨所著的《战争论》要早 2000 年。此后，《三十六计》《三国演义》，"刘邦打天下"等军事思想在民间广为流传。然而，遗憾的是，我国策划思想出自政治军事竞争，也运用于政治军事竞争。成熟的思想体系，周而复始地运用于固定的领域，加之故步自封的封建王朝体制，导致策划思想停滞不前。

从1978年实行改革开放政策以来，商业策划随着我国市场经济体制的建设和发展也从启蒙期开始，经历了成长期，步入了成熟期。其中，1999年，世界商业策划师联合会的规范知识体系被引入我国。2002年6月，国家人事部、劳动和社会保障部决定在全国范围内开展商业策划师（CBSA）认证培训工作。2004年12月，劳动和社会保障部颁布第二批10种新职业，商业策划师位列第一。2005年12月，商务部批复了国家行业标准《商业策划行业评价体系规范》。2006年，教育部批准高考增设"商业策划管理"本科专业。商业策划六要素：解决问题、预期目标、策略规划、专业人士、创造性活动、智慧资本，成为一种企业策划的常规流程。

目前，我国商业策划行业已经取得了很多进步和成就，但是也存在一些问题和不足，具体表现为：从业人员鱼龙混杂，策划人员缺乏伦理道德教育；策划方法简单，缺乏科学性；一些企业盲目承担力所不及的业务；企业竞争激烈和无序。这些问题需要通过行业规范、企业自律，以及策划人员素质的全面提高来加以解决。

近年来，国内市场进一步开放及国际化浪潮兴起，世界知名企业全面参与国内角逐，各大企业面临着全球化平台上更为激烈的竞争。为保持企业品牌在市场中深根驻扎，提升企业竞争力，各大企业纷纷加大了品牌营销的投入力度，营销策划公司也应运而生，呈百花齐放的行业盛景。营销策划行业发展目前已经过了初始迷茫阶段，进入了以创意策划和金点子为核心的新时代，以及借助数字技术全面提升核心竞争力是各大营销公司在当代面临的新挑战。营销策划公司为企业客户创造价值的核心能力在于其专业深度、创造力和实战力，营销策划公司要能够洞察发现客户发现不了的行业趋势、消费心理趋势，以超强的创造力，结合实战经验，为客户提出创造性的问题解决方案，比如找到定位的差异化、能够综合运用各种营销方法手段提升营销拉力等。

伴随着中国经济的快速发展，产业结构持续优化，新经济形势下市场将在资源配置中起到决定性作用。加之大数据营销和数字营销双重因素的推动，目前我国消费者进入了愿意付费购买内容的消费环境，大数据已成为营销策划行业的主流趋势，加入互联网思维的营销策划公司销售业绩水涨船高。据凯洛传媒发布的 2017 全球广告支出报告中显示，中国作为全球第二大广告支出市场，消费高达 818 亿美元。未来随着国内经济持续发展，上至跨国企业下至中小型企业不断扩张，营销策划公司需求前景广阔。

核心概念或理论

1. 策划和商业策划

策划是对某一项活动或行动进行全面和周详的预先安排和设计。商业策划指的是企业在进行新项目的开发前，对新项目的考察和调研，以便及时有效地对新项目进行考评和实施，以及企业在自身形象上对外宣传的一种活动或者企业产品的宣传和推广活动的一种宣传形式。

2. 世界策划思想发展阶段

世界策划思想发展史，可以大致分为三个大的阶段：（1）策划思想原创阶段；（2）策划思想飞跃阶段；（3）企业应用阶段等。

3. 商业策划六要素

商业策划六要素是解决问题、预期目标、战略规划、专业人士、创造力、智慧资本。

练习

1. 班级建立微信公众号，并且分工负责，定期发送推送和维护。
2. 农夫山泉免费关闭广告：无论是采用哪个应用看视频，各种长达 60 秒甚至 90 秒的广告总让用户心塞。然而，很多用户在看视频的时候，竟然意外地听到"农夫山泉提醒你此广告可以免费关闭"，很多人反而禁不住好奇，而把这个广告看完了，并且不少人认为这个广告拍摄得很温馨，对农夫山泉产生好感。讨论和思考：农夫山泉免费关闭广告的创意是什么？为什么博得了受众的好感？我们可以从中学习到什么？

3. 分组进行阅读，从本章第二节的商业策划思想基础下面所列出的七本书里，选择一本作为阅读材料。具体要求：个人完成阅读报告，并在小组范围内汇报，最终形成小组阅读报告，进行陈述和上交。在本学期内，每个小组至少完成三本书的阅读。

第二章　商业策划原理

开篇案例：成都火锅店被吃垮

2018年6月1日开始，位于成都市锦江区龙舟路的一家火锅店，每天的客流量都超过500人，生意好到爆。可就在12日，火锅店却突然歇业了。原来，火锅店搞了一个"办120元会员卡，吃一个月火锅"的活动。其间，有时几个人一天之内重复使用同一张会员卡，还有人私自打包带走。无奈之下，火锅店被"吃"得暂停营业。老板苏哲说，原本就知道是亏本的结果，只是想通过这个活动积累忠实客户，没想到场面会失控。

火锅店原本上午11点开张，晚上11点打烊，然而很多人从上午8点就来排队，队伍似长龙甩尾，挤满了狭窄的小巷，常常到凌晨最后一批客人才渐渐散场。活动推出后，甚至还有电视台记者慕名前来报道这一盛况。店老板之一苏哲告诉《成都商报》客户端记者，这"疯狂"的十多天里，他每天只睡两三个小时，店里一线员工的工作时长则超过十小时。据了解，经过4个月左右的筹备，火锅店于2017年12月底开业。股东有5人，苏哲和他的大学好友王梦凡是最早的创始人。"6月1日之前，我们的生意一般，处于略亏损状态。"苏哲说，就是为了做一些改变，几个人才合计出了这个活动。

活动效果很显著，从以前略显惨淡的生意到现在每天500多人的客流量，似乎超过了所有人的预想。然而，11天后，火锅店不得不停业了。6月12日，一大早就来排队吃火锅的大爷大妈们发现：火锅店暂停营业了。伫立在大门口的通知板上，黑体大字清楚地写道："由于出现用餐混乱现象，火锅店暂停营业，将做出全面调整。120元包吃一个月会员活动停止，已经办卡的会员将全部转为折扣卡会员，不同意转卡的会员可分批退卡……"

老板说:"本来就知道亏本,只是想通过这个活动积累忠实客户。"按照苏哲和伙伴们的计划:简单来说,第一步是积累用户、获得口碑。这一步他们做到了,"从6月1日到6月10日,办卡会员数达到1700多人次,会费入账20万元左右"。计划第二步是获得行业话语权、降低商品价、增加商业合作。"举一个例子,如果我的客户很多,其中多数人要喝啤酒,我进货的量是很大的。我凭借这么大的进货份额和对方讲价,便能降低商品进货价格。"同时,由于店面有限,庞大的客户群体还可以通过引流的方式介绍到其他想合作的店铺,一举两得。在此之后,还有第三步及更多计划。苏哲说,他们已经想到了三年后的经营策略。只可惜,就在第二步正式开始之前,就出现了两个"意外"。十天左右,会员费入账20万元,目前已经负债50万元。难以为继,只有叫停。实际30万元的欠款,以及醒目摆在眼前的这两个"意外",给苏哲一行人带去了深刻的教训❶。

第一节　商业策划与市场营销的关系

商业策划与市场营销有着密不可分的关系。市场营销是企业的一项重要职能,有明确的职能部门。市场营销的本质是克服交换的障碍。商业策划的本质是为了解决各种各样的商务活动中产生的问题。因此,营销策划是商业策划的一个分支,是其重要的策划类型。然而,两者对人才的能力和素质要求不尽相同:市场营销需要一般性的营销业务能力和营销管理能力;策划需要的是能够在短时间内创造性地解决企业问题的能力。

企业营销的成功取决于其营销理念是否正确和明确。市场营销理念也决定了商业策划的成功与否。市场营销观念产生于20世纪初期的美国,是企业进行市场营销活动时的指导思想和行为准则的总和。

---

❶ 资料来源:成都商报.成都火锅店被吃垮[EB/OL].人民网(http://kan.china.com/news/socom/278826_2.html?qudao=socom),2018-06-14.

企业的市场营销观念决定了企业如何看待顾客和社会利益，如何处理企业、社会和顾客三方的利益协调。企业的市场营销观念经历了从最初的生产观念、产品观念、推销观念到市场营销观念和社会市场营销观念的发展和演变过程。真正的营销观念形成于第四个阶段的市场营销观念，这是市场营销观念演变进程中的一次重大飞跃。

市场营销观念认为，实现企业各项目标的关键，在于正确确定目标市场的需要和欲望，并且比竞争者更有效地传送目标市场所期望的物品或服务，进而比竞争者更有效地满足目标市场的需要和欲望。它要求企业营销管理贯彻"顾客至上"的原则，从而实现企业目标。因此，企业在决定其生产经营时，必须进行市场调研，根据市场需求及企业本身条件选择目标市场，组织生产经营，最大限度地提高顾客满意程度。

随着时代的发展，现代市场营销观念又有了新的发展，表现为以下三个方面：

第一，关系营销观念。关系营销观念是较之交易营销观念而形成的，是市场竞争激化的结果。传统的交易营销观念实质是买卖双方价值的交换，双方是一种纯粹的交易关系，交易结束后不再保持其他关系和往来。顾客是否满意并不重要。而事实上，顾客的满意度直接影响到重复购买率，关系到企业的长远利益。由此，从20世纪80年代起美国理论界开始重视关系市场营销，即为了建立、发展、保持长期的、成功的交易关系进行的所有市场营销活动。它的着眼点是与和企业发生关系的供货方、购买方、侧面组织等建立良好稳定的伙伴关系，最终建立起一个由这些牢固、可靠的业务关系所组成的"市场营销网"，以追求各方面关系利益最大化。这种从追求每笔交易利润最大化转化为追求同各方面关系利益最大化是关系市场营销的特征，也是当今市场营销发展的新趋势。

第二，绿色营销观念。绿色营销观念是在当今社会环境破坏、污染加剧、生态失衡、自然灾害威胁人类生存和发展的背景下提出来的新观念。20世纪80年代以来，伴随着各国消费者环保意识的日益增强，世界范围内掀起了一股绿色浪潮，绿色工程、绿色工厂、绿色商店、绿色商品、绿色消费等新概念应运而生，不少专家认为，我们正走向绿色时代，下个世纪将是绿色世纪。在这股浪潮冲击下，绿色营销观念也就自然而然地应运而生。

绿色营销观念主要强调把消费者需求与企业利益和环保利益三者有机地统一起来，它最突出的特点，就是充分顾及资源利用与环境保护问题，要求企业从产品设计、生产、销售到使用整个营销过程都要考虑资源的节约利用和环保利益，做到安全、卫生、无公害等，其目标是实现人类的共同愿望和需要——资源的永续利用与保护和改善生态环境。为此，开发绿色产品的生产与销售，发展绿色产业是绿色营销的基础，也是企业在绿色营销观念下从事营销活动成功的关键。

第三，文化营销观念。文化营销观念是指企业成员共同默认并在行动上付诸实施，从而使企业营销活动形成文化氛围的一种营销观念，它反映的是现代企业营销活动中，经济与文化的不可分割性。企业的营销活动不可避免地包含着文化因素，企业应善于运用文化因素来实现市场制胜。

在企业的整个营销活动过程中，文化渗透于其始终。一是商品中蕴含着文化，商品不仅是有某种使用价值的物品。同时，它还凝聚着审美价值、知识价值、社会价值等文化价值的内容。二是经营中凝聚着文化。日本企业经营的成功得益于其企业内部全体职工共同信奉和遵从的价值观、思维方式和行为准则，即所谓的企业文化。营销活动中尊重人的价值、重视文化建设、重视管理哲学及求新、求变精神，已成为当今企业经营发展的趋势。

第四，整合营销观念。1992年美国市场营销学界的权威菲利普·科特勒提出了跨世纪的营销新观念——整合营销，其核心是从长远利益出发，公司的营销活动应囊括构成其内、外部环境的所有重要行为者，它们是：供应商、分销商、最终顾客、职员、财务公司、政府、同盟者、竞争者、传媒和一般大众。前四者构成微观环境，后六者体现宏观环境。公司的营销活动，就是要从这十个方面进行。

第二节 独特销售主张

对于商业策划而言,"重要的事情是在产品上寻找独特的销售主张,如果找不到,那么就附加一个"。这是雷斯在《实效是广告——USP》里面总结的商业策划的精髓。USP 是英文 Unique selling proposition 的缩写,意思是独特的销售主张,通俗的说法叫卖点。美国达彼思广告公司在 20 世纪 60 年代作为自己的经营理念率先提出。

根据达彼思董事长罗瑟先生的阐述,USP 具有以下特点:(1)每个广告都必须向消费者陈述一个主张:"购买此产品你会得到这种具体好处。"(2)这种主张必须是独特的,是竞争者不会或者不能提出的,既可以是品牌的独特性,也可以是在这一特定的广告领域一般不会有的主张。(3)这一主张一定要强有力地打动千百万人,也就是吸引新的顾客使用你的产品。事实证明,USP 是营销概念创意的一个有效思考工具,许多营销人由此而创造了不可一世的"Big Idea"。

20 世纪 60 年代的主张,在现代营销中毕竟显示了它的局限性。然而,在相比较发达国家竞争还不算十分激烈的中国市场上,该理论还是显示了其强大的威力,以海尔氧吧的策划为例:

"海尔氧吧空调,有氧运动有活力。"

在遭受"非典""凉夏"、原材料涨价等多重"压迫"的 2003 年,海尔空调仍有不俗表现,最主要的因素来自产品(概念)创新——氧吧空调。与其说是产品设计的成功,不如说是概念创新的成功,是对消费者生活密切关注而诞生的满足需求方式的成功。

氧吧空调的创意很简单——根据室内因封闭而导致氧气不足(虽然这种相对的氧气不足对人并没有多大影响),通过空调增加氧气含量;而原理也很简单——据设计这种空调的海尔空调专家介绍,只是在空调上加上一种特殊的富氧膜,使通过这层膜的氧气浓度提高到 30%,然后用气泵将含有 30%氧气的空气导入室内,从而保证室内空气氧气充足,既保证了人们的活力,又避免了空调病的发生。海尔氧吧空调,通过产品(概念)的差异化设计,实现了又一次超越。在其他各空调品牌高举价格屠刀腥风血雨地残杀时,海尔又一次通过一个简单而伟大的创新产品(概念)独享高利润。

因此,站在消费者的立场上,解决企业存在的问题,二者的连接点就是独特的销售主张(USP)。卖产品不能唯产品论,因为顾客如水,产品如舟,水能载舟,亦能覆舟。策划就是要将不可能变为可能。理论知识加上实践经验等于智慧,智慧加上想象力和创造力等于策划。创业的第一线,需要考虑三个最基本的问题:第一,你的产品为用户创造了什么价值?第二,你满足了什么需求?第三,这件事情为什么由你来做?

另外,还有很多成功的品牌在营销传播中采用该策略,屡试不爽:(1)总督牌香烟:有20000个滤嘴颗粒过滤;(2)小天鹅洗衣机:7500次运行无故障;(3)富康轿车:座椅30万次耐久性实验、288小时整车暴晒考验、50000次车门开启耐久性实验、4000公里轮侧冲击实验、3800多个焊点逐一撕裂实验;(4)九牧王西裤:5600人的共同努力,造就了一条。九牧王西裤的件用针分别为:锁边10462针,缝制针、凤眼330针,打枣500针,拉枣500针,拉耳800针,针钮160针,总计23000针。

第三节 商业策划的原理

商业策划的原理就是指通过科学总结而形成的对策划活动具有理性指导作用的规律性知识。商业策划原理具有客观性、稳定性和系统性。具体包括以下几个原理:

一、可持续发展原理

可持续发展是指企业在追求自我生存和永续发展的过程中,既要考虑企业经营目标的实现和提高企业市场地位,又要保持企业在已领先的竞争领域和未来扩张的经营环境中始终保持持续的盈利增长和能力的提高,保证企业在相当长的时间内长盛不衰。因此,企业商业策划时,既要考虑当前发展的需要,又要考虑未来发展的需要;不能以牺牲后期的利益为代价，来换取发展，满足利益。同时可持续发展也包括面对不可预期的环境震荡，而持续保持发展趋势的一种发展观。

以山东秦池酒厂的经典案例为例，我们来看可持续发展原理对于商业策划的影响有多么重要。该酒厂1990年才注册成立，1995年11月8日，销售额才过1亿元的秦池酒厂以6666万元的最高价击败众多对手，竞得第二届央视广告招标"标王"，一夕之间骤得大名，成为中国白酒市场上最炙手可热的品牌，当年销售即冲到9.5亿元，利税创下2.2亿元，增长了五倍到六倍，厂长姬长孔用一个流传甚广的比喻：我们每天向中央电视台开进一辆桑塔纳，开出的却是一辆豪华奥迪。

成为CCTV标王，为秦池带来了巨大的影响和声誉。经新闻界的一再炒作，秦池在全国一夜之间由无名小辈变成公众明星，产品知名度、企业知名度大大提高，使秦池在白酒如林的中国市场成为名牌。1996年秦池销售额比1995年增长500%以上，利税增长600%。秦池完成了从一个地方酒厂到一个全国知名企业的大转变。

1996年11月8日，秦池集团以3.2亿元的天价卫冕标王。与首夺标王的反应截然不同的是舆论界对秦池更多的是质疑，要消化掉3.2亿元的广告成本，秦池必须在1997年完成15亿元的销售额，产、销量必须在6.5万吨以上。秦池准备如何消化巨额广告成本？秦池到底有多大的生产能力？广告费会不会转嫁到消费者身上？消费先知先觉者和理论界都充满了疑问。

1997年年初某报编发了一组三篇通讯，披露了秦池的实际生产能力以及收购川酒进行勾兑的事实。这组报导被广为转载，引起了舆论界与消费者的极大关注。由于秦池没有采取及时的公关措施，过分依赖广告效应，因此，在新闻媒体的一片批评声中，消费者迅速表示出对秦池的不信任。秦池的市场形势开始全面恶化。

1997年，尽管秦池的广告仍旧铺天盖地，但销售收入比上年锐减了3亿元，实现利税下降了6000万元。1998年1~4月，秦池酒厂的销售额比1997年同期下降了5000万元。1996年年底和1997年年初加大马力生产的白酒积压了200车皮，1997年全年只卖出一半，全厂十多条生产线也只开了四五条,全年亏损已成定局。曾经辉煌一时的秦池模式成为转瞬即逝的泡沫。当年度,秦池完成的销售额不是预期的15亿元,而是6.5亿元,再一年,更是下滑到3亿元。从此一蹶不振,最终从传媒的视野中消逝了。

2000年7月,据《法制日报》报道,一家金属酒瓶帽的供应商指控秦池酒厂拖欠300多万元贷款,地区中级人民法院判决秦池败诉,并裁定拍卖"秦池"注册商标。2004年5月,在鲁浙民企国企合作发展洽谈会上,秦池酒厂被"资产整体出售",无人问津。2009年12月,中国长城资产管理公司济南办事处发布债权营销公告称,公司拟对所持有的秦池酒厂2000余万元债权进行转让处理。

曾经充当"秦池第一谋士"并写出过《与标王共舞》的北京策划人王克历数过秦池的五大危机:(1)传媒主导秦池发展,这种发展的来势之猛,令人始料未及,所以,这种发展本身还没有进入"增长战略"的层次;(2)过分急速的增长可能导致市场与企业不相适应的局面,或使企业营销失控而超出企业现实规模;(3)企业的迅速增长可能激化企业管理跟不上企业发展规模的矛盾;(4)短期的过快增长可能导致企业紊乱、没有效率,并因此对企业长期发展造成危害;(5)发展的概念不单是市场份额的扩大,不单是产品产量的增加,而是以企业全方位进步为特征的。而一手"培育"了标王现象的谭希松则谈道:我认为,企业做宣传,一定要量力而行,有多少面烙多大饼,不能盘子做得很大,资金落实很少。秦池的3.2亿元,扣除代理费,真正交给中央电视台的不足5000万元。通过这件事,我想给企业一个忠告,企业广告像开路先锋,如果先锋打过去了而后面的产品产量等后续部队跟不上,这个仗是打不赢的。

资料来源:秦池. 百度百科 https://baike.baidu.com/item/%E7%A7%A6%E6%B1%A0/4905352);吴晓波. 大败局[M]. 杭州:浙江人民出版社,2001.

二、效益和平衡原理

效益和平衡原理具体有三个方面的含义:首先,商业策划既要追求经济利益,更要追求社会利益。因此,商业策划一定要平衡好各个利益相关者的利益，不仅注重知名度，更要重视产品或品牌的美誉度和提升。其次，商业策划需要用最少的投入得到最大的收益。"不是因为钱多而做广告，而是为了赚钱才做广告。"策划活动的知名度与策划收益并不一定相等。策划应该追求的宗旨和目标是产生最好的策划实际收益，而不是知名度。因此，策划应该尽量做到知名度与策划收益的完美结合。"广告要兼顾艺术性和商业性，过于艺术性达不到广告主希望达到的营销目标，过于商业性使消费者反感，最终也无法实现广告主的营销目标。"最后，商业策划需要考虑在短期利益和长期利益之间的平衡，不能只强调一时的效果，要考虑这种策划效果在长期对于品牌形象的影响。

案例一：央视开学第一课，广告第一课？

2018年9月1日，中央电视台直播的《开学第一课》在全国上亿学生和家长的瞩目下开播。节目延后、足足13分钟的教育商业广告被众多网友称为"广告第一课"。一周前，国务院办公厅印发《关于规范校外培训机构发展的意见》明确要求切实减轻中小学生课外负担，可却在万众瞩目的"第一课"上播出辅导班广告，一个教育部发文要求组织观看并写观后感的全国青少年公益品牌节目，如今却带上了商业利益色彩，引起了家长们的争议。

据家长们反映，由于节目开始以××教育为代表的一些知名教育品牌广告片的循环播放，让他们对于是否该给孩子报名培训班产生了疑惑。而从企业角度而言，央视的广告是纯商业行为，并未就此做过多回复。

据悉，《开学第一课》是教育部与中央电视台合作的大型公益节目。自2008年起，于每年新学年开学之际推出。2018年8月22日，教育部办公厅发文要求把《开学第一课》播出时间及频道通知到各中小学校，并要求学校通知到每一位学生及其家长，让其在家与家长共同观看；各中小学校要结合实际情况，通过开展观后感、微博微信等丰富多彩的后续活动，促进学生培育和践行社会主义核心价值观。

关于节目延后和13分钟教育商业广告新闻一事，央视工作人员在非官方平台给出解释，因中非论坛导致《新闻联播》超时，广告时段故顺延。且往年的《开学第一课》也都不是20：00准时播出，算入广告时间是20：08，今年比去年晚了4分40秒。

资料来源：程铭劼，刘斯文．"2018央视开学第一课，因片头13分钟商业广告被称为"广告第一课"［EB/OL］．北京商报，2018－09－03．

案例二：啤酒广告戏屈原被停播。

2004年9月中旬，湖南新闻频道播出了一个长沙当地某啤酒品牌的广告：爱国诗人屈原忧伤地站在江边，口里念着"路漫漫其修远兮，吾将上下而求索"，摆出要投江的架势。此时，一位打扮时髦的现代年轻人出现了，他奉劝屈原说，"人都死了，你还能求索啥？"屈原听了，马上一扫愁容，笑逐颜开，与其一起开怀畅饮该品牌啤酒。用历史文化名人打广告，而且内容极不严肃，这种行为已经违反了《广告法》中"违背社会良好风尚"的禁止性条款规定。

案例三：辛迪诺商店。

美国著名的辛迪诺商店开业之初，大力进行策划和广告宣传，经常赞助那些电台报刊上的知名栏目，使商店的知名度大大提高，然而产品销售却一直处于滞销状态。消费者调查表明：消费者虽然认识你，但并不等于信任你。商店老板于是改变了策略，把大笔广告费用来定做了许多垃圾箱放在大街小巷，上面印有该商店名称和销售的主要商品，还印有一些公益广告。不久，该商店的产品由滞销逐渐转为畅销。商店又拿出更多的钱在一些社区大建绿地草坪，使人们对其充满了感激和信赖，带来了稳定的客流，实现了知名度与实际收益的完美结合。

在策划运作中，当有两种或多种信息、受众、利益互相冲突时，就需要进行平衡处理，以免顾此失彼，造成其中一方受损。失去平衡最终将对整个事物形成不利影响。

案例四：央视2010年春晚：植入广告太多遭质疑。

镜头一：刘谦将某果汁倒入纸杯中，喝了一口，然后说是某果汁（喝一口果汁，居然还报出品牌名，跟魔术丝毫无关）。镜头二：赵本山的小品，受捐母亲送贵酒给恩人，反差极大（一个连孩子上学都供不起的家庭，会拿出上千块钱买白酒感谢捐款人吗？）。镜头三：郭达和蔡明的小品中，蔡明请的托儿送礼送来某品牌白酒。镜头四：零点报时的广告，电视屏幕除了红色时钟背景，只有某电器品牌的两个大字，网友称，这也许是春晚最醒目和最贵的广告了……2010年央视春晚整体广告收入超过6.5亿元，而节目中的广告植入就贡献了近亿元。但是，由于广告植入太多，春晚结束后，引来如潮的恶评。网友说：广告里插播春晚；节目里广告随处可见，央视"就差钱"。

植入式广告是一种依附于情节内容之中的隐性广告形式，要成功需要两个关键：情节与融合。通过将品牌元素作为节目情节的一部分，使观众在观赏节目的同时自然接受，更容易产生良好的品牌印象。植入式广告可以使观众在不知不觉中接受产品的信息，从而极大程度地减轻了观众对广告的抵触情绪，因此，往往比一般广告有更好的广告效果。然而，植入式广告需要把握好效益和平衡原理，电视台、观众、广告客户三者之间存在一种平衡关系，电视台应该处理好与二者之间的关系，特别不能因为广告客户给了钱就忽视观众的情绪，随便在电视上打出广告。这引起了观众的不满，长期下去，电视台就可能会失去观众，其影响力就会逐渐减小，广告客户将不会再感兴趣，意味着电视台将失去广告客户。

三、习以为常原理

习以为常原理也被称为差异原理、奇正原理、独特原理、创新原理等。其实质就是商业策划应该具有创意，独树一帜，不落俗套，而不是亦步亦趋，拾人牙慧。因为受众对一些策划信息见多了就习以为常，很难或不能吸引受众，这些策划信息的效果很小或没有效果。例如，针对城市繁华路段广告牌效果的调查，以及高速公路上路牌广告的效果调查表明，真正能完全、正确地说出几个广告的几乎没有人，要么是张冠李戴，要么只是有点模糊的印象。因此，在黄金地段、时段投放广告，其实效果不一定好。

四、信息干扰分散原理

在策划中，一些人为因素或意外因素对信息的干扰产生了分散效果,以致产生了并非原来意愿的结果。干扰分散主要包括三种情况:(1)信息无意中受到的干扰;(2)策划主题淡化,使主要信息被忽略;(3)有意对竞争对手的信息进行干扰。

案例一:"记忆宝"的广告成全了"忘不了"。

2002年,恒基伟业推出了针对全国英语学习人群的掌上电脑"记忆宝",在央视等媒体大规模投放广告启动市场。然而,其广告中,一个朗朗上口的宣传语就是"精确记单词,就是忘不了"。消费者误认为这是"忘不了"做的广告,结果使"忘不了"3A脑营养胶丸的山东禹王集团火了一把。10~11月本是健脑产品的淡季,该公司也没有广告和促销活动,但销售额居然和旺季时相差无几。该公司很疑惑,后来各个销售终端的营业员说,许多顾客指名要给孩子买"忘不了",说是为了记住单词。

案例二:月饼被抢光,生意却无人问津。

2004年9月26日,江西景德镇的瓷器商在成都市九眼桥好望角广场设展,打出了"来者是客,免费送月饼"的招牌以拉动人气,结果几百个月饼刚一摆上桌面,就被一抢而空,而瓷器却无人问津,弄得众商家哭笑不得。月饼干扰了瓷器,主题被淡化而难以达到目的。在策划时,一定要在设计、制作和执行时考虑到这个原理。

案例三:姚晨骑驴吆喝,意外捧红赶驴网。

2010年12月,赶集网获得一笔5000万~6000万美元的融资,随后大举进行市场推广。

从2011年2月初开始,赶集网请姚晨代言,拍摄了一则长15秒的广告短片:她骑着一头毛驴高喊"赶集啦",介绍赶集网各类服务,最后给出广告语:赶集网,啥都有。该广告仅在央视投放的广告金额就接近2亿元,还在地铁等其他媒体上循环播放,开展地毯式的策划轰炸。此时,赶集网的竞争对手百姓网注册了一个"赶驴网",连宣传口号都是山寨式的:"赶驴网,啥没有?"

小毛驴凭借可爱卡通的形象,十分抢镜,人们记住了姚晨赶驴,却忘记了姚晨赶集,错把赶集网记成了赶驴网。在短短十多天内,赶驴网的百度指数就从几十飞涨到上千次,而赶驴网的域名据称只花了

200元注册。而"2亿广告费炒红赶驴网"之类的文章在网上广为传播。互联网的两个特点就是搜索和分享，已经不再是一味地向用户单向灌输理念，很多消费者会将自己购买或者使用的过程发到网上进行分享。赶集网并非为"他人做嫁衣"，而是忽略了互联网时代的传播规律。

从广告设计来说，姚晨在广告里报菜名一样的说出网站的种种好处，诉求无疑是"功能性"的，但毛驴却抢了风头，这就是毛驴干扰分散了广告主题。从市场竞争的角度，百姓网敏锐的嗅觉，迅速的反应，以及巧拨千斤的策略都运用得非常好。

总结：信息干扰分散原理在策划中的体现。

（1）策划方案如果过于强调艺术性、技巧性，就会干扰受众对传播主题的接受，分散了对产品或服务的注意力。

（2）策划不要过分追求方案的复杂、变化，策划方案的内容一定要注意恰当与适度，繁多和杂乱都不可取，不仅浪费资金，而且也会干扰受众对主题的注意。

（3）策划要根据公司产品或服务的特点，一切围绕策划要达到的目标来思考和设计。

五、重复加深印象原理

在策划中，很多广告就是运用此原理，直截了当地宣传公司名或产品名，依靠多次不断地重复一些信息来加深人们的印象，从而影响人们的购买行为。该原理的使用一定要注意消费者的疲劳反感心理，不能太过分，不然引起消费者的反感和抵触，反而不利。

案例：恒源祥重复十二生肖广告。

2008年2月6日（除夕），恒源祥的一则电视广告在全国多家电视台的黄金时段播出，在1分钟的时间里，广告背景音从"鼠鼠鼠"，一直叫到"猪猪猪"，把十二生肖叫了个遍，单调的简单重复和高密度播出，遭到许多观众炮轰。

观众评价："毫无创意、重复单调""恒源祥广告不仅锻炼的是观众的忍耐力，更是在挑战观众的智商。"该公司副总解释：尽力压缩成本，创造令人记住的传播效果，重复、持续，宁愿被骂也不能被忘记，这些是一开始就确定的广告方针，至今仍是其营销部门的格言。他认为，该广告已经达到了目标。

六、系统和整合性原理

策划对信息的处理及整个事件的运作是一个系统、综合的过程，而不是只考虑某方面的因素及实施某个单一的手段。必须注意策划的中长期方案、配套实施方案及策划的后续方案。策划方案中广告宣传重点与营销渠道策略要紧密配合。整合营销传播，广告、促销、公关、网络、人员销售要综合、配套使用。

案例：制约旅游项目的是交通不便。

某市一处新开发的旅游点，虽然风景不错，但是游人一直稀少。某策划人提出了一些吸引游客的策划活动，到执行时才发现，该旅游点的交通极其不便，即使策划方案非常有效，但是因为不便，市民不愿或无法到达景区。从整个策划的系统性和全面性来考虑，必须先与旅游公司或公交公司协商，解决交通问题，才能考虑策划方案的创意性和新颖性。

第四节 商业策划的流程

策划是一个系统性的工作，按照一定的科学合理的流程进行策划，是策划取胜的条件。策划要明确先做什么，后做什么，按照一定的步骤、章法去思考问题，并且要符合客观规律。从理论上来说，策划分为五个步骤：（1）调查；（2）分析；（3）策划；（4）执行；（5）评估。下面以一个经典的策划实例——劲士西服策划案来进行说明。

武汉服装业从1985年起步，到1997年形成全国四大服装流派之一的汉派服饰。1997年，汉派服饰风头正劲，以最快速度向四面八方的大中小城镇扩张，但同时也受到其他强势品牌和国际品牌的激烈竞争。劲士是以男士西服为主打产品的国有企业，虽然当时名列武汉西服市场的第一位，但是如何应对迅猛的市场经济大潮，已经成为企业当前最重要的事情。1997年，公司总经理找到某策划公司，要求是：预算80万元，策划必须达到这样的效果——顾客指名购买劲士西服。给大家5分钟的时间，可以使用头脑风暴法，讨论一下，如何下手？有哪些思路和创意？

1. 策划步骤

步骤一：调查。（1）产品本身：款式、设计、面料；（2）竞争品牌：雅戈尔、杉杉、仕奇、劲松、美尔雅、潇翔，同质化严重，彼此间毫无差异；（3）消费者：仅凭品牌、广告的印象，以及卖场营业员的服务态度和服务水准，临时取舍购买哪一品牌的西服，带有非常大的偶然性，品牌忠诚度缺失。

问题：劲士独特的销售主张是什么？

步骤二：分析。（1）西服特殊的消费属性；（2）西服只是个"半成品"；（3）西服的洗熨质量使消费者困惑；（4）洗熨店与厂家互相踢皮球；（5）洗熨价格偏高。

步骤三：策划。针对西服消费过程中的三个困惑，想到了三个解决问题的办法：（1）终身免费洗熨，如洗熨过程中出现任何问题，无条件更换；（2）终身免费修补；（3）旧衣旧款，折价换新。"把消费者当作自己的岳父"，采取售后服务策略具备以下优势：（1）手段明确，目的隐蔽。手段直接为目的服务，而且行之有效；（2）在服装界首创一个崭新的概念，售后服务是提供给顾客的独特利益，给了顾客一个指名购买劲士西服的充分理由；（3）策略创新，广告诉求明确。"你穿我洗，劲士西服""穿劲士西服，您后顾无忧"。具有排他性，明确向顾客承诺价值。

步骤四：行动之一。深度调查访谈，居民普遍认为干洗店太少。行动之二。调度社会资源，为策划所用。遍布武汉的已有洗熨店是可以调度和利用的社会资源。根据人口居住密度、市民消费水平、店面规模、店址的繁荣程度等，选择了80家临街的洗熨店，全部换上"劲士西服免费洗熨、修补、以旧换新连锁店"。80个西服定制点，1997年9月1日正式推出，洗熨店每承接一位定制西服的顾客，劲士公司即奖励50元。行动之三。电话回访售后服务情况，把握顾客的心理需求；给顾客逢年过节邮寄贺卡；顾客过生日，劲士小姐送上鲜花或生日蛋糕。所换旧衣经过消毒、洗净、整熨后，捐赠给灾区和偏远地区。

步骤五：评估。一个好的策划方案，很难想到，很容易做到；一个不好的策划方案，很容易想到，很难做到。检验好策划方案的十二字标准：很难想到，容易做到，费用不高。例子："给猫挂铃铛"，一群老鼠开会，讨论如何对付猫的故事……

2. 总结

借鉴海尔高人一等的企业文化与营销策略。服装与电器是两种截然不同的商品，虽然不能盲目借鉴和简单效仿，但是给予消费者的价值有共通之处，这就是策划人要寻找的"独特销售主张"。售前售后的功能是可以转化的——把售后服务的功能转化为售前促销的功能。品牌忠诚度才是直接实现销售的"临门一脚"。不能执行的策划是笑话，策划人是社会资源的调度者，要利用社会上各种资源为我所用。要以消费者的根本利益为出发点，进行深度调研和分析，找出与同类产品绝不雷同的差异性，给消费者一个购买理由，同时解决企业存在的问题。

核心概念或理论

1. 商业策划与市场营销的关系

商业策划与市场营销有着密不可分的关系。市场营销是企业的一项重要职能，有明确的职能部门。市场营销的本质是克服交换的障碍。商业策划的本质是为了解决各种各样的商务活动中产生的问题。因此，营销策划是商业策划的一个分支，是其重要的策划类型。

2. 独特销售主张

独特销售主张（Unique selling proposition，USP），意思是独特的销售主张，通俗的说法叫卖点，由美国达彼思广告公司在20世纪60年代作为自己的经营理念率先提出。

3. 商业策划的原理

商业策划的原理主要有：可持续发展原理、效益和平衡原理、习以为常原理、信息干扰分散原理、重复加深印象原理、系统和整合性原理。

4. 植入式广告

植入式广告是指将产品或品牌及其代表性的视觉符号甚至服务内容融入电影、电视剧或电视节目中，通过场景的再现，让观众留下对产品或品牌的印象，继而达到营销的目的。

5. 商业策划的流程

从理论上来说，商业策划分为五个步骤：（1）调查；（2）分析；（3）策划；（4）执行；（5）评估。

练习

1. 根据历年的资料，找出我国成功的植入式广告案例并介绍经验、规律总结及其推广。

2. 2018年9月1日，中央电视台播放了《开学第一课》，但是播放前的广告投放引起了很多投诉和争议，根据本章所学原理，讨论其存在的问题，并给出相应的建议。

3. 网站主页存在大量的广告问题。例如，很多网站的主页上都是最大限度地堆放文字、广告、图像，恨不得把一切信息都传递给网民，但网民对此似乎很反感。对于以新闻为主的网站来说，绝大多数网民只是浏览一下新闻，而对主页上的其他信息根本不感兴趣，根本不会点击。网站希望网民在浏览新闻时也能接受网站的广告，但由于主页凌乱、复杂，导致网民对所有的广告都反感，形成了网络广告效果很差的事实。据此，和同学分组进行讨论：（1）你认为最好的网站设计是哪一个？你最喜欢浏览的网站是什么？（2）你认为不好的网站设计是哪一个？该网站存在什么问题？

第三章　商业策划分析

开篇案例：华帝 2018 年世界杯营销

随着法国队 4∶2 战胜首次打入决赛的克罗地亚队最终问鼎大力神杯，喧嚣了一个月的 2018 年俄罗斯世界杯也圆满落下帷幕。然而在我国，世界杯不仅没有随着法国队的夺冠而曲终人散，反而成了另一曲"大戏"的开始，主角就是 2018 年世界杯成功押注法国队的家电品牌——华帝。

"法国队夺冠，华帝退全款。"俄罗斯世界杯还未正式打响之前，有关世界杯的营销战早已在国内市场硝烟密布，而华帝在世界杯前的这则霸气十足的广告不仅成功吸引眼球，更是随着法国队在世界杯赛场上的一路高歌猛进而备受关注，随着法国队最终成功夺冠，更让赛前的"豪言"变成了现实，华帝也凭借成功的投注，成为 2018 年世界杯期间品牌营销"最大的赢家"之一。

梦想照进现实，相信在世界杯决赛结束哨吹响的那一刻，不仅法国队的球迷激动万分，华帝以及购买了华帝世界杯套餐产品的消费者都很兴奋，前者为自己的成功营销而感到骄傲，后者则为可以享受全额退款而感到高兴。然而"理想是丰满的、现实是骨感的"，尽管华帝在法国队夺冠后第一时间正式启动了"退款"行动，但是"诚意"似乎没有让消费者"买账"[1]。

思考和讨论：华帝 2018 年世界杯的市场营销策划是否达到了预期的效果？追踪后续报道，我们能够从中学到什么？

---

[1] 资料来源：徐建华. 华帝世界杯营销折射品牌传播的"红与黑"[EB/OL]. 中国质量新闻网—中国质量报，2018-07-20.

第一节　商业策划思想

商业策划受到策划人哲学思想的指导。策划哲学思想是指将哲学的方法应用在策划行为上。哲学具有普遍性、整体性、综合性、批判性及超脱性等性质，哲学最基本的方法是辩证法、分析法、综合法。以哲学的性质与哲学的方法反省策划活动本身，找出在策划活动进行时的基本预设，并且反省这些基本预设，进而指出其基本信念和价值观，便是策划哲学所要进行的工作。

策划哲学思想可以分为三个层面：策划主体层面、策划对象层面和规范层面。

从策划主体层面来说，在整个策划过程中，策划者是有限理性的。这一哲学设定说明，世界上没有万能的策划大师，策划专家也不能保证解决企业的所有问题。有限理性告诉我们，人在试图解决问题时应该具有谦卑的心态。

从策划对象层面来说，策划哲学思想指导策划者如何面对策划对象。首先，策划对象是一个有限资源体，策划者只能在资源限定的条件下创造性地解决问题；其次，策划者的唯一目的是为企业解决问题；最后，策划者必须具有直面事实的勇气。

从规范层面来说，策划哲学思想提出了策划活动应有的核心价值观和基本信念、规范。顾客导向和策划伦理观念是这一层面的主要内容。这一策划哲学层面也往往体现了一个策划企业的企业文化。

尽管我们把策划哲学思想区分为上述两个层面，仅在实际操作中，三者往往互相涵摄，难以明确地区分。

主要的策划哲学思想有：有限理性、问题本位、事实本位、因果关系、系统观等。

一、有限理性

西方古典经济学中的"经济人"假设，认为人具有完全的理性，可以做出让自己利益最大化的选择。1978年的诺贝尔经济学奖得主西蒙修正了这一假设，提出了"有限理性"概念，认为人是介于完全理性与非理性之间的"有限理性"状态。西蒙认为，有限理性的理论是"考虑限制决策者信息处理能力的约束的理论"，决策者在做出决策时所拥有的信息往往是有限的，他们的计算能力和记忆能力等也存在某些局限，在这种情况下，最优方案的实现成者不可能，或者计算成本太高，使得决策者不得不满足于一个可以接受的，而不是最优的方案，为此提出了"满意化原则"。

二、问题本位

商业策划行业有一套可用以解决商务问题的系统运作机制与过程应用模式，能协助人们以程序化的方式循序渐进地解决问题。商业策划人员在面临复杂而棘手的问题时，必须以解决问题为本位。商业策划活动的过程就是以组织需要解决的问题为起点，围绕"问题界定—问题分析—问题的解决方案制订"的主线进行的。策划人存在的意义，就是要解决企业或者客户面临的问题。优秀的策划人往往在解决客户问题时，速度更快、效果更好、成本更低。对于策划人来说，问题就是机会。问题本位要求策划人具有问题意识并了解解决问题的过程。

三、事实本位

对于策划而言，解决问题是从事实入手的，没有对事实的把握，策划就如空中楼阁。给企业解决问题，策划团队需要收集材料，并对各种材料进行梳理以认清事实。不可否认，很多策划人员都经验丰富且对问题有着很强的直觉判断力。但是，以事实为依据应该是所有策划人员的共同准则。

问题有时候隐藏在事实背后，随着事实的渐渐显露，问题也会越来越清晰，解决问题的思路和办法就会越来越明确。在没有足够的事实之前，虽然策划人靠经验也能解决部分问题，但策划人应该清楚，很多错误的决策都是由于缺乏事实的支撑。策划人只有具备这样的理念，才会义无反顾地去寻找事实，而事实是帮助策划人解决问题的最好助手。

四、因果关系

因果关系是在自然界和人类社会及整个物质世界不断运动变化过程中显现出来的客观的、普遍的、内在的必然联系，是客观事物发展链条上的一个环节。其中引起某一现象的现象叫原因（Cause），被一个现象引起的现象叫结果（Result）。

《哈佛企业管理》丛书中是这样定义"策划"的。"策划是一种程序，在本质上是一种运用脑力的理性行为。基本上所有的策划都是关于未来的事物，也就是说策划是针对未来要发生的事情做当前的决策……策划时找出事物因果关系，衡度未来可采取的途径，作为目前决策的依据，亦即策划是预先决定做什么，何时做，如何做，谁来做。策划如同一座桥，它连接着我们目前之地与未来我们要经过之处。"可见，找寻事物间的因果关系，是策划成功的关键。

五、系统观

所谓系统观是指运用系统思想、系统思维和系统方法来看待事物和解决问题的观念。策划人员在为组织解决问题时，要把组织作为一个系统。

从系统观点来考察和管理企业，有助于提高企业的效率与效益。首先，采用系统思维，能够防止企业管理人员仅仅关注一些专门领域，以扩展他们的眼界，使其不至于只看到具体的业务而忽略了企业的总目标，更清楚自己以及所在部门在整个企业这一更大的系统中的地位和作用。企业的系统管理，就是把信息、能源、材料和人员等各种资源，结合成为一个整体系统。按系统观点组织资源的企业，并不会消除企业的各项基本管理职能，但能把企业中的各个子系统和有关部门的关系网络看得更清楚。计划、组织、控制和信息联系等基本职能不是孤立的，而是围绕着整体系统及其目标在发挥作用。

第二节　商业策划方法

一、头脑风暴法

所谓头脑风暴（Brain-Storming），最早是精神病理学上的用语，是指对精神病患者精神错乱状态而言的。而现在则成为无限制的自由联想和讨论的代名词，目的在于产生新观念或激发创新设想。头脑风暴法是由美国创造学家 A. F. 奥斯本于1939年首次提出、1953年正式发表的一种激发性思维的方法。

在群体决策中，由于群体成员心理相互作用的影响，易屈于权威或大多数人意见，形成所谓的"群体思维"。群体思维削弱了群体的批判精神和创造力，损害了决策的质量。为了保证群体决策的创造性，提高决策质量，管理上发展了一系列改善群体决策的方法，头脑风暴法是较为典型的一个。

头脑风暴法又可分为直接头脑风暴法（通常简称为头脑风暴法）和质疑头脑风暴法（也称反头脑风暴法）。前者是在专家群体决策中尽可能激发创造性，产生尽可能多的设想的方法，后者则是对前者提出的设想、方案逐一质疑，分析其现实可行性的方法。

采用头脑风暴法组织群体决策时，要集中有关专家召开专题会议，主持者以明确的方式向所有参与者阐明问题，说明会议的规则，尽力创造融洽轻松的会议气氛。一般不发表意见，以免影响会议的自由气氛。由专家们"自由"提出尽可能多的方案。头脑风暴法强调集体思考，注重互相激发，鼓励参与者于指定时间内，构想出大量的意念，并从中找出新的构思的方法。

实施头脑风暴法的具体原则有：（1）禁止批评和评论；（2）欢迎自由表达，各抒己见，追求数量；（3）探索取长补短和改进方法。项目的点子可以用三个基本的问题来筛选：（1）你的产品或服务为用户创造了什么价值；（2）你满足了什么需求；（3）这件事为什么由你来做。

练习：请同学们进行头脑风暴法的练习，时间5分钟，介绍5分钟，共计10分钟。

二、逆向思考法

人类的思维具有方向性，存在着正向与反向的差异，由此产生了正向思维与反向思维两种形式。正向思维与反向思维只是相对而言的，一般认为，正向思维是指沿着人们的习惯性思考路线去思考，而反向思维则是指悖逆人们的习惯路线去思维。

正反向思维起源于事物的方向性，客观世界存在着互为逆向的事物，由于事物的正反向，才产生思维的正反向，两者是密切相关的。人们解决问题时，习惯于按照熟悉的常规的思维路径去思考，即采用正向思维，有时能找到解决问题的方法，收到令人满意的效果。然而，实践中也有很多事例，对某些问题利用正向思维却不易找到正确答案，一旦运用反向思维，常常会取得意想不到的功效。这说明反向思维是摆脱常规思维羁绊的一种具有创造性的思维方式。

逆向思维法是指从事物的反面去思考问题的思维方法。这种方法常常使问题获得创造性地解决。在实现某一创新或解决某一因常规思路难以解决的问题时，采取反向思维有助于寻求解决问题的方法。

案例一：摘下女士的帽子。

印度有一家电影院，常有戴帽子的妇女去看电影。帽子挡住了后面观众的视线。大家请电影院经理发个场内禁止戴帽子的通告。经理摇摇头说："这不太妥当，只有允许她们戴帽子才行。"大家听了，不知何意，感到很失望。第二天，影片放映之前，经理在银幕上映出了一则通告："本院为了照顾衰老有病的女客，可允许她们照常戴帽子，在放映电影时不必摘下。"通告一出，所有女客都摘下了帽子。

案例二：哈桑借据法则。

一位商人向哈桑借了2000元，并且写了借据。在还钱的期限快到的时候，哈桑突然发现借据丢了，这使他焦急万分，因为他知道，丢失了借据，向他借钱的这个人是会赖账的。哈桑的朋友纳斯列金知道此事后对哈桑说："你给这个商人写封信过去，要他到时候把向你借的 2500 元还给你。"哈桑听了迷惑不解："我丢了借据，要他还 2000 元都成问题，怎么还能向他要 2500 元呢？"尽管哈桑没想通，但还是照办了。信寄出以后，哈桑很快收到了回信，借钱的商人在信上写道："我向你借的是 2000 元钱，不是 2500 元，到时候就还你。"

逆向思维法三大类型简介：

（1）反转型逆向思维法。

这种方法是指从已知事物的相反方向进行思考，产生发明构思的途径。

"事物的相反方向"常常从事物的功能、结构、因果关系三个方面作反向思维。比如，日本一位家庭主妇对煎鱼总会粘锅感到恼火。一天，煎鱼时她突然产生一个念头，能否不在锅的下面加热，而在锅的上面加热呢？经过多次尝试，她想到了在锅盖内安装电炉丝从上面加热，最终制成了令人满意的煎鱼不煳的锅，成为流行一时的新产品。这是利用逆向思维，对结构进行反转型思考的产物。

（2）转换型逆向思维法。

这是指在研究问题时，由于解决这一问题的手段受阻，而转换成另一种手段，或转换思考角度思考，以使问题顺利解决的思维方法。

如历史上被传为佳话的司马光砸缸救落水儿童的故事，实质上就是一个用转换型逆向思维法的例子。由于司马光不能通过爬进缸中救人的手段解决问题，因而他就转换为另一种手段，破缸救人，进而顺利地解决了问题。

（3）缺点逆向思维法。

这是一种利用事物的缺点，将缺点变为可利用的东西，化被动为主动，化不利为有利的思维发明方法。这种方法并不以克服事物的缺点为目的，相反，它是将缺点化弊为利，找到解决方法。例如，金属腐蚀是一种坏事，但人们利用金属腐蚀原理进行金属粉末的生产，或进行电镀等其他用途，无疑是缺点逆向思维法的一种应用。

三、类比思考法

类比思维是一种或然性极大的逻辑思维方式，它的创造性表现在发明创造活动中人们能够通过类比已有事物开启创造未知事物的发明思路，其中隐含有触类旁通的含义。它把已有的事物与一些表面看来与之毫不相干的事物联系起来，寻找创新的目标和解决的方法。因此，人们可以通过以外部事物或已有的发明成果为媒介，并将它们分成若干要素，对其中的要素进行讨论研究，综合利用激发出来的灵感来发明新事物或解决问题的方法。

发明创造中的类比思维，不受通常的推理模式的束缚，具有很大的灵活性和多样性。在发明创造活动中常见的形式有：形式类比、功能类比和幻想类比等多种类型。

形式类比包括形象特征、结构特征和运动特征等几个方面的类比，不论哪个形式都依赖于创造目标与某一装置或客体在某些方面的相似关系。如飞机与鸟类、飞机与蜻蜓，由鸟的飞行运动制成了飞机，飞机高速飞行时机翼产生强烈振动，有人根据蜻蜓羽翅的减振结构设计了飞机的减振装置。天津一个学生根据小狗爬楼的运动方式创造了狗爬式上楼车等都是类比的结果。

功能类比是根据人们的某种愿望或需要类比某种自然物或人工物的功能，提出创造具有近似功能的新装置的发明方案，这种方法特别在仿生学研究上有广泛应用，例如，各种机械手、鳄鱼夹等。

根据幻想中的某种形象、某种作用、运动装置进行发明创造思维，这种思维是幻想类比。例如，《海底两万里》的作者幻想了一种能长时间在海底活动的潜艇，经过几十年的努力后制成的现代潜艇即是这种幻想的实施。当然，一项成功的发明也可以是以上多种类比的综合，如各种机器人的出现绝非一种单纯的创造性思维所能奏效的。

英国的培根有一句名言："类比联想支配发明。"他把类比思维和联想紧密相连，只有有了联想才能有类比思维，不论是寻找创造目标，还是寻找解决的办法都离不开联想的作用。人们要用好类比思维，就必须提高联想能力，学会联想方法，特别是掌握相似联想，是运用类比思维的重要条件。

例如，深圳旅游公司把荷兰"小人国"旅游项目原理移植到深圳，结合当地情况，建成了"中华民俗村""锦绣中华"大型旅游项目。利用国家政策，把该项目办成"爱国主义教育基地"，门票可由单位报销，实现了非常可观的经济和社会效益。

四、5W2H 分析法

5W2H 分析法是用五个以 W 开头的英语单词和两个以 H 开头的英语单词进行设问，发现解决问题的线索，寻找发明思路，进行设计构思，从而搞出新的发明项目，又被称为七问分析法。该方法是"二战"中美国陆军兵器修理部首创。简单、方便，易于理解、使用，富有启发意义，广泛用于企业管理和技术活动，对于决策和执行性的活动措施也非常有帮助，也有助于弥补考虑问题的疏漏。

提出疑问对于发现问题和解决问题是极其重要的。创造力高的人，都具有善于提问题的能力，众所周知，提出一个好的问题，就意味着问题解决了一半。提问题的技巧高，可以发挥人的想象力。相反，有些问题提出来，反而挫伤我们的想象力。任何事情都可用这七个方面去思考，即使对于不善分析问题的人，也很容易掌握。

（1）WHY：为什么？理由何在？

（2）WHAT：是什么？目的是什么？做什么工作？

（3）WHERE：在哪里做？从哪里入手？

（4）WHEN：什么时间合适？什么时间开始、完成？

（5）WHO：由谁来做？谁负责？

（6）HOW：怎么做？如果实施，方法是什么？

（7）HOW MUCH：做到什么程度？数量、质量、费用如何？

如果提问题中常有"假如……""如果……""是否……"这样的虚构，就是一种设问，设问需要更高的想象力。在发明设计中，对问题不敏感，看不出毛病是与平时不善于提问有密切关系的。对一个问题刨根问底，有可能发现新的知识和新的疑问。所以从根本上说，学会发明首先要学会提问，善于提问。阻碍提问的因素，一是怕提问多，被别人看成什么也不懂的傻瓜，二是随着年龄和知识的增长，提问欲望渐渐淡薄。如果提问得不到答复和鼓励，反而遭人讥讽，结果在人的潜意识中就形成了这种看法：好提问、好挑毛病的人是在扰乱别人,最好紧闭嘴巴,不看、不闻、不问,但是这恰恰阻碍了人的创造性的发挥。

第三节 商业策划的调研和分析

一、策划的调研方法

实施策划之前,必须进行关于营销策划的调研,了解利益相关方对企业及其产品或服务的看法。市场调研的情况直接决定营销策划的成败,错误的调查结果必定导致不成功的策划,因此,非常有必要认真分析在营销策划前应进行哪些调查以及如何进行这些调查。具体而言,从如何进行调查而言,营销策划调研的方法主要有以下五种:(1)电话访问调查;(2)邮寄问卷调查;(3)面谈访问调查;(4)深度访谈;(5)观察法。以访问调查为例,访问调查的步骤有:(1)制订访问调查方案;(2)二手资料收集和整理;(3)问卷设计或访谈提纲制定;(4)实施访问调查;(5)整理资料,形成结论。

营销策划调研的内容主要包括两个方面。

第一,企业外部的宏观环境,具体包括经济环境、政治环境、法律环境、文化环境和自然环境。外部环境主要分为两大类:(1)宏观环境(PESTN);(2)行业环境(FIVE FORCE MODEL)。如表3-1所示。

表3-1 行业环境的五力模型分析

供应商	买方	新进入者	替代品	原有竞争者
要素的差异性	需求量	实力强弱	种类的多寡	竞争者的数量
生产规模	需求价格	成本优势	相对价格水平	实力强弱
厂商的集中度	购买类型	产品特色	替代倾向	商标、商誉
供应量	购买频率	销售渠道		产品差异性
供应价格	集中度	商标、商誉		行业增长率
		政府政策		退出障碍

第二，企业内部的微观环境，具体包括企业的组织形式、企业的经营状况、企业文化、企业面临的市场状况、竞争者状况等，如表3-2所示。主要体现为以下六个方面的能力。

（1）制造能力：反映企业的生产能力的一系列信息的总和。

（2）营销能力：反映企业开展市场营销活动的水平。

（3）盈利能力：衡量企业的盈利水平。

（4）抗风险能力：反映企业对营销环境变化的承受能力。

（5）组织能力：反映企业生产经营活动的计划、实施和控制水平。

（6）发展能力：反映企业的后续发展与可持续发展的能力。

表3-2 企业经营能力分析

制造能力	营销能力	盈利能力	抗风险能力	组织能力	发展能力	评分	权数	结果
设备	市场份额	销售利润率	企业信誉	管理层水平	研发开支比例			
技术水平	市场覆盖地域	总资产报酬率	资产负债率	员工协作精神	技术人员比重			
产品质量	服务水平	资本收益率	流动比率	创业导向	员工受教育程度			
制造费用	定价效果	资本保值增值率	应收账款周转率		培训费用			
及时交货情况	广告效果		存货周转率					
	公关效果		弹性管理水平					

在对企业外部宏观环境和内部微观环境有了充分认识和了解之后，可以采用SWOT分析方法来制定战略。企业制订营销方案就是要能充分利用优势，克服或避免劣势，抓住面临的机会，避开威胁或尽量使损失降到最小。相应地，有四种营销战略。（1）扩张战略：机会很多，威胁较少，具备竞争优势；（2）防卫战略：机会多于威胁，但企业在市场中不处于竞争优势；（3）退出战略：威胁多于机会，企业

处于竞争劣势；（4）分散战略：威胁多于机会，企业具有竞争优势。

值得注意的是，企业在运用SWOT分析方法时，要注意综合使用机会与威胁分析、优势与劣势分析的方法，防止两个问题发生：第一，将机会与威胁对立起来，二者并非互相对立、非此即彼的两个极端，二者可以共存。第二，不能详细列出企业的优势与劣势所在。

二、策划方案的结构

下面是一份商业策划方案的基本结构，一般而言，商业策划书包括以下几个部分：

1. 项目介绍

（1）项目概述。

对本项目策划书进行整体概括性陈述，要求简明扼要，重点突出。

① 项目主题；

② 实施对象（目标人群）；

③ 实施区域；

④ 项目期限；

⑤ 希望解决的问题、预期达到的目标；

⑥ 计划的活动、预计的成果等要素。

（2）项目背景分析。

对该项目相关的背景进行简要分析，包括项目起因和必要性、实施项目的条件、以前类似项目实施经验教训及相关政策环境等，要求简明扼要。这是策划的基础，具有共性的内容包括：①宏观环境分析；②微观环境分析；③企业概况分析；④对调查材料的分析。

（3）项目问题分析。

① 通过项目的实施，希望解决什么具体问题？

② 导致这些问题的关键原因是什么？

③ 这些问题将会导致什么不良后果？

（4）项目目标。

项目所希望达到的目标是什么？应当尽量符合具体、可测量、可达到、有时限的原则。项目目标可以划分为总目标和分目标，总目标是对项目整体目标较为宏观的描述，分目标则是为实现总目标而形成的一系列具有严密逻辑关系的具体目标。

（5）项目策略及活动。

项目将通过什么策略实现项目目标？即项目将用什么方式展开哪些活动？行动方案部分，就策划的指导思想而言主要包括两个方面：第一，如何确定目标市场？第二，如何占领目标市场，营销组合战略是什么？

（6）预期风险分析。

项目执行过程中会遇到哪些主观或客观风险？本项目采用哪些对策来规避这些风险？简要分析，需要有实际意义。

（7）项目创新性。

创新性是项目成功与否的重要因素，也是项目是否获得资助的重要因素之一。项目申请方应当明确陈述本项目在本领域内具有哪些显著的创新性。而且这种创新性应当具有可推广、可持续的价值。

2. 项目实施计划

（1）项目产出。

① 为了实现项目目标，将在什么时候开展哪些具体的活动？

② 活动预期将会产生哪些具体可测量的产出？

简要说明本项目的总目标、预期成果（包括成果指标）、相关活动、资源投入等。

（2）具体实施步骤。

3. 项目组织结构

（1）主办方。

（2）承办方。

（3）项目组工作人员组织结构图。

（4）志愿者网络及组织。

4. 社会资源拓展

（1）项目需要整合的其他社会资源。

（2）社会资源可提供的支持或发挥的作用。

（3）社会资源在项目中的参与形式。

（4）社会赞助或支持可获取的回报。

5. 媒体支持及项目宣传

（1）媒体介绍。

（2）宣传规划。

（3）阶段规划。

① 项目准备期；

② 项目启动期；

③ 项目运行期；

④ 成果展示期；

⑤ 总结评估期。

6. 项目社会效益分析

（1）受助群体的预期收益。

（2）对社会评价、社会舆论的预期。

（3）对基金会公信力的建设预期。

（4）其他。

7. 项目经费预算

8. 附录

一份优秀而且有效的策划方案至少应该具备以下三个要求：首先，应该有明确的针对性。套用某种模式、某种套路的策划方案是欺诈行为。其次，应该具有强烈的创新意识。成功的策划案要给人耳目一新、眼前一亮的感觉，给人以智慧的启迪和精神的振奋。最后，切实的可行性。策划方案中的目标应该是通过努力可以达到的，文案中的措施一定是企业有能力实施的。

核心概念或理论

1. 商业策划思想

策划哲学思想可以分为三个层面：策划主体层面、策划对象层面和规范层面。主要的策划哲学思想有：有限理性、问题本位、事实本位、因果关系、系统观等。

2. 商业策划方法

商业策划方法主要有：头脑风暴法、逆向思考法、类比思考法、5W2H分析法等。

3. 商业策划调研方法

策划调研的方法主要有以下五种：（1）电话访问调查；（2）邮寄问卷调查；（3）面谈访问调查；（4）深度访谈；（5）观察法。

练习

1. 2018年俄罗斯世界杯期间，针对中国广告的设计、投放和效果，进行失误总结和经验借鉴。

2. 每到国人重要的传统节日，更是品牌商家营销的关键时间节点。正所谓"每逢佳节营销忙"，每个节日前后，例如，春节、端午节、中秋节、国庆节、元旦，不少商家品牌都会积极抓住这个营销契机，放出各种营销花式大招。无论是打喜庆牌还是打团圆牌，都想通过共鸣的话题积极寻求与受众进行深度沟通。视频广告、借势设计海报、产品营销换新包装、线下事件营销等，花样迭出。请以小组为单位，选择某一节日为背景，通过收集各种二手资料并进行分析，对其策划思路、方法和效果进行评价。每个小组进行课堂陈述，时间15分钟。

注意事项：请以四个评价二手信息的标准来进行材料鉴别。

1. 信息的来源；

2. 信息的准确性；

3. 信息发布的时效性；

4. 信息与本案相关程度。

第四章　产品策划

开篇案例：阿迪达斯的 NMD

阿迪达斯 NMD "一夜爆红"，其走红的方式，就是中国娱乐圈的造星模式。

2015 年 12 月 10 日，阿迪达斯方面毫无征兆地发表了这款 NMD 型号，NMD 真的做到了绝对的高度机密，大众对于这款神秘型号的期待，自然增加了不少。NMD 即 NOMAD 的简称，阿迪达斯内部会为每一双鞋起一个暗号，在设计完成之后，设计团队认为这个名字非常符合鞋款的气质，故取名 NMD 为官方鞋名。但是在中国，NMD 长期以来都是和某句不文明用语相挂钩，好的名字决定了成功的一半，在 NMD 发表初期，各种关于鞋名的吐槽也间接帮助了 NMD 的名字迅速深入人心。随后，陈奕迅、吴亦凡、余文乐，一大波人气代言人的亲自示范令 NMD 的人气达到了第一个顶点。最初的原始配色在短时间内就翻到了原价的 3 倍到 4 倍之多！明星效应功不可没。但导致 NMD 如今火爆的最主要原因，还是饥饿营销策略。NMD 的全部科技都是成熟的，阿迪达斯完全可以大规模地生产。但是，阿迪达斯并没有那么做，如果说首发配色是为了博人眼球而限量，也情有可原，但是 3 月 17 日发售的一大波新配色，依旧带上了"限量"的标牌，足以见得其很好地抓住了消费者的心理。相比较于耐克喜欢围绕运动宣传其在专业领域的创新，阿迪达斯则凭借其在时尚运动方面的纯熟营销而被广泛传播[1]。

---

[1] 资料来源："阿迪达斯的 NMD 是如何一步步被捧红的？" 2016 年 3 月 21 日，中国鞋网，http://www.cnxz.cn/；"阿迪达斯的 NMD 卖疯的时候，耐克在干什么？" 2016 年 3 月 18 日，澎湃新闻改编。

思考和讨论：

1. 总结阿迪达斯 NMD 成功上市的原因。
2. 分析和讨论阿迪达斯推行限购政策对消费者满意度的影响。
3. 阿迪达斯 NMD 卖疯的时候，耐克在做什么？

第一节　产品入市策划

所谓产品入市，就是指企业进入市场，包括新成立的企业进入已有的市场，以及老企业进入待开拓的新市场。企业入市是相对于市场占领、市场垄断而言的。市场占领指企业入市后已经取得一定市场地位的生存状态；市场垄断则是已经获得了控制市场的主动权的生存状态。从消费心理学的角度，企业入市也是企业获得消费者认知、认同、认可的过程。

产品生命周期理论，就是指随着时间的推移，按照产品销售额和利润变化的情况，可以将产品分为四个阶段：（1）介绍期（引入期）。指产品引入市场，销售缓慢增长的时期。在这个阶段，因为产品引入市场所支付的费用高昂，致使利润几乎不存在。（2）成长期。产品被市场迅速接受和利润大量增加的时期。（3）成熟期。市场饱和，销售增长放缓，利润稳定或下降。（4）衰退期。销售和利润不断下降的时期。

在引入期之前，企业要获得新产品，大致有两条途径：第一，通过收购兼并获得；第二，通过新产品开发获得。如果是后者，那么，新产品开发阶段历经构思产生、构思筛选、概念发展和测试、营销战略制定、商业分析、产品开发、市场测试、商品化共八个阶段。其最后一个阶段商品化，就是指正式在市场中推出新的产品。商品化是新产品开发至关重要的阶段，决定着企业的成败。因此，商品化决策相当重要，其主要包括必须考虑确定商品化的时机、确定在什么地方推出新产品。公司需要建造或租赁全面的生产设施，还要实施营销组合。

我们可以将商品化的决策理解为企业的入市策划。所谓企业入市策划，就是在对市场进行充分调研的基础上，进行产品与市场的决策过程，一般包括入市程序的决策、国内国际市场的分析、入市条件与市场风险分析，以及企业进入市场的规范行为策划等内容。企业入市决策主要考虑五个问题：（1）企业是否应该进入这个市场？（2）企业什么时间、什么地点、具体进入哪一个市场？（3）采取什么样的方式和途径进入这个市场？（4）企业入市后预计的结果和实际会产生什么后果？（5）企业入市后采取哪些相应的战略战术和措施？

企业匆忙上市导致失败的例子比比皆是，即便知名企业也难以避免。例如，纳贝斯通公司曾经成功地推出了泰迪熊饼干，公司决定将产品线延伸到新的领域，推出了巧克力味、桂皮味和香甜味的泰迪熊早餐饼。但是，产品上市前没有进行消费者测试，非常匆忙，消费者并不喜欢这些口味，于是产品被打回来修改配方。结果，虽然饼干口味好吃一些，但是因为饼干不再能像包装盒上说的能够发出嘎吱嘎吱的声音，消费者不愿意购买，超市也开始拒绝销售这种饼干，公司如果重新设计，为时已晚，一个本来很有前景的产品，因为匆忙上市夭折了。而掌握好上市节奏，能够比竞争者先走一步，就可以带来先入优势，帮助企业成为翘楚。当高乐士还在测试它的带漂白剂的新洗衣粉的时候，宝洁已经迅速在全国市场上推出了带漂白剂的汰渍洗衣粉，建立了先入优势，并很快成为这一市场的领导者。后来，高乐士公司不得不放弃并撤回它花费巨资研制的新洗衣粉。

企业入市过程包括三个阶段及相应的入市活动，如表4-1所示。

表4-1 企业入市过程

企业入市阶段	入市活动状态	入市的活动和内容
启动期	试探性进入	包括营销策划、调研和试销等
开业期	正式进入	正式成立分支机构或确立合作关系、针对当地的广告宣传、办妥许可证等
立足期	初具规模进入	包括连续稳定地向新市场追加销售，进行市场渗透和初期扩张等

企业进入市场的能力体现在三个方面：（1）选择突破口的能力。

包括选择方向、进入时机、把握形势的能力。(2)有效突破能力。组织能力、配套能力、整体协同管理的能力。(3)排除干扰和排挤的能力。克服体制、习惯、文化等干扰以及应对在位企业各种排挤的能力。

一、产品入市策划的流程

产品入市可以遵循一定的流程或步骤进行：评估产品—市场形势分析（环境分析）—市场调查—确定目标市场和突破口—选择进入路径—市场营销组合要素策划—实施经营—监督并修正策划方案。首先，要对拟销产品或服务准确评估。其次，要准确把握市场形势。市场形势的分析与判断与否，直接决定着企业入市的成败。

总体上，当市场商品从总量到结构都处于供不应求，价格呈上升趋势，市场形势对卖方有利时，这样的市场形势是卖方市场；反之，是买方市场。经济发展遵循着不平衡—平衡—不平衡循环往复运动，实际上反映到市场就出现了波动—平衡—波动的态势。就我国当前的市场形势而言，存在两个根本的特点：第一，市场供过于求具有普遍性，呈现买方市场的态势；第二，制造业生产能力普遍相对过剩，如何开拓新的市场成为制造业发展的关键。因此，在决定和影响经济增长的三个要素（投资、消费、净出口）中，消费需求成为影响经济增长的主要或决定性因素，消费者作为买方，成为市场的主导力量，对商品有着很高的自主权、选择权和决策权，企业只有真正满足消费需求，才能生存和发展。

接着，就是发现市场空缺，所谓市场空缺，指那些市场启动条件基本趋于成熟的潜在市场，并对拟进入的目标市场进行选择，最后是对市场进入的营销组合要素进行分析。

企业入市策划还需要考虑：(1)产品差异。现在，产品差异不在于产品本身，而在于产品的文化内涵与附加服务。(2)规模经济。是某项产品的单位成本随着绝对产量的增长而下降所形成的经济状态。(3)资本存量。影响着企业入市的可能性与顺利程度。(4)流通渠道。考虑价值链中合作伙伴的合作意愿和诚意。(5)政府政策。顺应政府政策，争取获得舆论支持。

二、产品入市的战略和营销组合

产品入市的战略一般有四种：(1)市场渗透。渐进或缓慢进入，稳扎稳打，逐步扩大市场份额。(2)借力而为。借助相关企业的渠道或市场进入市场空缺，然后逐步扩大市场份额。(3)集中进入。集中企业资源，大力开发某一目标市场。(4)差异化。致力于创造与同类产品有显著差别的特色产品和别具一格的营销方案。

相应地，在营销组合上，产品策略，要考虑在产品实体、包装、商标、品牌、服务（售前与售后）等特征中，哪一个可以建立差异化。价格策略上，企业有多大程度的定价自主权。销售渠道上，可利用渠道有哪些？有哪些潜在的合作伙伴？服务策略上，是否可以扩展到整个价值链中，是否可以提供其他附加服务来实现差异化？促销策略上，广告、公关关系、销售促进、人员销售、直复营销，哪一种能够在预算约束下，实现企业的入市目标？

第二节　品牌策划

一、品牌名称策划

产品推广的过程就是创立品牌、发展品牌的过程，包括从品牌命名、品牌延伸、商标管理、产品合格认证和包装策略等一系列的活动和过程。

首先，企业要创立一个品牌。所谓品牌，就是指产品的一种名称、标记、符号、设计图案或者它们的组合运用，据此辨认某个企业的产品或服务，使之同竞争对手的产品或服务区别开来的营销手段。企业不仅希望创立一个品牌，更希望能够创立一个名牌。名牌必须具备以下基本条件：高品质、独特性、知名度、高占有率、高美誉度。所以，品牌策划就是围绕实现以上五个目标而进行的品牌管理活动。商标设计、注册、使用和管理都是产品推广策划的重要环节。产品合格认证和包装策略是进一步运营产品品牌的措施。产品合格认证包括商品安全认证和质量认证。这意味着产品有了在国内外市场的通行证。包装是沉默的推销员，它对于在顾客中树立企业形象和品牌形象起了潜移默化的作用。

一个好的品牌名字，至少应该满足以下三个条件：（1）简洁明快，易于认读、识别和记忆；（2）准确地反映企业及其产品的特色，寓意深远，引人思索与联想；（3）符合国家的法律规范，以及消费市场的民族习惯，为消费者所喜闻乐见。

品牌命名不仅要符合以上三条原则，还用从保护的角度，考虑以下防御原则：（1）视觉独占，图形专用。包括文字专用、图案专用，要把字形相近的商标一并注册，如虹雁、红雁。（2）听觉独占，发音专用。要把发音相近的名称一并注册，如佳丽、家丽。（3）感受独占，含义专用。要把含义相近的名称一并注册，如少女之春、少女之夏、少女之秋、少女之冬等。

二、品牌延伸的概念和效应

品牌延伸是指把一个现有品牌名称使用到一个新类别的产品上，或在同一类产品中推出若干新的品牌名称的营销行为。品牌延伸是名牌效应的体现，只有含金量高的名牌才有延伸的必要。

品牌延伸的正面效应有：（1）有利于新产品的试用和接受，减少新产品上市的风险。（2）有利于解决品牌运营中企业与消费者信息不对称的矛盾。（3）有利于丰富企业名牌下的产品线，给消费者提供多样化的选择。（4）有利于降低企业从事新产品推广的各项促销费用。（5）有利于品牌资产与价值的提升，树立行业综合品牌，扩大影响。

品牌延伸的负面效应主要有两个：（1）由于延伸失败而损害原有品牌的形象，必须充分考虑新产品与已有产品之间的关联度、新产品与已有产品在质量上的差距、新产品与已有产品目标人群的重叠程度，以及消费者的接受度等。（2）品牌延伸的产品彼此关联，"一荣俱荣，一损俱损"，任何一个品牌出问题都会殃及其他品牌。

三、品牌延伸的基础和原则

品牌核心价值是消费者能得到或感知到的价值或利益的承诺,是品牌带给消费者的核心利益,它使得消费者识别、认同、喜欢,甚至忠诚于该品牌。品牌核心价值既是消费者对产品带来的利益的认定和自身的微妙心理需求的折射,也是品牌得以延伸的关键因素。品牌核心价值居于消费者品牌体验的最深层,如表4-2所示。

表4-2 品牌及其核心价值举例

品牌	品牌核心价值
劳斯莱斯(汽车)	皇家贵族的坐骑
宝马(汽车)	驾驶的乐趣
诺基亚(手机)	科技、人性化
吉列(男士用品)	阳刚、男人味
耐克(运动用品)	超越——强劲有力、生机勃勃、富有进攻性
强生(婴儿用品)	可信赖的家庭医生
辉瑞(药品)	关爱
海尔(家电)	真诚到永远
雀巢(食品)	温馨、美味

品牌延伸的原则:(1)品牌核心价值外化为品牌的个性,品牌个性是在品牌定位的基础上所创造的人格化、个性化的品牌形象。(2)一个成功的品牌有其独特的核心价值和个性,若这一核心价值能包容延伸产品,就可以大胆地进行品牌延伸。反过来,品牌延伸不能与品牌原有核心价值与个性相抵触。(3)以档次、身份及象征为主要卖点的品牌,一般很难兼容中低档产品,会破坏品牌的核心价值。例如,第二次世界大战前,美国的豪华车派卡德是全球最尊贵的名车,是罗斯福总统的座驾,然而,派卡德在20世纪30年代中期推出称为"快马"的中等价位车型,尽管销路很好,但其王者之风渐失,高贵形象不复存在,从此走向衰落。另外一个例子就是派克生产低档钢笔惨遭失败。

四、品牌延伸的方式

按照品牌在产品线上位置的移动方向,品牌延伸包括向下延伸、向上延伸、双向延伸。向下延伸是指原品牌定位于高端市场,为了更好地开拓市场,企业将高档品牌向中低档方向延伸。反之,向上延伸则是为了提升品牌资产,改善品牌形象,处于低端的原品牌向中高档方向延伸。双向延伸则是指企业原品牌定位于中档产品,为了大幅度拉长品牌线,同时将品牌向上下两个方向延伸。品牌延伸需要谨慎,不当的向下延伸可能导致品牌资产的稀释或下降。例如,1994年起,五粮液开始品牌延伸,到目前已延伸出了五粮春、五粮醇、五福液、五粮王、五粮神、金六福等十余个品牌,其延伸是一味向下的品牌低档化策略,延伸品牌的价格主要集中在30~80元,看不出它们在风格、个性和消费者群体上的差异。虽然五粮液在品牌延伸后,创造了年销售70亿元的辉煌业绩,并取代茅台成为中国白酒之王,但品牌延伸却使五粮液的高档品牌形象受到损害。因此,品牌向下延伸不可盲目、轻率;向上延伸则需要企业将品质保持在一个稳定的基础上,待品质提升到一定标准时再谋求向上延伸。

按照延伸品牌与母品牌的关联程度,可以将品牌延伸分为连续延伸和间断延伸。品牌连续延伸是指延伸品牌产品与母品牌关联度大,一般是在同一行业进行的延伸。品牌间断延伸则是指横跨多个行业进行的延伸。以海尔的品牌延伸为例,当海尔由冰箱进军空调、彩电、洗衣机,在整个家电行业中延伸时,属于连续延伸;海尔延伸至整体厨房符合海尔"真诚到永远"的核心价值及其一流的售后服务质量体系。但是,当海尔延伸至手机和医药行业时,就属于间断延伸。海尔延伸至手机时,手机是通信产品而非家电产品,其良好的售后服务只局限于维修,反映不出海尔品牌的内涵。海尔延伸至医药行业时,严重偏离了海尔品牌的核心价值,海尔医药的现状堪忧。

从广义上来讲,一品多牌也属于品牌延伸的方式。一品多牌是企业根据不同区域消费者的偏好和审美情趣,采取适合各类地域消费者的需要,对同一种商品采用不同品牌的营销策略。例如,宝洁采用多种品牌或一类产品多个品牌的策略。瑞士钟表就是成功的品牌延伸的例子。"钟表之王"的瑞士钟表旗下有代表不同档次的手表：一级表品牌有劳力士、欧米茄；二级表品牌有浪琴；三级表品牌有梅花；四级表品牌有英纳格。

五、品牌延伸成功的条件和保障

品牌延伸不仅要考虑是否具备延伸的基础和方式，而且要结合延伸方式考虑各种前提条件。

第一，行业条件。对于日用消费品行业，如食品、饮料、服装、香烟、白酒、洗涤用品等适合"一品多牌"的延伸方式，因为这些行业的商品市场容量大、消耗快、需求多元化，实施"一品多牌"可以进行大批量生产，采取不同的流通渠道和区域市场以拓宽市场占有，获取丰富的利润。对于耐用品行业，如家电、珠宝、轿车等则适合"一牌多品"的延伸方式，因为这些行业消耗周期长、价格高、消费者多为复杂性购买，企业创建名牌很难，因此，一旦创建名牌之后，自然会利用已有的品牌资产实施品牌延伸。

第二，企业条件。实行品牌延伸的企业首先必须产品质量过硬，并具备雄厚财力、研发能力和营销能力的优势；同时，企业还必须具有强大的抗风险能力，才能应对各种可能的情况。例如，日本三菱成功地从重工业延伸到汽车、银行、电子、食品等行业，就在于产品质量高，并且具备雄厚的资金、研发和营销实力。

第三，产品条件。品牌延伸适用于价值易于认知、市场范围广，与消费者日常生活联系密切的产品，如日用化工用品、家电、饮料、食品、服装、鞋帽等。一些特性抵触的产品不宜采取品牌延伸策略，例如，洗衣粉与纯净水、方便面与蓄电池。又如，统一食品延伸到蓄电池；娃哈哈延伸至感冒液和酒；霸王洗发水延伸至霸王凉茶。

第四，市场条件。品牌延伸是否成功在很大程度上取决于延伸产品所处的市场状况。在竞争不是很激烈、市场发育不完善的市场，依靠名牌进行延伸较易成功。在竞争激烈的成熟市场上，已经具有名牌产品，因此，品牌延伸获得成功的可能性非常小。考虑是否采取品牌延伸时，企业需要考虑的最基本因素就是新进入的市场是否存在真正的有价值的市场空隙？因此，必须对市场进行充分调研及科学论证，选择有较好发展前景的产业和业务领域。

成功品牌延伸的保障是品牌资产。品牌资产是一种无形资产，是一个系统概念，是指品牌给产品带来的超越其功能的附加价值或附加利益。品牌给消费者提供的附加利益越大，它对消费者的吸引力就越大，品牌资产价值就越高。品牌由诸多因素所决定和反映，品牌资产分为：品牌知名度、品牌美誉度、品牌认知、品牌忠诚度、品牌联想等。

品牌知名度是指消费者想到某一类别的产品时，脑海中能想起或辨识某一品牌的程度，其由低到高，依次分为四级：无知名度、提示知名度、未提示知名度、第一提及知名度，它反映的是顾客关系的广度，与销售呈正相关关系。知名度是品牌资产的首要条件，没有知名度，就没有其他品牌资产要素。

品牌美誉度是指某品牌获得公众信任、支持和赞许的程度。品牌知名度是一个量的指标，美誉度是一个质的标准，它反映某品牌社会影响的好坏。

品牌美誉度的资产价值体现在口碑效应上，即通过人们的口头称赞，引起源源不断的销售。

品牌认知是指消费者对某一品牌在品质上的整体印象，是消费者的主观认识。它的内涵包括：功能、特点、可信赖度、耐用度、服务度、高品质的外观等。品牌认知中的质量印象是目前我国消费者最为关心的因素之一，也是品牌差异化定位、高价位和品牌延伸的基础。

品牌忠诚度是指消费者对品牌的满意度并坚持使用该品牌的程度，它是一种行为过程，也是一种心理过程，是测量消费者对所用品牌的依恋程度，反映消费者转向另一个品牌的可能性，它是品牌资产的核心。品牌忠诚度可以分为五个层次：无品牌忠诚者、习惯购买者、满意购买者、情感购买者、承诺购买者。研究发现，吸引一个新消费者的花费是保持一个已有消费者花费的 4~6 倍，从品牌忠诚者身上获得的利润是品牌非忠诚者的 9 倍之多。

品牌联想是指通过品牌而产生的与品牌相关的联想，比如，产品特点、使用场合、使用人、品牌个性等。品牌联想往往能够组合出一些新意，形成品牌形象。它是通过独特销售点传播、品牌定位和消费者体验的结果，它提供了购买的理由和品牌延伸的依据。例如，可口可乐、麦当劳、耐克、苹果、同仁堂、格力、海尔、腾讯、百度、京东等。

六、副品牌策划

副品牌是指以一个成功品牌作为主品牌，来涵盖企业生产制造的系列产品，同时又给不同产品起生动活泼、富有魅力的名字作为副品牌，以主品牌展示系列产品的社会影响力，而以副品牌凸显各个产品不同的个性形象。例如，海尔冰箱系列的海尔—小王子、海尔—双王子、海尔—大王子、海尔—帅王子、海尔—金王子等；空调系列的海尔—小超人变频空调、海尔—小状元健康空调、海尔—小英才窗机；洗衣机系列的海尔—神童、海尔—小小神童、海尔—即时洗等。

副品牌策划时需要注意：(1) 把握主副品牌的关系，凸显主品牌的核心地位。广告宣传的重心是主品牌，副品牌一般不额外增加广告预算，处于从属地位。(2) 副品牌一般都直观、形象地表达产品优点和个性形象，具有口语化、通俗化的特点，因此，副品牌命名要有联想功能，不宜过分求新求怪。(3) 副品牌较主品牌内涵丰富，适用面窄，必须与目标市场相近或吻合。例如，长虹—红双喜、长虹—红太阳彩电，其目标市场是中小城市和农村，因此，命名十分通俗，表达了普通老百姓对生活的向往和追求。

第三节　商标认证和包装策划

一、商标注册和使用策划

我国商标注册遵循"自愿申请注册"和"申请在先原则"，因此，要注意以下原则：(1) 抢先注册。为了预防相关企业抢注，必须在上市或推广前，事先做好商标注册工作。(2) 按时续展。我国商标有效期一般只有 10 年，企业必须有商标管理，按时续展，以免他人抢注。(3) 防御注册。根据国际商标协议和我国商标法，要对商标的相近音域或图形进行防御性注册。

商标使用策略包括四种：(1) 家族商标。又称同一商标，所有产品都以同一商标进入市场，适用于价格、品质、目标市场大致相似的产品或服务。(2) 单一商标。各种产品分别采用不同的商标进入市场。(3) 更新商标。将原有商标更替，但不可采取骤变，应采取渐变的方法。(4) 商标授权使用。或付费获得知名商标的授权使用；或将自身商标授予他人使用。

二、商品合格认证策划

商品合格认证是由政府或非政府的国际团体进行组织和管理的国际通行的认证制度。由于国际贸易产品的质量无法依靠买卖双方的交接验货来保证，为了消除贸易双方在商品质量评定技术上的差异所造成的贸易障碍，满足对方对商品的安全、质量、卫生和环境保护等项目的要求，就出现了公证机构给予检验证明的第三方认证。目前，国际上尚无统一的国际认证机构，而由各国政府或非政府组织形成权威性认证机构。各国一般采取以下方式：(1) 相互承认对方的合格认证；(2) 建立国际区域性认证体系；(3) 采用国际上著名的标准作为双边或多边的共同语言，例如 ISO 9000 标准系列，ISO 14000 环境管理标准系列等。

三、包装策划

包装是指设计并生产容器或包扎物的一系列活动。至少包括：(1) 首要包装。第一层，是对产品的直接包装；(2) 次要包装。第二层，是居于中层用于保护首要包装的包装；(3) 装运包装。第三层，是方便产品储运和辨认的包装。

包装策略有：(1) 类似包装。企业对自己生产的不同产品，使用相同或相近的图案、色彩、形状，形成相同特色的包装策略。(2) 配套包装。根据消费者的特殊需求，将多种相关的不同类型和规格的商品组合在同一包装里。(3) 复用包装。企业在设计和制作包装容器时，考虑到商品用完后，剩下的包装容器可以带给消费者的新用途。(4) 赠品包装。在包装内附有彩券、小物件、纪念品或以包装本身来换取礼物，吸引顾客重复购买。(5) 差异性包装。按产品的质量、重量、数量等条件设计多种不同的包装策略。

核心概念或理论

1. 产品入市策划

产品入市，就是指企业进入市场，包括新成立的企业进入已有的市场，以及老企业进入待开拓的新市场。企业入市策划，就是在对市场进行充分调研的基础上，进行产品与市场的决策过程，一般包括入市程序的决策、国内国际市场的分析、入市条件与市场风险分析，以及企业进入市场的规范行为策划等内容。

2. 企业入市决策

企业入市决策主要考虑五个问题：(1) 企业是否应该进入这个市场？(2) 企业什么时间、什么地点、具体进入哪一个市场？(3) 采取什么样的方式和途径进入这个市场？(4) 企业入市后预计的结果和实际会产生什么后果？(5) 企业入市后采取哪些相应的战略战术和措施？

3. 产品入市策划流程

产品入市可以遵循一定的流程或步骤进行：评估产品—市场形势分析（环境分析）—市场调查—确定目标市场和突破口—选择进入路径—市场营销组合要素策划—实施经营—监督并修正策划方案。

4. 品牌策划过程

产品推广的过程就是创立品牌、发展品牌的过程，包括从品牌命名、品牌延伸、商标管理、产品合格认证和包装策略等一系列的活动和过程。

5. 品牌延伸

品牌延伸是指把一个现有品牌名称使用到一个新类别的产品上，

或在同一类产品中推出若干新的品牌名称的营销行为。品牌延伸是名牌效应的体现，只有含金量高的名牌才有延伸的必要。

练习

　　1. 查找最新资料，选择一个成功的产品入市策划，对其策划理念、策划组织、策划过程和结果进行分析，表明你们的观点及其理由。

　　2. 查找最新资料，选择一个品牌延伸失败的案例，对其策划理念、策划组织、策划过程和结果进行分析，表明你们的观点及其理由。

　　3. 查找最新资料，分析和总结当前商标认证和包装策划的现状、发展趋势和政府管制，表明你们的观点及其理由。

第五章　广告策划

开篇案例：广告语中的"最高级"限定

据中国之声《新闻纵横》报道，世界杯足球赛精彩，但部分广告却频频被吐槽。一是在俄罗斯的赛场上，出现了"某某电视，中国第一"的中文广告语；二是在我国国内的世界杯广告里，部分品牌频繁进行口号轰炸，观众被"洗脑"，吐槽这类广告"毫无审美"。欧洲赛场上，自称中国"第一"的广告，是否涉嫌违反我国的广告法？狂轰滥炸的世界杯广告需要被规范吗？

在广告界，有一个经典且是共识的说法，那就是"实话只说一半也就等于撒谎"。而且新《广告法》第九条明确规定，广告中不得使用"国家级""最高级""最佳""最好"等极限用语。中国人民大学商法研究所所长刘俊海接受中国之声采访时表示，新《广告法》对于广告语当中"最高级"的限定已经十分明确，如表5-1所示。

表5-1　广告语当中"最高级"的限定

与"最"有关：不要带"最"字	例如：最佳、最优、最高、最低、最流行、最先进、最新、最新科学
与"一"有关	第一、唯一、独一无二、最后一波、全国第一、一流、一天、排名第一、第一品牌、全网第一、全国×大品牌之一
与"级/极"有关	国家级、国家级产品、全球级、宇宙级、世界级、顶级、尖端、高级、终极、极致

刘俊海表示，广告法为了促进企业之间公平竞争，也为了确保广告的真实性、合法性和公平性，禁止任何广告主采取最高级的形式来炫耀吹嘘自己的商品，这种方式会引起很多企业的顾虑。假如产品的

销量的确在中国市场排名第一怎么办？其实这个问题不用担心，企业完全可以提供某调查机构的数据来证明国内市场的销量和国际市场的销量有多少。如果这样打一个广告出去，把话说圆、说满、说真实、说准确、说完整，也不会有问题。

即使在境外的足球场上做广告，也要受中华人民共和国广告法的约束和调整。做广告要关注到其他同行的利益感受，也要考虑消费者的利益感受，这样的广告才经得住法律、社会，乃至国际社会的检验。也就是说，即使是在境外做广告的中国品牌，还是要心中有国内的同行、有国内的消费者，更重要的是遵守国内的法律法规❶。

第一节　广告和广告策划

从词源的角度来看广告这个词，广告的英文——"Advertising"这个词来源于拉丁语的"Advertere"，其含义是注意或诱导。美国市场营销协会 AMA（American Marketing Association）给广告下的定义是：广告是由特定的广告主，通常以付费的方式，运用说服的技巧，通过各种传播媒介，对产品、服务或观念等信息的非个人的介绍及推广。

根据广告的定义可以发现，广告是由三个部分构成：广告主体、广告媒体和广告信息。

广告主体是从事广告活动的当事人，一般包括广告主、广告经营者和广告发布者。广告主是指为推销其商品或服务，自行或者委托他人设计、制作、发布广告的法人及其他经济组织或个人。广告经营者是指受委托提供广告设计、制作、代理服务的法人及其他经济组织或个人。广告发布者是指为广告主或广告经营者发布广告的法人及其他经济组织或个人。

广告媒体是广告主向广告受众传递信息的工具或载体。广告媒体

---

❶ 资料来源：张明浩. 世界杯赛场做广告自称"中国第一"？专家：境外也要遵守广告法［EB/OL］. 中国之声，2018–06–21.

选择得当与否，直接关系到广告活动的成败，因此广告媒体在广告活动中非常重要。

广告信息是广告传递给受众的主要内容，也称为广告客体，是有关广告主的产品、服务或观念的信息，它们是广告赖以存在的基础。

上述三个部分是一个有机整体，缺一不可。

广告策划就是对广告运作的全过程做预先的考虑与设想，是对企业广告的整体战略与策略的运筹与规划。首先，企业的营销策略是广告策划的根本依据，广告策划不能脱离企业营销策略的指导。广告策划的目的是追求广告进程的合理化与广告效果的最大化。广告策划有其特定的、科学的、规范的程序，它是广告活动的整体策划，不仅仅是一项广告计划。其次，广告策划必须以市场调查为基础，凭借对消费者的深入洞察，从目标市场的定位、广告内容的创意、广告媒介的选择、广告时机的发布等来进行策划。最后，广告策划书是广告策划的成果，还需要对广告效果进行测定与评估，从而改进和引导下一次的广告活动。

第二节　广告策划的程序

一、广告市场调查

首先，广告策划的程序大致可以分为六步，第一步就是详尽有效的广告市场调查。广告调查的范围可以划分为三项基本内容：（1）产品信息调查。准确全面地了解产品信息是策划广告作品的基本依据，广告策划者应尽量亲身体验产品才能真正地了解产品。（2）消费者信息调查。包括消费者的认知状况、消费能力、需求状况、消费方式、消费趋势等。（3）市场环境信息调查。包括社会文化环境、国家宏观政策、市场竞争情况等。

广告市场调查的目的有四个：（1）明确诉求对象。明确广告宣传商品的主体消费群体；（2）明确诉求地区。明确广告所传达的销售信息到达的地区范围；（3）明确诉求信息。选择某个点作为重点宣传内容，创造"点射效应"，以少而精的信息内容给消费者留下深刻的印象。同时，还要根据营销的整体要求对广告信息按一定的时间顺序进行编排，通过广告的积累达到总体的广告目标。（4）明确诉求方式。即明确广告作品陈述信息的形式，说服的方式影响着说服的客观效果。广告的诉求方式有三种：（1）感性诉求。特点是以镜动人，通过营造理想化、实体化意境画面，刺激消费者的感官系统，引导消费者进入一种浪漫化的境界，影响其心理和联想。（2）理性诉求。特点是以理服人，讲究实用的理性思维，其语言特色在于逻辑性和条理性，内容侧重于商品功能、价值等，多用于宣传新式商品，强调给消费者带来的实际利益。（3）道德诉求。针对受众对有关什么是对和适合的理解，通常用来激励人们支持社会事业，如清洁环境、改善种族关系、男女平等，以及帮助弱势群体。

二、确定广告目标

广告目标是指广告活动所要达到的目的，它是由企业的营销目标决定的。明确广告目标是进行广告战略决策的前提。广告目标不仅规定着广告活动的方向，比如媒体的选择、表现方式的确定，也是衡量广告传播效果的一个重要依据。具体而言，广告目标是一定期限内，针对特定目标对象设定的一项具体的沟通任务，可以分为告知、劝说、提醒三类。告知型广告就是介绍一种新产品、新用途、新服务、市场价格变动等；劝说型广告就是鼓励消费者使用本公司的商品，改变其态度，树立品牌偏好等；提醒型广告就是在产品的淡季使顾客保持产品记忆、维持品牌知名度、提醒顾客产品的购买时间和地点等。

三、广告内容策划

广告内容策划包括广告主题确定和广告创意策划两个部分。

首先，确定广告主题是广告策划的重点。广告战略是企业经营战略的一个重要组成部分，是指按照广告目标的要求确定广告活动的方式方法，包括广告表现战略和广告媒体战略。广告表现战略是指把有关产品和企业的信息，通过广告创意，运用各种符号及其组合，以广告受众能够接受并且乐于接受的形式表现出来，达到影响购买行为的目的。制定正确的广告表现战略，对于保证广告效果有着重要的意义。

其次，确定广告定位是制定广告主题的基础。定位（Positioning）是在1969年被杰克·特劳特发明出来的。他曾说过："《韦氏词典》对战略的定义是针对敌人（竞争对手）确立最具优势的位置。这正好是定位要做的工作。"定位不是围绕产品或服务进行的，而是围绕潜在顾客的心智进行的，因此，定位最新的定义是：如何让你在潜在客户的心智中与众不同。定位的基本方法，不是去创造某种新的、不同的事物，而是去操控心智中已经存在的认知，去重组已存在的关联认知。

定位的作用包括：（1）赋予产品以竞争对手不具备的优势。（2）它是说服消费者购买的关键。（3）正确的定位有利于商品识别。（4）帮助产品占据一个有利的地位。

广告定位有各种方法，常用的有：

（1）竞争定位。包括：领导者定位，即保持领导者地位的定位方式。一般采取以下策略：①不断强化最初产品的概念。典型的例子是可口可乐，虽然它的广告不断变换，但始终强调"只有可口可乐才是真正的可乐"，长期保持其"唯一的真正的可乐"的概念，把可口可乐置于其他品牌之上，保持领导者的地位。②使用多品牌策略。例如，宝洁，它采取多品牌策略，每一个品牌都有自己的名称和独特的利益点，形成了全面防御能力，竞争者难以突破其防线。③增加产品的新用途。例如，杜邦公司，不断为尼龙用品开发新的用途，不仅有效地开拓了市场，也有效地维护了公司在市场中的地位。

（2）跟随者定位：保持市场跟随者的策略。20世纪60年代，美国租车业的领先者是赫兹（Hertz），它是第二名的艾维斯（Avis）年营业额的3.5倍，资本的5倍。艾维斯要以一个弱势的品牌，来与强势品牌赫兹进行竞争，需要一套创新有效的营销策略和广告创意。1963年，著名广告人伯尔尼巴克为艾维斯作了广告策划，推出了广告语："艾维斯在租车业只是第二名，那为何与我们同行？"这个广告坦诚自己不是领导者，但是正因为如此，艾维斯会更加努力，不仅唤起了消费者同情弱者的心理，而且，也给了消费者一个选择艾维斯的强有力的理由，给人们留下了极为深刻的印象。

（3）为竞争对手重新定位。重新定位就是找出竞争对手在定位上的弱点，并且用事实向消费者传递这些不利信息，在对竞争对手的攻击中获取自己的定位，使消费者转向自己的产品。

广告创意的内涵有：（1）广告创意是创造性的思维活动；（2）广告创意是以艺术创作为主要内容的广告活动；（3）广告创意是对具有针对性的广告信息的一种整合处理。所以，可以通过以下策略来进行表现广告创意：①联想策略。把表面上毫不相干的事物联系起来，传达某一具体的营销观念。②幽默策略。用可感受情趣的方式来表达思想、感情、见解、态度以及营销观念。③人性策略。是宣传具有人情味，通过喜怒哀乐等方式来使消费者获得认同。④对比策略。对产品差异，特别是消费者很难识别的差异进行对比说明。⑤权威策略。利用意见领袖、认证、金奖等荣誉来宣传。⑥悬念策略。故意卖关子，引起消费者的关注。⑦另类策略。不走寻常路，特立独行。

四、广告媒体策划

广告媒体策划主要包括媒体的选择、广告发布的日程和方式等项内容。进行广告的媒体策划，要考虑和确定如何选择媒体，还要考虑广告发布的具体时间、频率、时段选择、空间布局等。

从一般形态上，广告媒体可以分为两大类：第一，向大众传播的媒体，包括印刷媒体（报纸、杂志）、电子媒体（电台、电视、网络）、促销媒体（户外、交通、影院、直邮）、直接分发（传单、商品样品）、销售现场广告等。第二，其他促进媒体，例如礼品广告（日历、烟灰缸、手册、圆珠笔等）、节目表、时刻表等。

广告媒体成本可以分为两种形式：（1）付现成本。也称为付费媒介成本，例如，1分钟电视广告费用标准是1.2万元，这是广告主进行广告活动的基本预算。（2）每千人成本。广告送达1000位受众所需的成本，例如，如果1分钟收费1.2万元，有4000万人收到广告信息，则每千人成本是 0.3 元。选择广告媒体不仅要考虑一次性付费，还要考虑每千人成本，广告总预算多，可选择成本高、效果好的媒体；预算少，必须量入为出，选择收费低的广告媒体。

广告时机的选择是指在确定媒体选择方案后，对广告推出的时间、频率所做的具体安排。广告时机选择要服从产品生命周期理论，在产品初期，广告的时间要集中一些，广告密度要大一些；进入发展期和成熟期后，可以随着消费者需求的具体变化来调整。广告时机选择要考虑竞争者，一般有两种方式：第一跟进，跟随竞争广告，加大自身宣传力度；第二退出，适当退出，积蓄力量以待新的时机。

广告的发布方法主要有三种：（1）周期发布法。将广告发布时间分成若干段，两段时间之间有一个广告停止期，这种方法经常使用，因为媒介费用高昂，适用于季节性强的耐用品。（2）连续发布法。整个广告活动期间都发布广告，适用于开拓市场，购买频繁、消费者有限的商品。（3）脉冲发布法。是周期和连续发布法的结合，以持续不断的广告支持为基础，并以间歇增加广告播出来增强效果。

五、确定广告预算

广告预算是指在广告活动中应该花费多少广告费用，也就是在计划期内企业投入的广告费用总额以及使用分配的具体安排计划。科学的广告预算可以对广告活动进行有效的管理和控制，提高广告的运作效率。

最后，可以编制广告策划书了。一份完整的广告策划书包括以下内容：前言、市场分析、广告受众、广告地区、广告预算与分配、广告策略、配套措施和策略、广告效果评估。广告效果评估既可以在广告前进行，也可在广告后进行。既有事前、事中、事后的测定评估，也有贯穿于整个过程的连续控制，从而总结经验，并且为下一次广告活动提供依据。

六、广告效果测定

广告效果的测定按照过程或者时间阶段来划分，可以划分为：

(1) 事前测试。在正式发布前的测试。(2) 事中测试。在广告作品正式发布之后直至整个广告活动结束之前的效果测定。(3) 事后测定。在整个广告活动结束之后的测定，对其经济、心理、社会效应的最终评定。

广告销售效果测定的指标有：(1) 广告费用比率。表示广告费与销售额之间的对比关系，测定每元销售额所支出的广告费用，计算公式为：广告费用比率＝本期广告费用总额/本期广告后销售总额；(2) 单位广告费用销售额＝本期广告后销售总额/本期广告费用总额（测定每花费一元广告费用所能实现的销售额）；(3) 单位广告费用销售增加率＝（本期广告后的产品销售额－本期广告前的产品销售额）/本期广告费用总额；(4) 广告销售效果比率＝本期销售额增长率/本期广告费用增长率；(5) 广告销售利润效果比率＝本期销售利润额增长率/本期广告费用增长率。

广告心理效果测定是建立在广告心理目标的基础上，对接触率、知名度、理解率、好感率与购买意向的测定。常用的方法有：(1) 认识测定法。测定广告效果的知名度，例如阅读率调查；(2) 回忆测定法。测定广告效果的理解度，测定被调查者是否能够辨认广告并理解广告的内容。(3) 阅读率调查法。该方法将被调查者分为三类：A/注目率：有多少读者能够辨认出先前看过该广告；B/阅读率：有多少读者充分看过该广告，不但知道商品和企业，而且能够借助企业名称或商标认得广告的标题或插图。C/精读率：有多少读者浏览过该广告50%以上的内容。最后，统计分析这三类读者在单位广告费成本中每类所占的人数，即可得出广告的认知效果。

核心概念或理论

1. 广告和广告策划

广告是由特定的广告主，通常以付费的方式，运用说服的技巧，通过各种传播媒介，对产品、服务或观念等信息的非个人的介绍及推广。广告策划就是对广告运作的全过程做预先的考虑与设想，是对企业广告的整体战略与策略的运筹与规划。

2. 广告策划的程序

广告策划的程序大致可以分为六步：广告市场调查、确定广告目标、广告内容策划、广告媒体策划、确定广告预算、广告效果测定。

练习

1. 在经济衰退时期，是否仍然需要强调广告的重要性，并且增加在广告上的投入，你的观点是什么？与别人的观点进行比较。

2. 有人说广告是投资，而不是花费，你赞成还是不赞成这种观点？为什么？

3. 2017年，一篇名为"百雀羚神广告又来了！"的文章，开始刷屏了朋友圈，不仅在4A广告门上获得了10W+的阅读量，点赞数超过3万。如果计入各种转发的公号，这则广告的阅读量和点赞数已经完全够得上刷屏爆款的标准。从广告传播效果来看，它无疑是当年上半年广告营销案例里的翘楚。对该广告效果进行评价。追踪最新的百雀羚广告策划方案，从中我们可以学习到什么经验或者教训？

第六章　营销国际化策划

开篇案例：迪士尼在中国

1955 年，随着阿纳海姆市迪士尼乐园的开业，现代主题公园宣告诞生。1992 年，法国迪士尼开业，令人意外的是，它并没有接续东京迪士尼乐园的成功，到 1994 年夏天，该乐园已经损失了 9 亿美元，人们甚至已经在考虑是否要关闭这一乐园。2006 年，香港迪士尼乐园开业经营，但经营惨淡，经过一番刻苦的努力之后，香港迪士尼乐园终于在 2013 年和 2014 年开始盈利，利润分别达到 1400 万美元和 3100 万美元。2016 年 6 月，上海迪士尼主题公园盛大开业。

思考与讨论：（1）迪士尼国际扩张的动机和影响因素是什么？（2）根据目前的最新情况，评价上海迪士尼的国际化营销水平。

第一节　经济全球化的发展趋势

经济全球化（Economic Globalization）是指世界经济活动超越国界，通过对外贸易、资本流动、技术转移、提供服务、相互依存、相互联系而形成的全球范围的有机经济整体的过程；它是商品、技术、信息、服务、货币、人员、资金、管理经验等生产要素跨国、跨地区的流动。经济全球化是当代世界经济的重要特征之一，也是世界经济发展的重要趋势。

经济合作与发展组织（OECD）认为，"经济全球化可以被看作一种过程，在这个过程中，经济、市场、技术与通信形式都越来越具有全球特征，民族性和地方性在减少"。为此，可从三方面理解经济全球化：一是世界各国经济联系的加强和相互依赖程度日益提高；二是各国国内经济规则不断趋于一致;三是国际经济协调机制强化,即各种多边或区域组织对世界经济的协调和约束作用越来越强。总的来讲,经济全球化是指以市场经济为基础,以先进科技和生产力为手段,以发达国家为主导,以最大利润和经济效益为目标,通过分工、贸易、投资、跨国公司和要素流动等,实现各国市场分工与协作,相互融合的过程。

经济全球化的形成和发展有其客观必然性。这是因为:(1)新科技革命和生产的高度社会化为经济全球化提供了物质条件;(2)国际贸易的高度发展为经济全球化提供了现实基础;(3)国际金融的迅速发展成为经济全球化的重要推动力;(4)国际相互投资的发展加速了经济全球化的进程。

经济全球化,有利于资源和生产要素在全球的合理配置,有利于资本和产品在全球性流动,有利于科技在全球性的扩张,有利于促进不发达地区经济的发展,是人类发展进步的表现,是世界经济发展的必然结果。但它对每个国家来说,都是一柄双刃剑,既是机遇,也是挑战。特别是对经济实力薄弱和科学技术比较落后的发展中国家,面对全球性的激烈竞争,所遇到的风险、挑战将更加严峻。经济全球化中急需解决的问题是建立公平合理的新的经济秩序,以保证竞争的公平性和有效性。经济全球化是指贸易、投资、金融、生产等活动的全球化,即生存要素在全球范围内的最佳配置。从根源上说是生产力和国际分工的高度发展,要求进一步跨越民族和国家疆界的产物。进入21世纪以来,经济全球化与跨国公司的深入发展,既给世界贸易带来了重大的推动力,也给各国经贸带来了诸多不确定因素,使其出现许多新的特点和新的矛盾[1]。

跨国公司是当今世界经济中除国家以外最活跃的国际行为主体,是当今世界经济活动的主要组织者。跨国公司作为生产和资本国际化的产物,它的迅速发展不仅使其在世界经济中的地位和作用不断加

---

[1] 资料来源:根据百度百科"经济全球化"条目的相关资料整理改编(https://baike.baidu.com/item/经济全球化/245085?fr=aladdin)。

强,反过来也进一步促进了生产和资本的国际化,推动了国际分工的深化和经济全球化在生产、投资、贸易、金融、技术开发等方面的发展,推动了经济全球化的进程和世界经济的发展。

目前,跨国公司从事和控制60%的世界贸易、70%的直接投资、80%的技术专利。世界上100家最大的跨国公司主要集中在欧盟、美国和日本,其公司数量约占87%,资产约占88%。全球化生产和营销方面的规模经济效益可以给跨国公司带来重要的竞争优势:其一是全球营销能力的多样化产生了新的跨市场细分方法,使营销者接触到一些过去难以接触到的顾客。其二是市场的多样化给全球公司带来收入和稳定性,从而产生额外的经济利益。

例如,空中客车(Airbus,又称空中巴士),是欧洲一家民航飞机制造公司,1970年于法国图卢兹成立,由德国、法国、西班牙与英国投资而成。1967年9月,英国、法国和德国政府签署一个谅解备忘录,开始进行空中客车A300的研制工作。这是继协和飞机之后欧洲的第2个主要的联合研制飞机计划。空中客车公司作为一个欧洲航空公司的联合企业,其创建的初衷是同波音和麦道那样的美国公司竞争。

空中客车公司是一家真正的全球性企业,全球员工约55000人,在美国、中国、日本和中东设有全资子公司,在汉堡、法兰克福、华盛顿、北京和新加坡设有零备件中心,在图卢兹、迈阿密、汉堡和北京设有培训中心,在全球各地还设有130多个驻场服务办事处。空中客车公司还与全球各大公司建立了行业协作和合作关系,在30个国家拥有约1500名供货商网络。

中国是经济全球化的受益者,更是贡献者。20世纪70年代末,中国开启了波澜壮阔的改革开放伟大征程。1986年,中国向关贸总协定(世界贸易组织的前身)提出恢复创始缔约方地位的申请,并于2001年加入世界贸易组织,全面参与国际分工和经济全球化,逐步发展成为全球供应体系的重要组成部分和"世界工厂"。1978—2016年,中国货物贸易出口和进口总额分别以19.33%和18.12%的年均增速快速增长。1983—2016年,中国实际利用外商直接投资额名义上增长了近 136 倍，成为举世公认的开放大国。

新兴市场国家和发展中国家已经成为经济全球化的有力推动者。2017 年，中等收入和低收入国家的经济总量占世界经济总量的比重达到 36.2%，对当年全球 GDP 增量的贡献率高达 54.2%；商品和服务出口总额占世界的比重为 30.0%，对世界商品和服务出口增量的贡献率为 36.2%。新兴市场国家和发展中国家对经济全球化具有强烈需求，而且成为越来越重要的贡献者，必然会有力推动自由贸易和经济全球化持续深入发展。

自 2017 年以来，虽然美国的贸易保护主义给经济全球化带来严峻挑战，但自由贸易和经济全球化依然是人类社会发展不可逆转的大势。自由贸易和经济全球化既是全球范围生产力高度发展的必然结果，也是当代各国经济发展的必由之路❶。

第二节 进入国际市场的方式

进入国际市场的方式是指国际营销企业进入并参与国外市场进行产品销售可供选择的方式。归纳起来，具体包括三大类：一是出口，即国内生产，国外销售，这是一种传统、简单、风险最低的进入方式；二是合同进入，又称非股权进入，它有多种具体的形式，而且富有较大的灵活性和实用性；三是对外直接投资，又称股权进入，即企业直接在目标市场国投资，就地生产，就近销售。

一、出口模式

出口包括直接出口和间接出口两种：直接出口是指企业拥有直接对外出口权及完备的组织机构，独立向国际目标市场办理出口业务，直接出口要求企业对国际市场有较好的了解和把握。直接出口可使企业更直接地了解国际市场并根据国际市场的需求组织生产，企业可统

---

❶ 蔡昉. 人民要论：经济全球化潮流不可阻挡，2018 年 9 月 12 日，《人民日报》(2018 年 9 月 12 日第 7 版).

筹营销的全过程并制定相应的战略策略，这有利于企业的成长和发展。

间接出口就是指企业把自己的产品卖给国内做出口贸易的公司，或由其代理进入国际市场进行销售。它适用于企业对外销市场了解很少，或能力不足，无法处理外销各项商务，或对某些市场毫无把握，先行试销。该方式具有减轻风险、灵活性强和节约费用等优点。

二、合同模式

合同模式主要包括：许可证模式、特许经营模式、合同制造模式、管理合同模式、工程承包模式、双向贸易等六种。

许可证模式。许可证进入模式指企业在一定时期内向国外法人单位转让其工业产权（如专利、商标、配方等无形资产）的使用权，以获得提成或其他补偿。许可证最明显的好处是能绕过进口壁垒的困扰，而且政治风险很小，但是这种方式不利于对目标国市场的营销规划和方案的控制，还可能将被许可方培养成强劲的竞争对手。

特许经营模式。这种模式和许可证进入模式很相似，所不同的是，特许方要给予被特许方以生产和管理方面的帮助。在这种模式下，特许方不需投入太多的资源就能快速地进入国外市场，而且还对被特许方的经营拥有一定的控制权。但是很难保证被特许方按照特许合同的规定来提供产品和服务，不利于特许方在不同市场上保持一致的品质形象。

合同制造模式。合同制造模式是指企业向国外企业提供零部件由其组装，或向外国企业提供详细的规格标准由其仿制，由企业自身负责营销的一种方式。采取这种模式不仅可以输出技术或商标等无形资产，而且还可以输出劳务和管理等生产要素，以及部分资本。但是由于合同制造往往涉及零部件及生产设备的进出口，有可能受到贸易壁垒的影响。

管理合同模式。这种模式是指管理公司以合同形式承担另一公司的一部分或全部管理任务，以提取管理费、一部分利润或以某一特定的价格购买该公司的股票作为报酬。利用这种模式，企业可以利用管理技巧，不发生现金流出而获取收入，还可以通过管理活动与目标市场国的企业和政府接触，为以后的营销活动提供机会。但这种模式具有阶段性，即一旦合同约定完成，企业就必须离开东道国，除非又有新的管理合同签订。

工程承包模式。工程承包模式指的是企业通过与国外企业签订合同并完成某一工程项目，然后将该项目交付给对方的方式进入外国市场。它是劳动力、技术、管理甚至是资金等生产要素的全面进入和配套进入，这样有利于发挥工程承包者的整体优势。工程承包进入模式最具吸引力之处在于，它所签订的合同往往是大型的长期项目，利润颇丰。但也正是由于其长期性，这类项目的不确定性因素也因此而增加。

双向贸易模式。指在进入一国市场的同时，同意从该国输入其他产品作为补偿。双向贸易通常是贸易、许可协定、直接投资、跨国融资等多种国际经营方式的结合。根据补偿贸易合同内容的不同，双向贸易可以分为易货贸易、反向购买和补偿贸易三种形式。

补偿贸易是指买方以贷款形式购买成套设备或无形资产，项目竣工投产后，用该项目的产品或双方商定的其他产品或劳务清偿债务。对进口技术设备的一方而言，这是利用外资和技术发展本国经济，包括：（1）产品返销方式。用进口设备生产出来的产品偿还购进设备的货款。（2）互购方式。用出口设备技术获取其他所需产品或技术。（3）部分补偿贸易。部分用产品偿还，部分用货币偿还。

三、投资模式

投资模式属于进入国际市场的高级阶段，包括合资进入和独资进入两种形式。以资本进入是我国企业进入国际市场深化的体现，这种方式可以充分利用该国的资源，免除外贸活动中的关税、进口配额等限制，可以直接在国外市场销售产品。

合资进入。合资指的是与目标国家的企业联合投资、共同经营、共同分享股权及管理权，共担风险。合资企业可以利用合作伙伴的成熟营销网络，而且由于当地企业的参与，容易被东道国所接受。但是也应看到由于股权和管理权的分散，公司经营的协调有时候比较困难，而且公司的技术秘密和商业秘密有可能流失到对方手里，将其培养成将来的竞争对手。

独资进入。独资指企业直接到目标国家投资建厂或并购目标国家的企业。独资经营的方式既可以是单纯的装配，也可以是复杂的制造活动。企业可以完全控制整个管理和销售，独立支配所得利润，技术秘密和商业秘密也不易丢失。但是独资要求的资金投入很大，而且市场规模的扩大容易受到限制，还可能面临比较大的政治和经济风险，如货币贬值、外汇管制、政府没收等。

还有一种进入国际市场的模式是国际战略联盟，是指两个或两个以上企业为了相互需要，分担风险并实现共同目的而建立的一种合作关系。国际战略联盟是弥补劣势、提升彼此竞争优势的重要方法，可以迅速开拓新市场，获得新技术，提高生产率，降低营销成本，谋求战略性竞争策略，寻求额外的资金来源。

影响企业进入国际市场模式选择的因素，从目的国和东道国考虑，可以分为两大类：

1. 目标国的影响因素

（1）目标国家的市场规模和竞争结构。如果目标国家的市场规模较大，或者市场潜力较大，则企业可以考虑以投资模式进入，尽可能地扩大销售额；反之则可以考虑以出口模式和合同模式进入，以保证企业资源的有效使用。如果目标市场的竞争结构是垄断或寡头垄断型，企业应考虑以合同模式或投资模式进入，以使企业有足够的能力在当地与实力雄厚的企业竞争，如果目标国家的市场结构是分散型的，则以出口模式为宜。

（2）目标国家的环境因素。如果目标国家的政局稳定、法制健全、投资政策较为宽松、人均国民收入比较高、汇率稳定，则可以考虑采取投资模式进入，反之则以出口模式或合同模式进入为宜。地理和社会文化环境。如果目标国家距离本国较远，为了省去长途运输的费用，则可以考虑合同模式或投资模式。如果目标国家的社会文化和本国文化差异较大，则最好先采取出口模式或合同模式进入，以避免由于文化冲突造成的摩擦成本。如果目标国的生产要素的价格比较低、基础设施比较完善,则比较适合采取投资进入模式,否则应采取出口模式。

2. 东道国的影响因素

(1) 本国市场的竞争结构、生产要素和环境因素三个方面。如果本国市场是垄断竞争或寡头垄断型,企业可以考虑以合同或投资模式进入国外市场。如果本国市场的竞争程度比较高,则企业可以采取出口模式。从生产要素来看,如果本国生产要素比较便宜且容易获得,则企业可以采取出口模式进入国际市场。所谓的本国的环境要素是指本国政府对出口和对外投资的态度。

(2) 产品要素的密集度、价值高低和技术含量。劳动密集型和资源密集型产品主要以具有丰富自然资源的国家为生产基地,如果目标国家具备这些条件,那么可以采取投资模式,就地设厂,以节省出口的中间费用。如果企业生产的产品价值高、技术复杂,考虑到目标国市场的需求量,以及当地技术基础的配套能力,则以出口模式为宜。产品的服务性和适应性。如果客户对产品的售后服务要求比较高,以及那些需要做出大量适应性变化以销售国外市场的产品,企业最好采取合同模式或投资模式进入。另外,企业的主线产品、核心技术在进入目标国市场时,大多采取投资方式,且以独资为主。

(3) 企业的核心竞争力一般可以分为两类:一类企业的核心竞争力是技术诀窍,另一类企业的核心竞争力是管理诀窍。当企业的竞争优势建立在技术诀窍上时,应尽量避免许可协定和合资企业的经营方式,以降低技术失控的可能性。当企业的竞争优势建立在管理诀窍上时。以管理技巧为基础的大多是服务性企业(如麦当劳、希尔顿国际饭店等),这些企业宝贵的是它们的品牌,而品牌是受国际标准化法律保护的,因此可以采取特许经营和建立子公司相结合的方法。

(4) 企业资源与投入因素:企业在管理、资金、技术、工艺和销售方面的资源越充裕,企业在进入方式上的选择余地就越大。如果企业的资金较为充足,技术较先进,且积累了丰富的国际市场营销经验,则可以采取直接投资模式进入国外市场。反之,则以出口模式和合同模式为宜，待企业实力增强，积累了一定的国际市场营销经验后再采取直接投资模式。

第三节　进入国际市场的障碍

企业进入国际市场会遇到很多障碍，但是最主要的障碍来自两个方面：

一、国际贸易壁垒

国际贸易壁垒分为关税壁垒和非关税壁垒，其设置的目的是各国政府为保护该国的经济不受外来产品侵犯。然而，过度的贸易保护并不利于一国经济的发展。而WTO，即世界贸易组织，正是以倡导自由贸易为宗旨。加入WTO后，中国对外出口遇到的情况是，关税壁垒逐步弱化，纺织品配额也逐步取消。与此同时，所遇到的其他贸易壁垒却比以前严重，这表现在以下几方面：

（1）国外针对中国产品的反倾销力度加大。对中国实施反倾销的国家，不仅有欧美、澳大利亚、加拿大、日本等发达国家，也有像土耳其、埃及、印度这样的一些发展中国家；所涉及的产品既有日用品行业，也有机电行业，既有制造品，也有矿产和养殖品；有资料显示，20世纪90年代以来，中国反倾销案件占世界总量的1/7～1/6，而加入WTO后，这一比例大大增加，中国已经成为外国反倾销的主要目标国家。

（2）技术性壁垒已经成为中国产品出口的主要障碍。广义的技术性贸易壁垒包括技术法规、技术标准与合格评定程序，产品检疫、检验制度与措施，包装和标签规定，信息技术壁垒以及绿色壁垒五个方面。中国出口产品所面临的技术贸易壁垒主要来自美国、欧盟和日本；所涉及的行业主要有农业、纺织服装业、轻工、机电、五矿化工和医疗保健业。有资料显示，中国有70%的出口企业和40%的出口产品遭遇技术性贸易壁垒的限制。

（3）中国出口产品还受到诸如以美国"337"条款为代表的知识

产权保护的限制,以及来自欧美等国的对华特别产品过渡性保障机制立法的限制。

二、语言文化障碍

文化调适是国际市场营销者所面临的最富挑战性、最重要的任务。国际市场营销者必须调适营销措施以适应他们尚不适应的文化,必须清楚他们在做决策或评估市场潜力时所采用的参照系统。所谓参照系统,是指决定或改变营销者对社会的和非社会的情景做出反应的一个重要因素。在对不同市场体系的民族、政治和经济结构、宗教和其他文化因素的研究过程中,涉外营销者必须不断地防止按自身文化中的既有价值观和假设去衡量和评价市场。

霍夫斯泰德文化维度理论是荷兰心理学家吉尔特·霍夫斯泰德提出的用来衡量不同国家文化差异的一个框架。他认为文化是在一个环境下人们共同拥有的心理程序,能将一群人与其他人区分开来。通过研究,他将不同文化间的差异归纳为六个基本的文化价值观维度。从1967年到1973年,霍夫斯泰德在著名的跨国公司IBM进行了一项大规模的文化价值观调查。他的团队对IBM公司的各国员工先后进行了两轮问卷调查,用二十几种不同语言在72个国家里发放了116000多份调查问卷并回收了答案。调查和分析的重点是各国员工在价值观上表现出来的国别差异。1980年,霍夫斯泰德出版了《文化的影响力:价值、行为、体制和组织的跨国比较》,后又采纳了彭麦克等学者对他的理论的补充,总结出衡量价值观的六个维度:

(1)权力距离指某一社会中地位低的人对于权力在社会或组织中不平等分配的接受程度。各个国家由于对权力的理解不同,在这个维度上存在着很大的差异。欧美人不是很看重权力,他们更注重个人能力。而亚洲国家由于体制的关系,注重权力的约束力。

(2)不确定性的规避指一个社会受到不确定的事件和非常规的环境威胁时是否通过正式的渠道来避免和控制不确定性。回避程度高的文化比较重视权威、地位、资历、年龄等,并试图以提供较大的职业安全,建立更正式的规则,不容忍偏激观点和行为,相信绝对知识和专家评定等手段来避免这些情景。回避程度低的文化对于反常的行为和意见比较宽容，规章制度少，在哲学、宗教方面他们容许各种不同的主张同时存在。

（3）个人主义/集体主义维度是衡量某一社会总体是关注个人的利益还是关注集体的利益。个人主义倾向的社会中人与人之间的关系是松散的，人们倾向于关心自己及小家庭；而具有集体主义倾向的社会则注重族群内关系，关心大家庭，牢固的族群关系可以给人们持续的保护，而个人则必须对族群绝对忠诚。

（4）男性化与女性化维度主要看某一社会代表男性的品质如竞争性、独断性更多，还是代表女性的品质如谦虚、关爱他人更多，以及对男性和女性职能的界定。男性度指数的数值越大，说明该社会的男性化倾向越明显，男性气质越突出；反之，则说明该社会的女性气质突出。

（5）长期取向与短期取向维度指的是某一文化中的成员对延迟其物质、情感、社会需求的满足所能接受的程度。这一维度显示有道德的生活在多大程度上是值得追求的，而不需要任何宗教来证明其合理性。长期取向指数与各国经济增长有着很强的关系。20世纪后期东亚经济突飞猛进，学者们认为长期取向是促进发展的主要原因之一。

（6）自身放纵与约束维度指的是某一社会对人基本需求与享受生活享乐欲望的允许程度。自身放纵的数值越大，说明该社会整体对自身约束力不大，社会对任自放纵的允许度越大，人们越不约束自身。此为最新添加的维度[1]。

企业跨国经营由于处在不同"文化边际域"所产生的文化冲突，对一个渴望实现成功经营的企业来说，无疑是巨大的挑战，如不有效地管理，还会造成国际企业市场机会的损失和组织结构的低效率。在内部管理上，由于人们之间不同的价值观、不同的生活目标和行为规范必将导致管理费用的增大，增大企业目标整合与实施的难度，提高

---

[1] 霍夫斯泰德. 文化与组织：心理软件的力量（当代世界学术名著）[M]. 第2版. 李原，孙健，译. 北京：中国人民大学出版社.

企业管理运行的成本。在外部经营上，由于语言、习惯、价值等文化差异使得经营环境更加复杂，从而加大市场经营的难度。

霍夫斯坦德根据他的研究得出了结论：过去80年，理论家和企业家忽视了文化与管理的关系，是一大弱点。霍夫斯坦德还指出，许多管理理论产生于美国，第二次世界大战后的所有管理文献几乎都由美国主宰。可是美国由于其独特的文化，它的管理理论和经验对其他国家不完全适用。有些欧洲国家，尤其是第三世界国家不注意这一点，把引进管理与引进技术同样对待，结果造成经济和人力的重大损失。相反，日本的管理虽然也主要来源于美国，但结合日本国情进行了改造，取得了很大的成功，例如，全面质量管理小组，其观念创始于美国，但是经过改造以后就成了日本的特色，现在美国反而要向日本学习。因此，霍夫斯坦德明确指出，管理者必须具有"文化敏感性"。

第四节　国际营销策划

国际营销策划是对企业与国际市场有直接关系的各项经济活动加以规划和安排，以便能充分挖掘和利用企业的资源，组织好企业的国际营销活动，协调好与此相关的企业各项工作，以实现企业的国际营销目标的过程。

计划流程是一种企业管理的方法，计划中要回答三个问题——企业现在处于何处，企业打算进军哪些市场，将如何实现这些目标。这三个问题对大多数企业都是无法回避的，这些问题要求企业要为未来提前做好准备，计划就是预测变化和实施变化的。国际市场营销计划的制订，大致可分为几个步骤来完成。

1. 信息的收集和分析

信息的收集和分析是编制国际市场营销计划的前提条件，只有了解现在，才能预测未来。因此，在编制国际市场营销计划之前，一定要广泛收集各种信息，充分把握各种信息，使之成为有序的可用的信息。首先是要初步分析和筛选目标市场，对潜在的各国市场进行评估，对各国进行分析和筛选。其次是建立筛选标准以评估那些有发展前途的国家市场。最后运用建立的标准对企业经营的环境进行全面的分析。

2. 进行 SWOT 分析

审核企业自身的优势、劣势及未来发展潜力，同时对外部环境可能发生的变化以及会带来的机遇与威胁要进行分析，最后利用优势、把握机会、降低劣势、避免威胁——这个过程就是市场营销战略的选择过程，有总成本领先战略、差别化战略、集中战略三种战略机会可以选择。

3. 设立企业国际营销目标

通过这三种基本战略方法的特征分析及企业所处行业的结构特点分析、竞争对手分析及企业具备的优势、存在的弱点、面临的机会与威胁分析，可以确定企业自身的基本战略模式，并可根据企业的现有条件如市场占有率、品牌、经销网络确定企业的营销战略目标。企业营销战略目标通常包括产品的市场占有率、企业在同行业中的地位、完成战略目标的时间。

4. 围绕国际营销目标制定具体的营销策略

在国际市场营销中，战略制定了，目标有了，如何实施也是非常重要的。如果一个国际企业有一些好的目标，但其运作的方式方法错误，就会离目标越来越远，甚至根本达不到目标。每一个目标都要有至少一个策略或一系列策略组合，因此，各种策略内容是十分丰富的，在此步骤我们要把大的目标细化成具体的行动策略。

5. 计划的编制和完成

各种目标和策略确定好以后，计划主要部分都已完成，接下来，编制实施中的细节和方法，当然，编制过程中需要无数次征求意见、集思广益、不断完善。

6. 计划的执行与控制

衡量是否得到预期标准，激动灵活的调整行动，纠正工作偏差使之符合计划要求。

总之，一份完整的计划中应该说明企业利益相关方面的期望；详细地 SWOT 分析；陈述企业的目标，围绕目标的战略决策；评价竞争对手对本企业战略决策可能做出的反应；选择正确的策略，并说明理由和细节……具体一个完整的国际市场营销计划牵涉的内容很多，诸如企业发展计划、产品线计划、产品计划、市场拓展计划、品牌创立计划、生产计划、财务计划、人事计划、研究和开发计划等，该计划应该预测了全球经济以及主要市场的发展趋势，准确把握了企业现状、优势劣势，确认了长远目标以及实现策略，并评估了竞争者的反应，以及纠正以外行动的控制程序。

核心概念或理论

1. 经济全球化

经济全球化（Economic Globalization）是指世界经济活动超越国界，通过对外贸易、资本流动、技术转移、提供服务、相互依存、相互联系而形成的全球范围的有机经济整体的过程；它是商品、技术、信息、服务、货币、人员、资金、管理经验等生产要素跨国、跨地区的流动。经济全球化是当代世界经济的重要特征之一，也是世界经济发展的重要趋势。

2. 进入国际市场的方式

进入国际市场的方式是指国际营销企业进入并参与国外市场进行产品销售可供选择的方式。归纳起来，具体包括三大类：一是出口，即国内生产，国外销售，这是一种传统、简单、风险最低的进入方式；二是合同进入，又称非股权进入，它有多种具体的形式，而且富有较大的灵活性和实用性；三是对外直接投资，又称股权进入，即企业直接在目标市场国投资，就地生产，就近销售。

3. 进入国际市场的壁垒

企业进入国际市场会遇到很多障碍，但是最主要的障碍来自两个方面：一是国际贸易壁垒；二是语言文化障碍。

4. 国际营销策划

国际营销策划是对企业与国际市场有直接关系的各项经济活动加以规划和安排，以便能充分挖掘和利用企业的资源，组织好企业的国际营销活动，协调好与此相关的企业各项工作，以实现企业的国际营销目标的过程。

练习

当前,中国经济发展进入"新常态",中央提出"一带一路"的发展倡议,为中国轨道交通装备制造企业向国际化迈进、发展成为世界级一流跨国公司,提供了难得的发展机遇和重要的发展平台。中国中车长春轨道客车股份有限公司作为我国最大的轨道客车研发、制造、检修和出口基地,至今产品已出口到伊朗、泰国、马来西亚、新加坡、澳大利亚、美国、中国香港等18个国家和地区,累计出口车辆数量6000多辆,出口创汇超过60亿美元。作为中国轨道交通装备行业走向世界的重要力量,中车长客公司自觉站在国家发展战略的政治高度上,承担国家赋予企业的历史使命,为建设轨道交通装备世界级企业、为打造中国制造业的"亮丽名片"而努力奋进❶。

结合最新的中国高铁企业国际化实践,回答问题:(1)为中国高铁企业制定定位战略;(2)选择地区,为中国高铁企业制定国际化营销方案;(3)每个小组需要准备推送。

---

❶ 资料来源:李强. 借势"一带一路",做强做大国际化营销[EB/OL]. 企业文明网,2016-12-26. 2018年10月28日获取.

第七章 网络营销策划

开篇案例：喜马拉雅的崛起

2012年11月，创始人陈小雨和余建军推出了喜马拉雅电台，自此开始了一场互联网重塑传统音频行业，突飞爆发的奇迹。在喜马拉雅FM上，可以听到有声小说、相声段子、睡前故事、新闻资讯、音乐、养生、历史人文、社会财经……海量内容。喜马拉雅并不是重新创造了声音的价值，而是在移动互联网时代以更好的方式把声音的价值挖掘、呈现出来。

目前，喜马拉雅已经形成了一条完整的主播生态链。内容上始终坚持原创，围绕内容创业者建设内容生产体系。在版权方面，拿下70%有声书版权、独家签下70%～80%热门节目、网罗张嘉佳、许知远、韩寒等大批知名作家，树立起极高的版权壁垒；在中游，通过精准广告、粉丝经济、智能硬件等盈利模式完成商业闭环，让产业链参与者都能获利；最后的下游是围绕手机、车载、智能硬件建立全面的内容分发体系，"喜马拉雅 inside"已与汽车、智能家居等近300家品牌商达成合作，植入喜马拉雅FM的海量音频内容❶。

思考和讨论：移动电台的受众特征是什么？喜马拉雅面临的机会和挑战是什么？

---

❶ 资料来源：根据《投资女王华丽转型　喜马拉雅FM陈小雨缔造音频江湖新传奇》一文编写，http://column.iresearch.cn/b/201506/715549.shtml。

第一节　网络营销的定义和优势

一、网络营销的定义

网络营销（On-line Marketing 或 E-Marketing）是 20 世纪 90 年代随着互联网进入商业应用而产生的，尤其是万维网（www）、电子邮件（e-mail）、搜索引擎、社交软件等得到广泛应用之后，网络营销的价值才越来越明显。凡是以互联网或移动互联为主要平台开展的各种营销活动，都可称为网络营销。

网络营销比较规范的定义是：以现代营销理论为基础，借助网络、通信和数字媒体技术实现营销目标的商务活动，是科技进步、顾客价值变革、市场竞争等综合因素促成，是信息化社会的必然产物。另外一个比较有代表性的定义是：网络营销是基于互联网和社会关系网络连接企业，用户及公众，向用户与公众传递有价值的信息和服务，为实现顾客价值及企业营销目标所进行的规划，实施及运营管理活动。

互联网为营销带来了许多独特的便利，如低成本传播资讯与媒体到听众/观众手中。互联网媒体的互动性本质，皆为网络营销有别于其他种营销方式独一无二的特性。此外，网络营销还具有以下一些特点：

（1）具备生态思维。网络营销以互联网为技术基础，但连接的不仅仅是电脑和其他智能设备，更重要的是建立了企业与用户及公众的连接。连接成为网络营销的基础。

（2）人占据核心地位。通过互联网建立的社会关系网络，核心是人，人是网络营销的核心，一切以人为出发点，而不是网络技术、设备、程序或网页内容。

（3）强调了顾客价值。为顾客创造价值是网络营销的出发点和目标，网络营销是一个以顾客为核心的价值关系网络。

（4）重视系统性。网络营销的系统性是经过长期实践检验的基本原则之一，网络营销的内容包括规划、实施及运营管理，而不仅仅是某种方法或某个平台的应用，只见树木不见森林的操作模式是对网络营销的片面认识。

因此，对网络营销的认识要避免三个误区：

第一，网络营销不是孤立存在的。网络营销是企业整体营销战略的一个组成部分，网络营销活动不可能脱离一般营销环境而独立存在，在很多情况下，网络营销理论是传统营销理论在互联网环境中的应用和发展。

第二，网络营销不等于网上销售。网络营销是为最终实现产品销售、提升品牌形象的目的而进行的活动，网上销售是网络营销发展到一定阶段产生的结果，因此网络营销本身并不仅仅是网上销售，网络营销是进行产品或者品牌的深度曝光。

第三，网络营销不等于电子商务。网络营销和电子商务是一对紧密相关又具明显区别的概念，两者很容易造成混淆。电子商务的内涵很广，其核心是电子化交易，电子商务强调的是交易方式和交易过程的各个环节。网络营销的定义已经表明，网络营销是企业整体战略的一个组成部分。网络营销本身并不是一个完整的商业交易过程，而是为促成电子化交易提供支持，因此是电子商务中的一个重要环节，尤其是在交易发生前，网络营销发挥着主要的信息传递作用。

二、网络营销的优势

第一，网络营销具有成本低、传播范围广、速度快、更改灵活的特点，网络营销制作周期短，即使在较短的周期进行投放，也可以根据客户的需求很快完成制作，而传统广告制作成本高，投放周期固定。例如，网络销售没有店面租金成本，而且有实现产品直销功能，能帮助企业减轻库存压力，降低运营成本。

第二，国际互联网覆盖全球市场，无时间地域限制，通过它，企业可方便快捷地进入任何一国市场，可以有效降低企业营销信息传播的成本。尤其是世贸组织第二次部长会议决定在下次部长会议之前不对网络贸易征收关税，网络营销更为企业架起了一座通向国际市场的绿色通道。

第三，网络营销具有交互性和纵深性，它不同于传统媒体的信息单向传播，而是信息互动传播。通过链接，用户只需简单地点击鼠标，就可以从厂商的相关站点中得到更多、更详尽的信息。另外，用户可以通过广告位直接填写并提交在线表单信息，厂商可以随时得到宝贵的用户反馈信息，进一步减少了用户和企业、品牌之间的距离。同时，网络营销可以提供进一步的产品查询需求。

第四，多维营销，纸质媒体是二维的，而网络营销则是多维的，它能将文字、图像和声音有机地组合在一起，传递多感官的信息，让顾客如身临其境般感受商品或服务。网络营销的载体基本上是多媒体、超文本格式文件，广告受众可以对其感兴趣的产品信息进行更详细的了解，使消费者能亲身体验产品、服务与品牌。

第五，更具有针对性，通过提供众多的免费服务，网站一般都能建立完整的用户数据库，包括用户的地域分布、年龄、性别、收入、职业、婚姻状况、爱好等。

第六，有可重复性和可检索性，网络营销可以将文字、声音、画面结合之后供用户主动检索，重复观看。而与之相比电视广告却是让广告受众被动地接受广告内容。

第七，网络营销缩短了媒体投放的进程，广告主在传统媒体上进行市场推广一般要经过三个阶段：市场开发期、市场巩固期和市场维持期。在这三个阶段中，厂商要首先获取注意力，创立品牌知名度；在消费者获得品牌的初步信息后，推广更为详细的产品信息。然后是建立和消费者之间较为牢固的联系，以建立品牌忠诚。而互联网将这三个阶段合并在一次广告投放中实现：消费者看到网络营销，点击后获得详细信息，并填写用户资料或直接参与广告主的市场活动甚至直接在网上实施购买行为。

第二节　网络营销的方式

一、搜索引擎营销

搜索引擎营销分两种：（1）SEO 搜索引擎优化，指的是在了解搜索引擎自然排名机制的基础上，使用网站内及网站外的优化手段，使网站在搜索引擎的关键词排名提高，从而获得流量，进而产生直接销售或建立网络品牌。（2）SEM（通常以 PPC 为代表），是指购买搜索结果页上的广告位来实现营销目的，各大搜索引擎都推出了自己的广告体系，相互之间只是形式不同而已。搜索引擎广告的优势是相关性，由于广告只出现在相关搜索结果或相关主题网页中，因此，搜索引擎广告比传统广告更加有效，客户转化率更高。

二、电子邮件营销

电子邮件营销是以订阅的方式将行业及产品信息通过电子邮件的方式提供给所需要的用户，以此建立与用户之间的信任与信赖关系。大多数公司及网站都已经利用电子邮件营销方式。毕竟邮件已经是互联网基础应用服务之一。开展邮件营销需要解决三个基本问题：向哪些用户发送电子邮件、发送什么内容的电子邮件以及如何发送这些邮件。邮件营销的优势：精准直效，个性化定制，信息丰富，全面、具备追踪分析能力。

三、即时通信营销

顾名思义，即利用互联网即时聊天工具进行推广宣传的营销方式。品牌建设，非正常方式营销也许获得了不小的流量，可用户不但没有认可你的品牌名称，甚至已经将你的品牌名称拉进了黑名单；所以，有效地开展营销策略要求我们考虑为用户提供对其个体有价值的信息。例如，微信营销：微信营销是网络经济时代企业营销模式的一种创新，是伴随着微信的火热而兴起的一种网络营销方式。微信不存在距离的限制，用户注册微信后，可与周围同样注册的"朋友"形成一种联系，用户订阅自己所需的信息，商家通过提供用户需要的信息，推广自己的产品，从而实现点对点的营销，比较突出的如体验式微营销。

四、病毒式营销

病毒营销模式来自网络营销，利用用户口碑相传的原理，是通过用户之间自发进行的，费用较低的营销手段。病毒式营销并非利用病毒或流氓插件来进行推广宣传，而是通过一套合理有效的积分制度引导并刺激用户主动进行宣传，是建立在有意于用户基础之上的营销模式。病毒营销的前提是拥有具备一定规模的，具有同样爱好和交流平台的用户群体。病毒营销实际上是一种信息传递战略，低成本，是一种概念，没有固定模式，最直接有效的就是许以利益。

五、BBS 营销

论坛是互联网诞生之初就存在的形式，人们早就开始利用论坛进行各种各样的企业营销活动。论坛营销可以成为支持整个网站推广的主要渠道，尤其是在网站刚开始的时候，是个很好的推广方法。利用论坛的超高人气，可以有效为企业提供营销传播服务。而由于论坛话题的开放性，几乎企业所有的营销诉求都可以通过论坛传播得到有效的实现。

论坛营销是以论坛为媒介，参与论坛讨论，建立自己的知名度和权威度，并顺带着推广一下自己的产品或服务。运用得好的话，论坛营销可以是非常有效的网络营销手段。论坛营销应在多样化的基础上，逐渐培养和形成自己的主流文化或文风。比如，设一些专栏，聘请或培养自己的专栏作家和专栏评论家，就网友广泛关心的话题发言。不是为了说服别人或强行灌输什么，而是引导论坛逐渐形成自己的主流风格。

六、博客营销

博客营销是建立企业博客，用于企业与用户之间的互动交流以及企业文化的体现，一般以诸如行业评论、工作感想、心情随笔和专业技术等作为企业博客内容，使用户更加信赖企业深化品牌影响力。博客营销可以是企业自建博客或者通过第三方 BSP 来实现，企业通过博客来进行交流沟通，达到增进客户关系，改善商业活动的效果。

企业博客营销相对于广告是一种间接的营销，企业通过博客与消费者沟通、发布企业新闻、收集反馈和意见、实现企业公关等，这些虽然没有直接宣传产品，但是让用户接近、倾听、交流的过程本身就是最好的营销手段。企业博客与企业网站的作用类似，但是博客更大众随意一些。另一种最有效而且可行的是利用博客（人）进行营销，这是博客界始终非常热门的话题。博客营销有低成本、分众、贴近大众、新鲜等特点，博客营销往往会形成众人的谈论，达到很好的二次传播效果，这个在外国有很多成功的案例，但在国内还比较少。

七、播客营销

播客营销是在广泛传播的个性视频中植入广告或在播客网站进行创意广告征集等方式来进行品牌宣传与推广，例如，前段时间"百事我创，网事我创"的广告创意征集活动，国外目前最流行的视频播客网站（世界网民的视频狂欢），知名公司通过发布创意视频广告延伸品牌概念，使品牌效应不断地被深化。这些创意视频，将产品信息移入视频短片中，被大众化所吸收，也不会造成太大的用户群体排斥性，也容易被用户群体所接受。

八、体验式微营销

体验式微营销以用户体验为主，以移动互联网为主要沟通平台，配合传统网络媒体和大众媒体，通过有策略、可管理、持续性的 O2O 线上线下互动沟通，建立和转化、强化顾客关系，实现客户价值的一系列过程。体验式微营销（Has experience marketing）站在消费者的感官（Sense）、情感（Feel）、思考（Think）、行动（Act）、关联（Relate）五个方面，重新定义、设计营销的思考方式。此种思考方式突破传统上"理性消费者"的假设，认为消费者消费时是理性与感性兼具的，消费者在消费前、消费时、消费后的体验，才是研究消费者行为与企业品牌经营的关键。体验式微营销以 SNS、微博、微电影、微信、微视、微生活、微电子商务等为代表新媒体形式，为企业或个人达成传统广告推广形式之外的低成本传播提供了可能。

九、O2O 立体营销

O2O 立体营销，是基于线上（Online）、线下（Offline）全媒体深度整合营销，以提升品牌价值转化为导向，运用信息系统移动化，帮助品牌企业打造全方位渠道的立体营销网络，并根据市场大数据（Big Data）分析制定出一整套完善的多维度立体互动营销模式，从而实现大型品牌企业全面以营销效果为导向，以全方位视角，针对受众需求进行多层次分类，选择性地运用报纸、杂志、广播、电视、音像、电影、出版、网络、移动在内的各类传播渠道，以文字、图片、声音、视频、触碰等多元化的形式进行深度互动融合，涵盖视、听、光、形象、触觉等人们接受资讯的全部感官，对受众进行全视角、立体式的营销覆盖，帮助企业打造多渠道、多层次、多元化、多维度、全方位的立体营销网络。

web2.0 带来巨大革新的年代，营销思维也带来巨大改变，体验性（experience）、沟通性（communicate）、差异性（variation）、创造性（creativity）、关联性（relation），互联网已经进入新媒体传播 2.0 时代。并且出现了网络杂志、博客、微博、微信、TAG、SNS、RSS、WIKI 等这些新兴的媒体。所以，在这种新媒体层出不穷的环境下，网络整合营销传播成为一个趋势。它是 20 世纪 90 年代以来在西方风行的营销理念和方法。它与传统营销"以产品为中心"相比，更强调"以客户为中心"；它强调营销即是传播，即和客户多渠道沟通，和客户建立起品牌关系。其实，它就是利用互联网各种媒体资源（如门户网站、电子商务平台、行业网站、搜索引擎、分类信息平台、论坛社区、视频网站、虚拟社区等），精确分析各种网络媒体资源的定位、用户行为和投入成本，根据企业的客观实际情况（如企业规模、发展战略、广告预算等）为企业提供最具性价比的一种或者多种个性化网络营销解决方案，百度推广就是这方面的佼佼者。

第三节 网络营销策划的类型和内容

一、网络营销组合

由于网络营销是企业整体营销战略的一个组成部分，是建立在互联网基础之上借助于互联网特性来实现一定营销目标的营销手段，所以，网络营销是传统营销理论在互联网环境中的应用和发展。

按照营销组合的产品策略，企业首先必须明确哪些是网络消费者选择的产品。因为产品网络销售的费用远低于其他销售渠道的销售费用，因此如果产品选择得当可以通过网络营销获得更大的利润。具体来说，网络营销的产品策略包括品牌策略和网页策略两个方面。网络营销的重要任务之一就是在互联网上建立并推广企业的品牌，知名企业的线下品牌可以在线上得以延伸，一般企业则可以通过互联网快速树立品牌形象，并提升企业整体形象。网络品牌建设是以企业网站建设为基础，通过一系列的推广措施，达到顾客和公众对企业的认知和认可。在一定程度上说，网络品牌的价值甚至高于通过网络获得的直接收益。网页策略是指企业选择比较有优势的地址建立自己的网站，建立后应有专人进行维护，并注意宣传，这一点上节省了原来传统市场营销的很多广告费用，而且搜索引擎的大量使用会增强搜索率，一定程度上对于中小企业者来说比广告效果要好。

价格策略也是最为复杂的问题之一。网络营销价格策略是成本与价格的直接对话，由于信息的开放性，消费者很容易掌握同行业各个竞争者的价格，如何引导消费者做出购买决策是关键。企业者如果想在网络上营销成功应注重强调自己产品的性能价格比以及与同行业竞争者相比之下自身产品的优势。除此之外，由于竞争者的冲击，网络营销的价格策略应该适时调整，企业营销的目的不同，可根据时间不同制定价格。例如，在自身品牌推广阶段可以以低价来吸引消费者，在计算成本基础上，减少利润而占有市场。品牌积累到一定阶段后，制定自动价格调整系统，降低成本，根据变动成本市场供需状况以及竞争对手的报价来适时调整。

营销的基本目的是为增加销售提供帮助，网络营销也不例外，大部分网络营销方法都与直接或间接促进销售有关，但促进销售并不限于促进网上销售，事实上，网络营销在很多情况下对于促进网下销售十分有价值。以网络广告为代表。网上促销没有传统营销模式下的人员促销或者直接接触式的促销，取而代之的是用大量的网络广告这种软营销模式来达到促销效果。这种做法对于中小企业来说可以节省大量人力支出、财力支出。通过网络广告的效应可以与更多人员到达不了的地方挖掘潜在消费者，可以通过网络的丰富资源与非竞争对手达到合作的联盟，以此拓宽产品的消费层面。网络促销还可以避免现实中促销的千篇一律，可以根据本企业的文化，以及帮助宣传的网站的企业文化相结合来达到最佳的促销效果。

网络营销的渠道应该是本着让消费者方便的原则设置。为了在网络中吸引消费者关注本企业的产品，可以根据本企业的产品联合其他中小企业的相关产品为自己企业的产品外延，相关产品的同时出现会更加吸引消费者的关注。为了促进消费者购买，应该及时在网站发布促销信息、新产品信息、公司动态，为了方便购买还要提供多种支付模式，让消费者有更加多种的选择，在公司网站建设的时候应该设立网络店铺，加大销售的可能。

网络营销与传统营销模式不同之处还在于它特有的互动方式，传统营销模式人与人之间的交流十分重要，营销手法比较单一，网络营销则可以根据自身公司产品的特性，根据特定的目标客户群，特有的企业文化来加强互动，节约开支，形式新颖多样，避免了原有营销模式的老套单一化。

总之，网络营销与传统的营销模式的不同，不仅体现在组织结构上，还体现在运作方式。4R 理论就是为适应网络营销环境而生。4R

理论包括反应（Reaction）、关联（Relativity）、关系（Relation）、回报（Retribution），即一种建立在企业与消费者双方间互利共赢的共生机制，在这一机制下，企业不仅要主动去适应市场和消费者的需求，还要从"用户体验"的角度思考新的发展方向，成为"创造需求"的一员。"创造需求"的内涵在于通过对市场准确的调研与对消费需求的预判，在一系列营销手段支持下影响消费心理，最终引导消费者产生消费行为。

二、网络营销策划的分类

在理解网络营销策划概念的时候，我们一定要有"特定的网络营销目标"这一前提，也就是要明白策划的对象、策划要达成的目标。同时，网络营销策划首先要做的是营销策划，网络只是营销策划的范围而已。

从网络营销的目标来进行划分，网络营销策划可以分为五类：销售目标、增强服务目标、品牌型网络营销目标、提升型网络营销目标以及混合型网络营销目标。

1. 销售目标

这类策划的目标是指为企业拓宽网络销售，借助网上的交互性、直接性、实时性和全球性为顾客提供方便快捷的网上售点。

2. 增强服务目标

这类策划目标主要为顾客提供网上联机服务。顾客通过网上服务人员可以远距离进行咨询和售后服务。大部分信息技术型公司都建立了此类站点。

3. 品牌型网络营销目标

这类策划主要是在网上建立企业的品牌形象，加强与顾客的直接联系和沟通，增加顾客的品牌忠诚度，配合企业现行营销目标的实现，并为企业的后续发展打下基础。大部分企业站点属于此类型。

4. 提升型网络营销目标

主要通过网络营销替代传统营销手段，全面降低营销费用，提高营销效率，促进营销管理和提高企业竞争力。如戴尔、海尔等站点属于此类型。

5. 混合型网络营销目标

这类策划力图同时达到上面目标中的若干种。如亚马逊通过设立网上书店作为其主要销售业务站点，同时创立世界著名的网站品牌，并利用新型营销方式提升企业竞争力。它既是销售型，又是品牌型，同时还属于提升型。

三、网络营销策划的内容

网络营销策划并不单指网站推广，也并不单是一个网上销售，所以，网络营销工作所带来的效果也是多种表现，比如网络营销对客户服务的支持、对线下产品销售的促进、对公司品牌拓展的帮助等。网络营销策划就是为了达成特定的网络营销目标而进行的策略思考和方案规划的过程。

网络营销策划可以分解成很多模块和内容。一般来说，主要可分成下述几大类。

1. 网络营销盈利模式策划

主要解决通过什么途径来赚钱的问题。

2. 网络营销项目策划

这个加上盈利模式就相当于是一份商业计划书，主要解决我们是谁，我们做什么，我们的核心优势，我们靠什么赚钱，我们的目标是什么，我们应该怎样实现目标等一些宏观层面的问题。同时需要将具体的行动编制成甘特图，也就是行进路线和进度控制。

3. 网络营销平台策划

是策划建设网站，还是借助第三方平台来做，这个和模式需要相匹配。网站怎么规划？从结构逻辑、视觉、功能、内容、技术等怎么去规划。

4. 网络推广策划

网站怎么推广，品牌产品怎么推广，怎么吸引目标客户，通过什么手段来传播推广，有什么具体的操作细节和技巧，怎么去执行等。

5. 网络营销运营系统策划

从系统来说，网络营销策划就上面几个模块，因为在具体网络营销运营过程中，要动态平衡，做专题策划，比如，某网站的销售力差、转化率低，那就形成了以转化率为核心的网站销售力策划，但是这其实在网站平台策划中已包含。而网络推广策划中就可以形成以单一传播形式的的策划，如博客营销策划、软文策划、网络广告策划、SEO策划、论坛推广策划，也可形成以主题为核心的阶段性整合传播策划，将各种网络传播管道集中利用。另外，在网络营销运营过程中，数据分析是一个非常重要的模块，可理解为"为了达成提升公司网络营销效率的目标，而进行网络营销数据统计、分析、比对、解构和总结"的网络营销数据分析策划。

四、网络营销策划的原则

1. 系统性原则

网络营销是以网络为工具的系统性的企业经营活动，它是在网络环境下对市场营销的信息流、商流、制造流、物流、资金流和服务流进行管理的。因此，网络营销方案的策划，是一项复杂的系统工程。策划人员必须以系统论为指导，对企业网络营销活动的各种要素进行整合和优化，使"六流"皆备，相得益彰。

2. 创新性原则

网络为顾客对不同企业的产品和服务所带来的效用和价值进行比较带来了极大的便利。在个性化消费需求日益明显的网络营销环境中，通过创新，创造和顾客的个性化需求相适应的产品特色和服务特色，是提高效用和价值的关键。特别的奉献才能换来特别的回报。创新带来特色，特色不仅意味着与众不同，而且意味着额外的价值。在网络营销方案的策划过程中，必须在深入了解网络营销环境尤其是顾客需求和竞争者动向的基础上，努力营造旨在增加顾客价值和效用、为顾客所欢迎的产品特色和服务特色。

3. 操作性原则

网络营销策划的第一个结果是形成网络营销方案。网络营销方案必须具有可操作性，否则毫无价值可言。这种可操作性，表现为在网络营销方案中，策划者根据企业网络营销的目标和环境条件，就企业在未来的网络营销活动中做什么、何时做、何地做、何人做、如何做的问题进行了周密的部署、详细的阐述和具体的安排。也就是说，网络营销方案是一系列具体的、明确的、直接的、相互联系的行动计划的指令，一旦付诸实施，企业的每一个部门、每一个员工都能明确自己的目标、任务、责任以及完成任务的途径和方法，并懂得如何与其他部门或员工相互协作。

4. 经济性原则

网络营销策划必须以经济效益为核心。网络营销策划不仅本身消耗一定的资源，而且通过网络营销方案的实施，改变企业经营资源的配置状态和利用效率。网络营销策划的经济效益，是策划所带来的经济收益与策划和方案实施成本之间的比率。成功的网络营销策划，应当是在策划和方案实施成本既定的情况下取得最大的经济收益，或花费最小的策划和方案实施成本取得目标经济收益。

5. 协同性原则

网络营销策划应该是各种营销手段的应用，而不是方法的孤立使用。诸如论坛、博客、社区、网媒等资源要协同应用才能真正达到网络营销的效果。

第四节　网络营销策划的步骤

网络营销方案的策划，首先是明确策划的出发点和依据，即明确企业的网络营销目标，以及在特定的网络营销环境下企业所面临的优势、机会和威胁（SWOT分析）。然后在确定策划的出发点和依据的基础上，对网络市场进行细分，选择网络营销的目标市场，进行网络营销定位。最后对各种具体的网络营销策略进行设计和集成。

1. 明确组织任务和远景

要设计网络营销方案，首先就要明确或界定企业的任务和远景。

任务和远景对企业的决策行为和经营活动起着鼓舞和指导作用。

企业的任务是企业所特有的，也包括了公司的总体目标、经营范围以及关于未来管理行动的总的指导方针。区别于其他公司的基本目的，它通常以任务报告书的形式确定下来。

2. 确定组织的网络营销目标

任务和远景界定了企业的基本目标，而网络营销目标和计划的制订将以这些基本目标为指导。表述合理的企业网络营销目标，应当对具体的营销目的进行陈诉，如"利润比上年增长12""品牌知名度达到50"等。网络营销目标还应详细说明达到这些成就的时间期限。

3. SWOT 分析

除了企业的任务、远景和目标之外，企业的资源和网络营销环境是影响网络营销策划的两大因素。作为一种战略策划工具，SWOT 分析有助于公司经理以批评的眼光审时度势，正确评估公司完成其基本任务的可能性和现实性，而且有助于正确地设置网络营销目标并制订旨在充分利用网络营销机会、实现这些目标的网络营销计划。

4. 网络营销定位

为了更好地满足网上消费者的需求，增加企业在网上市场的竞争优势和获利机会，从事网络营销的企业必须做好网络营销定位。网络营销定位是网络营销策划的战略制高点，营销定位失误，必然全盘皆输。只有抓准定位才有利于网络营销总体战略的制定。

5. 网络营销平台的设计

所说的平台，是指由人、设备、程序和活动规则的相互作用形成的能够完成的一定功能的系统。完整的网络营销活动需要五种基本的平台：信息平台、制造平台、交易平台、物流平台和服务平台。

6. 网络营销组合策略

这是网络营销策划中的主题部分，它包括4P策略——网上产品策略的设计，网上价格策略的设计，网上价格渠道的设计，网上促销策略的设计，以及开展网络公共关系。

核心概念或理论

1. 网络营销

以现代营销理论为基础，借助网络、通信和数字媒体技术实现营销目标的商务活动，是科技进步、顾客价值变革、市场竞争等综合因素促成，是信息化社会的必然产物。

2. 网络营销的方式

网络营销的主要方式有：搜索引擎营销、电子邮件营销、即时通信营销、病毒式营销、BBS营销、博客营销、播客营销、体验式微营销、O2O立体营销。

3. 网络营销策划的分类

从网络营销的目标来进行划分，网络营销策划可以分为五类：销售目标、增强服务目标、品牌型网络营销目标、提升型网络营销目标以及混合型网络营销目标。

4. 网络营销策划的步骤

网络营销方案的策划，首先是明确策划的出发点和依据，即明确企业的网络营销目标，以及在特定的网络营销环境下企业所面临的优势、机会和威胁（SWOT分析）。然后在确定策划的出发点和依据的基础上，对网络市场进行细分，选择网络营销的目标市场，进行网络营销定位。最后对各种具体的网络营销策略进行设计和集成。

练习

1. 为你的大学、学院，或者班级，设计一个微信公众号的网络营销策划方案，了解和查看最新的网络营销发展趋势，并分组讨论该方案的可行性；每组选定一位代表进行发言。

2. 寻找一个网络虚拟社区，开展调研并分析该社区消费群体的行为和态度，明确该社区各消费群体的特征，为其设计一份有效的网络营销热点话题，并讨论如何促进转发和推广。

第八章 商业策划伦理道德

开篇案例：低俗营销为何层出不穷？

案例一：郑州拆除"靠脸吃饭"招牌餐厅。

2015年某日，郑州某餐厅因高调打出"靠脸吃饭"招牌，整形专家现场对就餐顾客容貌打分，颜值高的顾客可免费就餐的活动而走红。然而，1月13日下午，该餐厅约30平方米的"靠脸吃饭"广告牌被市城管局责令自行拆除。郑州市城市管理局下发的责令改正通知书中显示，该餐厅未经批准，擅自设置户外广告行为，违反《郑州市户外广告设置管理条例》第12条规定，有碍市容容貌。不过，餐厅薛经理表示，"脸庞"虽被摘除，但"刷脸"活动将依旧进行。

案例二："低俗营销"再现三里屯。

2015年某日，有市民反映在朝阳区三里屯SOHO附近有长发女郎现身，她们衣着裸露，上身背后贴有某公司App下载二维码，前面印有公司名称。据了解，这是某公司为宣传其产品举办的街头拍摄活动，尽管这些女子现身街头的时间并不长，但目击者认为此举"有伤风化"。而之前，在建外SOHO也出现过类似的营销手段。业内人士表示，营销不能不顾"尺度"。记者下载该软件后发现，其对注册用户有特别要求，"车主必须是男性，有30万元以上好车，或是超级帅哥"，并要求车主"接送美女不能收取任何费用"。而对女性注册者，该软件只要求"颜值高"。该公司的网站上只提供了微博、微信、邮箱的联系方式，截至发稿时，记者联系对方未得到回复❶。

---

❶ 资料来源：张静妹."低俗营销"再现三里屯 [N]. 北京晨报，2015-12-07.

第一节　商业伦理道德的基础

一、伦理学的起源和发展

公元前 4 世纪，亚里士多德在雅典学院讲授道德品行的学问，提出了伦理学（ethikas）这个术语，此后，伦理就成了与道德品行有关的概念。进而，把伦理的概念引申到商业领域就形成了商业伦理的概念。商业伦理是一门关于商业与伦理学的交叉学科，是商业与社会关系的基础。

随着我国经济的蓬勃发展，在市场经济领域中的商业伦理已成为社会讨论的焦点。商业伦理研究的是商业活动中人与人的伦理关系及其规律，研究使商业和商业主体既充满生机又有利于人类全面和谐发展的合理的商业伦理秩序，进而研究商业主体应该遵守的商业行为原则和规范、应当树立的优良商业精神等商业道德问题。研究商业伦理的目的在于，在商业领域中建立经济与正义、人道相一致的这样一种理想秩序，不仅能促进经济良性循环和持续增长，而且能使商业起到激励和促进每个人满足需要、发展能力、完善自我的作用，并能将商业整合到社会整体协调发展的大系统中去。伦理是人们的行为准则，商业伦理是管理人员必须关注的大问题❶。

商业策划伦理道德，指从事策划的工作人员，在策划咨询过程中理应遵循的道德规范和准则。它既是对策划工作者在策划活动中行为的规定，同时又是该工作对社会应负的道德责任和义务。

伦理学的道德评判标准主要有功利论和道义论两大理论。

功利主义理论是 19 世纪根基深厚、颇有影响的伦理学流派，从启蒙思想家霍布斯、洛克开始萌芽，经过人的本性是利己还是利他的长期争论，由英国哲学家葛德文和边沁系统地建立了其思想体系，最

---

❶ 谭小芳．商业伦理：莫让企业迷失道德［EB/OL］．牛津管理评论（www.oxford.icxo.com），2013－11－20.

后由穆勒进一步完善而成。功利论的核心思想是以行为的后果是否给大多数人带来幸福或效用来判断行为的道德合理性,该理论认为效用是道德的基础,是正当与错误的最终判断依据。依照功利主义,如果一种行为的效用比其他可替代行为产生的效用都大时,那么它便是道德的。

道义论又称为义务论,为这一理论做出贡献的主要学者有:德国思想启蒙运动的开创者康德、英国哲学家罗斯以及美国哈佛大学哲学教授罗尔斯等。与功利论不同,道义论在评价人们的行为,包括企业的行为时,是基于行为本身而不是行为引致的结果来判定的,而行为本身的道德与否则取决于该行为是否遵守了义务。

道义论中最为重要的是三个理论分析框架❶:

(1) 显要义务理论。1936年,英国人罗斯在其出版的《"对"与"美"》一书中,提出六条基本的显要义务,包括诚实、感恩、公正、行善、自我完善、不作恶,认为符合显要义务的就是道德。

(2) 相称理论。1966年,加勒特提出了相称理论,认为一项行为或决定是否道德,应从目的、手段和后果三个方面加以综合考虑。目的,即动机和意图,本身也有是否道德之分;手段是指实现目的的过程及运用的方式方法;结果是行为产生的后果,包括行为人意欲达到的结果,以及行为人预见的但不是期望的结果。

(3) 社会正义理论。1971年,美国著名哲学家约翰·罗尔斯提出社会正义理论,他认为理想的社会公正系统,使社会的弱者利益得到增进,或至少不被削弱。罗尔斯总是从最少受惠者的地位来看待和衡量任何一种不平等,他总是尽力想通过某种补偿或再分配使一个社会的所有成员都处于一种平等的地位❷。

显要义务理论要求营销者必须承担可意识到的显要义务,避免只注功利,不讲道德的行为;相称理论认为应该从目的、手段和后果三

---

❶ Gene R. Laczniak, Framework for analyzing marketing ethics [J], Journal of Macromarketing, Vol. 3 (1), spring. 1983, pp. 7 – 18.

❷ 约翰·罗尔斯. 正义论 [M]. 北京:中国社会科学出版社,1988:5 – 8.

个方面评价是否符合道德标准。例如,假定目的和手段是正当的,但结果有预见到的副作用,如果没有足够的理由允许这一结果发生,这就是不道德的行为。社会正义理论强调了将处于弱者地位的消费者及其他利益相关者的权利纳入营销计划和决策的考虑中。这些理论为营销道德提供了非常有价值的分析框架。然而,学术界认为,这三个理论非常重要,其具体原则可以作为分析具体营销困境的基础,但是,仍然难以基于它们构建一个营销伦理的理论框架。

二、市场营销伦理道德的研究

市场营销理论起源于美国,市场营销实践、理论体系、学科教育和伦理研究都领先于其他国家。根据 Richard T. Degerge 的研究,美国企业道德研究经历了五个阶段:

第一阶段是 20 世纪 60 年代以前,美国开始了对企业道德的探寻,主要是宗教人士对企业道德问题的谴责,具有很强的宗教含义。

第二阶段是 20 世纪 60 年代以后,美国营销协会开始了一系列关于营销伦理道德标准的讨论,意味着对企业营销道德的真正研究和关注。

第三个阶段是 20 世纪 70 年代,企业社会责任、道德在经济决策中的作用,以及影响营销道德的因素等成为研究热点。

第四个阶段是 20 世纪 80 年代,这是企业道德研究全面发展的时期。在各国学者的共同努力下,这一主题的研究成果日渐丰富,从研究地区、深度和企业关注度等方面都有了很大的发展。其研究内容主要涉及:构建企业营销道德的理论框架;从道德视角研究营销战略与决策;分析影响企业营销道德的因素等多个方面。

第五个阶段是 20 世纪 90 年代,企业道德研究不仅继续扩展和延伸,采用跨学科的研究方法,使企业道德伦理学成为综合性的学科。

我国学者在 20 世纪 90 年代中期开始了对营销道德的关注,2004 年以后,产生了一些从我国营销实际出发的研究成果,例如,营销道德测评体系和灰色营销理论等。在对市场营销道德测评体系的研究中,甘碧群等指出,伦理学的道德评判标准主要有功利论和道义论两大理论，虽然很多市场营销伦理理论都潜在地建立在功利论的基础上，但功利论自20世纪70年代后期就遭到了大量的批评，因此，他们认为应该以道义论为基础来研究营销道德的评价体系❶。

三、企业实践中的重要准则

营销道德研究的发展推动了企业实践的进步，产生了三个非常重要的概念：企业社会责任、利益相关者和可持续营销。

1979年，卡罗尔提出了企业社会责任的概念❷。他认为企业社会责任可以用一个三角形的金字塔来描述，从下面依次是经济责任、法律责任、伦理责任和慈善责任，其权重分别是4、3、2、1。经济责任最为重要，企业40%的责任都是经济责任，即企业要盈利，这是企业社会责任的基石；法律责任占30%，指守法，遵守社会规则；伦理责任占20%，企业要合乎伦理，有责任做正确、正义、公平的事，避免损害利益相关者的利益；慈善责任占10%，企业要努力成为好的企业公民，为社会做出贡献。

1984年，弗里曼提出了利益相关者的概念："利益相关方是任何影响企业目标实现或被实现企业目标所影响的集团或个人❸。"这个概念使得企业除了关注股东、债权人、顾客、供应商等压力群体之外，还要关注更多受到企业经营活动直接或间接影响的公众。

20世纪80年代，菲利普·科特勒提出了可持续营销的概念。他指出，企业应当具备"社会良知"，在决策时应采用高标准的道德规范，而不是考虑"市场和法律体系允许我们做什么"❶。除了关注顾客需求之外，企业还要关注子孙后代的需求。只有着眼于长期和未来

---

❶ 甘碧群，寿志钢．企业营销道德水准测试的指标体系及评价方法研究［J］，南开管理评论，2004 第7卷，第3期：11-16．

❷ 阿奇·B．卡罗尔，安·B．巴克霍尔茨．企业与社会：伦理与利益相关方（中译本）［M］，2004：26．

❸ 彭华岗．分享责任：中国社会科学院研究生院 MBA "企业社会责任" 必修课程［M］．北京：经济管理出版社，2011：6．

❶ 菲利普·科特勒等．市场营销原理（亚洲版·第3版）［M］．北京：机械工业出版社，2013：430-431．

的观念，才能真正造福于社会。

根据以上分析，目前，还没有一个公认的市场营销道德理论框架。我国学者对市场营销道德的研究多从消费者、企业、供应商等角度来进行，从利益相关者角度来讨论的不多。笔者认为，应该站在更广泛的利益相关者的角度来讨论营销伦理道德问题；借鉴显要义务理论、相称理论和正义论，加强对企业功利行为、营销手段和对社会弱势群体产生的影响，强调企业不同层次的社会责任和可持续发展。

第二节　网络营销策划的伦理道德

一、网络营销策划的伦理道德问题

由于互联网的一些特征，例如虚拟性和隐蔽性等，网络营销出现了一些不同于传统营销的道德规范的问题，产生了侵犯消费者隐私权、网络欺诈、网络色情等违背道德甚至违犯法律的行为❶。

1. 侵犯隐私权

（1）在现实生活中，我国法律保护每一位公民的隐私权不受任何侵犯，但是部分网络营销人员为了窃取有价值的信息，故意使用各种病毒；强制性地改变电脑浏览器页面的内容；盗用他人已经注册并使用的商标、企业名称等作为自己推广链接的内容，这些都侵犯了人们的隐私权。在传统营销模式中，企业主要通过市场调查来获取消费者的个人信息，比如姓名、年龄、职业等基本信息等，这些信息大多是消费者同意并亲自填写的，在一定程度上体现了消费者对该企业或者产品的认可和信任。网络营销技术不断更新升级，功能变得更加强大，可以在消费者没有任何察觉的前提下，通过对消费者已经注册账号、网页浏览记录等进行全面的分析，准确的获得消费者的信息，甚至还有一些不法分子利用虚假网络链接盗取消费者的银行账号、支付

---

❶ 胡占君，金海水．我国网络营销中的道德问题及其对策［J］，中国流通经济，2012 第 11 期：85－90．

宝账号等，给消费者造成一定的经济损失。

（2）非法买卖个人信息。虽然部分企业通过合法途径获取消费者个人信息，比如电子问卷调查、网络投票等，并对消费者的信息进行保密，但也有个别企业将消费者个人信息作为自己谋取私利的资本，私下或者公开贩卖消费者个人信息，造成消费者个人信息的泄露。

（3）垃圾邮件。电子邮件推广是网络营销的重要方式之一，大部分消费者尤其是年轻的消费者都有自己的 QQ 邮箱以及其他类型的邮箱，部分企业网络营销人员对电子营销方式的理解比较片面，在不加筛选的前提下，给所有消费者的邮箱发送广告邮件，造成消费者邮箱内各种广告推广邮件"堆积如山"，对消费者正常的工作生活产生不利影响。

2. 信息欺诈

网络营销范围广和高效率的优势也决定了网络营销在时间和空间分离的特征。消费者利用网络购买产品时，主要从企业推广网页获取产品的基本信息，并不可能像传统营销模式中一样在现场就可以见到产品，因而，网络购物具有一定的虚拟性和不确定性，于是，一些网络营销人员利用网络购物的这一特性，故意夸大或者虚构产品的性能，诱导消费者消费，还有部分网络营销人员以次充好，售卖假冒伪劣产品，利用网络购物先付款后发货的特点，骗取消费者的钱财。

3. 信息安全

市场经济的深入发展以及同行业公司数量的与日俱增，这些都增加了公司的竞争压力和生存压力，部分企业为了打击竞争者或者获取竞争者的商业机密，雇用电脑黑客对竞争公司的电脑和网络进行大规模攻击，轻则给竞争公司造成经济损失，严重的会让竞争公司的网络瘫痪，产生企业经营危机。

4. 数字化产权

（1）版权。一些网络营销人员利用互联网技术对其他人员的原创作品进行复制粘贴，尤其是一些文学作品，个别网络营销人员对已经获取知识产权的文学作品进行原创，然后，作为自己的作品进行推广，牟取非法利益。

（2）商标权。域名是网站名称，具有商业识别功能和唯一性，可以认为是企业按照相关政策规定在互联网上注册的商标，部分网络营销人员为了借助规模较大、声誉较好的企业和产品的名气，故意注册与这些企业和产品域名相似的域名，甚至还有一些网络营销人员通过不正当的渠道获知某一企业和产品即将注册域名的消息后，恶意抢先注册该域名，随后便以高价格来卖给该企业和产品，从中牟取暴利。

二、网络营销策划的伦理道德问题的对策

1. 网络营销道德的外部环境建设

（1）法律规范

加强网络营销相关法律知识的立法、执法和宣传力度，提高消费者的自我保护意识，完善消费者网络欺诈投诉的途径和方式，简化消费者投诉的流程，从而加强对网络营销的监督管理力度。相关部门要进一步完善网络营销法律法规，为网络营销各种行为提供准确的法律依据，严厉打击网络营销犯罪行为。

（2）加强舆论监督和披露，完善网络营销企业的信用社会评价体系。

（3）强化行业协会管理。

2. 网络营销道德的内部环境建设

（1）企业领导人要树立社会营销和可持续营销的经营理念，促进网络营销道德和企业文化的融合。

企业领导人的经营理念直接决定企业的道德水平和文化，因此，首先，企业领导人应该立足长远和社会的整体福利，树立社会营销和可持续营销的理念，带领企业以造福于天下，做百年企业为使命，同时加强企业文化建设，制定科学合理的绩效考核制度。企业相关领导要转变以往以经济利益为主的经营模式，更加注重优秀企业文化的塑造，提高企业的市场竞争力，实现企业经济效益和社会效益的共赢。此外，企业应根据网络营销人员的实际能力以及网络营销行业发展现状，加快网络营销人员管理模式的改革创新，加快优秀网络营销团队和网络营销企业的发展。

（2）企业应该建立商业伦理道德规章制度及其规范。

加强网络营销企业的道德建设，提高网络营销人员的道德标准。网络营销企业要建立完善网络营销人员培训制度以及晋升制度，定期对网络营销人员进行网络营销领域的专业培训，学习最先进的网络营销理念，借鉴更多网络营销成功案例的经验，提高网络营销队伍的营销能力和营销效率；对网络营销人员进行职业道德、法律等方面的培训，帮助网络营销人员形成恪尽职守、严于律己的良好职业道德，提高网络营销人员的法律意识和责任意识，不做任何违法乱纪和扰乱市场经济秩序的事情。

通过规范网络营销企业和网络营销人员的营销行为，完善网络营销相关法律制度、提高消费者的自我保护意识等方式来解决网络营销中的道德问题，净化网络环境，实现网络营销人员、网络营销企业的共同发展。

第三节　商业策划从业人员职业道德规范

美国市场营销协会（AMA）的成员承诺遵守职业道德规范。所有的成员共同遵守包括以下的道德规范❶。市场营销人员的责任：市场营销人员必须对其行为造成的后果负责，同时不遗余力地保证其决策、建议和行为是为了识别、服务和满足所有相关的公众、客户、组织和社会。

市场营销人员的专业行为应遵循：

（1）职业道德规范的基本准则是不故意地损害消费者的利益。

（2）坚持所有适用的法律和规章。

（3）准确地介绍自己受过的教育、培训和经历。

（4）积极支持、实践和宣传这部道德规范法典。

诚实与公正。市场营销人员应通过以下行为来维护和推进市场营

---

❶ 美国市场营销协会的道德规范［EB/OL］．工业品营销研究院官网（http：//www.china-imsc.com/yanjiu_info_376_951.html），2013－02－26．2018年11月19日获取。

销职业的完整、荣誉和尊严：

（1）诚实地为消费者、客户、雇员、供应商、分销商和公众服务。

（2）未事先告知所有当事人前，不故意地参与利益冲突。

（3）建立公正的收支费用价目表，包括日常的、惯例上的和/或合法的营销交易报酬或收费。

市场营销交易过程当事人的权利与义务，市场营销交易的当事人应有权要求：

（1）提供安全的产品和服务，且符合其预期的用途。

（2）提供的产品和服务的信息不具欺骗性。

（3）所有各方在打算撤除其义务时应是善意的，无论是财务上的还是其他方面的。

（4）存在恰当的内部措施来公正地调整和/或重新修正购买方面的异议。

拥有上述权利的同时意味着市场营销人员还存在下述责任，但并非仅限于此。

产品开发和管理方面：

（1）公开与产品或服务使用有关所有潜在危险。

（2）确认任何可能引起产品实质性改变或影响客户购买决策的产品零部件的替代品。

（3）确认需额外收费的附加特性。

促销方面：

（1）避免错误和误导性的广告。

（2）拒绝高压操纵或误导性销售策略。

（3）避免利用欺骗或操纵手段进行产品促销。

分销方面：

（1）不为谋取私利而操纵产品的供应。

（2）在市场营销渠道中不使用高压手段。

（3）不对转售者选择经营的产品进行过多的干涉。

定价方面：

（1）不参与限价。

（2）不执行掠夺性定价。

（3）公开在任何交易中达成的价格。

市场营销调查方面：

（1）禁止以市场调查为名推销或集资。

（2）避免歪曲事实和省略相关调查数据，要保持市场调查的完整。

（3）公正地对待外部客户和供应商。

组织关系：

市场营销人员应该清楚他们的行为可能怎样影响组织关系中其他人的行为。在与其他人的关系上，如雇员、供应商或客户的关系上，他们不应该要求、鼓励或采用强制手段以达到不道德目的。

（1）在职业关系中涉及特惠待遇信息时，采用保密和匿名机制。

（2）及时地履行合同和双方协议中的义务与责任。

（3）未经给予报酬或未经原创者或所有者的同意，不得将他人成果全部或部分地占为己有，或直接从中获益。

（4）避免不公正地剥夺或损害其他团体，利用工作为自己谋取最大利益。

任何 AMA 成员倘若被发现违背了此道德规范法典的任何条款，其会员资格将被暂停或取消。

美国项目管理协会 PMI 发布了《道德与专业行为规范》，为项目管理专业人员增强了信心并帮助个人做出明智的决策，尤其是在面对被要求违背正直诚信或价值观的困境时。全球项目管理业界定义的最重要的价值观是责任、尊重、公正和诚实。《道德与专业行为规范》确立了这四个价值观的基础地位。

核心概念或理论

1. 商业策划伦理道德

商业策划伦理道德，是指从事策划的工作人员，在策划咨询过程中理应遵循的道德规范和准则。它既是对策划工作者在策划活动中行为的规定，同时又是该工作对社会应负的道德责任和义务。

2. 营销道德实践理念

营销道德研究的发展推动了企业实践的进步，产生了三个非常重要的概念：企业社会责任、利益相关者和可持续营销。

3. 网络营销策划的伦理问题

由于互联网的一些特征，例如虚拟性和隐蔽性等，网络营销出现了一些不同于传统营销的道德规范的问题，产生了侵犯消费者隐私权、网络欺诈、网络色情等违背道德甚至违反法律的行为。

4. 市场营销人员的责任

市场营销人员必须对其行为造成的后果负责，同时不遗余力地保证其决策、建议和行为是为了识别、服务和满足所有相关的公众、客户、组织和社会。

练习

1. 研发部门将公司的产品稍作改动，它并非真正的"新的或改良的产品"。如果你知道在产品包装盒广告中宣称它为新产品或改良产品，销路会大增，你将怎么办？

2. 你必须在广告代理商提出的三种方案中选择一种：第一种 A 为软性的推销方式，提供真实信息。第二种 B 以"性"为号召，并且极端夸大产品的优点。第三种 C 采用很吵闹、有点骚扰人的广告，一定会吸引消费者的注意力。根据初步测试，广告的效果依次为 C、B、A。你该如何选择？

3. 查找支付宝"扎心"策划文案，该策划方案存在哪些伦理问题？解决这些问题的对策是什么？

4. 根据最新资料，选择一个引起广泛争议的策划方案进行分析，讨论其中的商业策划伦理问题，并给出你的观点和理由。

第二部分

项目管理

第九章 项目管理概论

开篇案例：我国首个海外高铁项目

2014年7月25日，土耳其交通部在伊斯坦布尔为安卡拉—伊斯坦布尔高速铁路二期项目（以下简称安伊高铁）通车举行了盛大的庆典活动，标志着我国在海外首个、也是迄今唯一实施的高铁项目顺利完成。中国铁建股份有限公司（CRCC）和中国机械进出口总公司（CMC）与两家土耳其企业组成联合体于2005年中标安伊高铁项目，由中方负责实施的线上工程于2009年正式开工，中方为该项目实施提供了7.2亿美元融资支持。安伊高铁二期全长158公里，设计时速250公里，建成后，乘列车由安卡拉到达伊斯坦布尔（庞蒂克区）的时间将由此前的8小时缩短为3.5小时。

安伊高铁项目是我国在海外首个、也是迄今唯一实施的高铁项目，并首次实现了中国高铁技术、装备与欧洲标准的对接。该项目的顺利建成无疑将为中国高铁"走出去"带来可观的宣传和示范效应，也将对进一步深化中土两国基础设施领域合作、充实中土战略合作关系内涵产生积极而深远的影响❶。

第一节 项目的概念和特征

中国的长城，美国的自由女神，埃及的金字塔，意大利的比萨斜

---

❶ 根据来源：我国首个海外高铁建设项目顺利通车［EB/OL］. 编写, 中华人民共和国商务部网站（http://www.mofcom.gov.cn/article/i/jyjl/j/201407/20140700679095.shtml），2014-07-29.

塔,以及全长只有172.5公里却缩短了西欧到印度洋一万公里航程的苏伊士运河……这些伟大的历史杰作,是由人类的祖先努力创建,一代代人精心维护才得以留存。无论是创建还是维护,它们都是项目完成的丰碑。

人类社会组织的活动大致可以分为两类:一类是连续不断、周而复始的活动,人们称为作业或运作(Operations),如企业日常生产产品的活动。另一类是临时性、一次性的活动,人们称为项目(Projects),如企业的技术改造活动、一项环保工程的实施等。

这两类活动——项目与运作的异同包括:从共同点来说,二者都必须由参加工作的人有组织地完成;都有多个具体目标;都受有限资源的制约;都可划分出若干实施过程;都可进行计划、执行和控制。从差异来说,项目是一项独立的一次性专门任务;运作是附属于某项任务的重复性的日常工作。

典型的项目包括:开发新产品或服务(如设计新汽车)、发布一个广告、开展政治竞选活动、说服人们戒烟或计划生育、造一座桥、向火星发射探测器、建立一个电子商务站点等。现实生活中,我国自古以来,有很多伟大的项目,如万里长城、都江堰、京杭大运河、乐山大佛、敦煌石窟等;现代社会,我国也开展了很多大型甚至超大型的项目,如京九铁路、三峡工程、南水北调、西部大开发、北京奥运会等。

1965年,欧洲成立了国际项目管理协会(International Project Management Association,IPMA),几乎所有欧洲国家都是其成员。国际项目管理协会给出的项目定义是:项目是受时间和成本约束的、用以实现一系列既定的可交付物(达到项目目标的范围)、同时满足质量标准和需求的一次性活动。

1969年,美国成立了项目管理学术组织(Project Management Institute,PMI)。美国项目管理学术组织给出的项目定义:项目是为提供某项独特产品、服务或成果所做的一次性努力。

1991年6月,我国学术组织——项目管理学术研究委员会正式成立。我国认为项目是完成某些特定指标的独立的一次性任务。

项目具有很多特征，包括唯一性、一次性、多目标属性、生命周期属性、相互依赖性和冲突属性等。下面，我们重点来分析一下前四个最为重要的特征。

第一，项目具有唯一性。即项目是独一无二的、一次性的努力。项目之所以能构成项目，是由于它有区别于其他任务的特殊要求。项目有明确的目标、明确的起点和终点、有明确的资源约束（资金、人力、设备等）。

以我国的航天事业为例，一个国家如果能够顺利完成载人航天飞行和太空行走，表明这个国家的载人航天技术已经拥有了高度的可靠性和安全性。从1999年开始，我国的航天技术发展令整个世界感到惊讶，实施太空行走是一个国家成为航天强国的标志。载人航天集中体现了国家整体科技发展水平，标志着一个国家在世界航天领域的领先地位。然而，这些成就的取得是通过一系列的独特项目群来实现的。

1999年发射的"神舟一号"，是我国的第一艘无人实验飞船。它是中国载人航天工程的首次飞行，标志着中国在载人航天飞行技术上有了重大突破，是中国航天史上的重要里程碑。

2003年10月15日，"神舟五号"载人飞船是中国首次发射的载人航天飞行器，将航天员杨利伟送入太空。这次的成功发射标志着中国成为继苏联（现俄罗斯）和美国之后，第三个有能力独自将人送上太空的国家。

2005年10月12日，我国又成功发射"神舟六号"，将两名航天员费俊龙和聂海胜送入太空。人数的增加给飞行任务的各个环节和工程各系统都带来了不同程度的变化。比如，携带的装备要增加一倍，两名航天员存在协同配合的问题等。双人飞行，比单人飞行更能全面地考核飞船和工程其他系统的性能。

2008年9月25日，我国再次发射"神舟七号"，该飞船上载有三名宇航员，分别为翟志刚、刘伯明和景海鹏。翟志刚出舱作业，刘伯明在轨道舱内协助，实现了中国历史上第一次的太空漫步，令中国成为第三个有能力把航天员送上太空并进行太空漫步的国家。

2012年6月24日,"神舟九号"载人飞船正式发射升空,飞船上载有2名男航天员景海鹏、刘旺和一名女航天员刘洋。随后,"神舟九号"飞船与"天宫一号"成功实施手控交会对接。这是中国在太空中第一次人工对飞行器运动姿态进行控制,也是"神舟九号"发射任务的最主要目的。"天宫一号"与"神舟九号"载人交会对接在中国航天史上掀开极具突破性的一章。

可以发现,从"神舟一号"到"神舟九号",每个项目都有其区别于其他项目的任务和要求,充分体现了项目的唯一性的特点。但是,这些项目又是连续的,通过一系列不断地努力和改进,我国目前已经掌握了先进的载人航天技术,而且继续保持着航天技术的飞速发展,向世界展示一个迅速崛起的中国。

第二,项目具有一次性的特征。项目的一次性具体体现在四个方面:(1)项目是一次性的成本中心;(2)项目经理是一次性的授权管理者;(3)项目经理部是一次性的项目实施组织机构;(4)作业层是一次性的项目劳务构成。项目启动时,任命项目经理,组成项目团队,获得项目预算;一旦项目结束,所有人员和劳务都解散。

第三,项目具有多目标属性。项目有明确界定的目标,需要在时间、费用、性能(质量)三个基本目标间进行权衡。

第四,项目具有生命周期属性。具体的项目一旦取得了预定的成果就结束了,不会再来一遍,正是在这个意义上,项目如同生命。项目是具有独特性的任务,有一定的不确定性。实施项目的组织常将其划分为若干阶段以便于管理,这些阶段连在一起称为项目生命周期。以典型的建筑工程项目生命周期为例,一般包括四个阶段:(1)可行性研究。包括项目描述,可行性研究论证,战略设计和审批。此阶段最后将做出项目启动与否的决定。(2)计划编制和详细设计。包括基础设计,成本和进度,合同条款和条件,详细的计划编制。在此阶段结束时,将发包主要的合同。(3)建设。这个阶段主要是制造、交货、土建工程、安装和调试。此阶段将完成大部分的项目设施。(4)移交和正式运行。这是最后的测试和维护阶段。此阶段结束时项目设施将完全投入使用。

第二节　项目利益相关者

项目利益相关者（Project Stakeholders），指那些积极参与项目工作，或那些由于项目的实施，其利益会受到正面或负面影响的个体和组织。项目团队必须识别项目利益相关者，确定他们的需求和期望，然后设法满足和影响这些需求和期望，以确保项目能够成功。

项目利益相关者包括项目当事人和其利益受该项目影响（受益或受损）的个人和组织。除了上述的项目利益相关者外，项目利益相关者还可能包括政府的有关部门、社区公众、项目用户、新闻媒体、市场中潜在的竞争对手和合作伙伴等；甚至项目班子成员的家属也应视为项目利益相关者。例如，项目的主要利益相关者有：（1）项目经理。负责管理项目的个人。（2）项目发起人。提供财政支持的个人或团队。（3）顾客。使用项目产品的个人或组织。项目可能会有多个层次的顾客。（4）项目管理团队。直接参与和完成项目的成员。（5）供应商。提供各种物资设备的企业。（6）分包商。承担子项目的组织。

大型复杂的项目往往有多方面的人参与，例如雇主、投资方、贷款方、承包人、供货商、建筑/设计师、监理工程师、咨询顾问等。他们往往是通过合同和协议联系在一起，共同参与项目。在这种情况下，项目的主要利益相关者往往就是相应的合同当事人。雇主通常都要聘用项目经理及其管理班子来代表业主对项目进行管理。实际上项目的各方当事人需要有自己的项目管理人员。图 9-1 是项目主要利益相关者之间联系的例子。

项目不同的利益相关者对项目有不同的期望和需求，他们关注的问题常常相差甚远。例如，雇主也许十分在意时间进度，设计师往往更注重技术方面，政府部门可能关心税收，附近社区的公众则希望尽量减少不利的环境影响等。弄清楚哪些是项目利益相关者，他们各自的需求和期望是什么，对于项目管理者非常重要。只有这样，才能对利益相关者的需求和期望进行管理并施加影响，调动其积极因素，化解其消极影响，以确保项目获得成功。

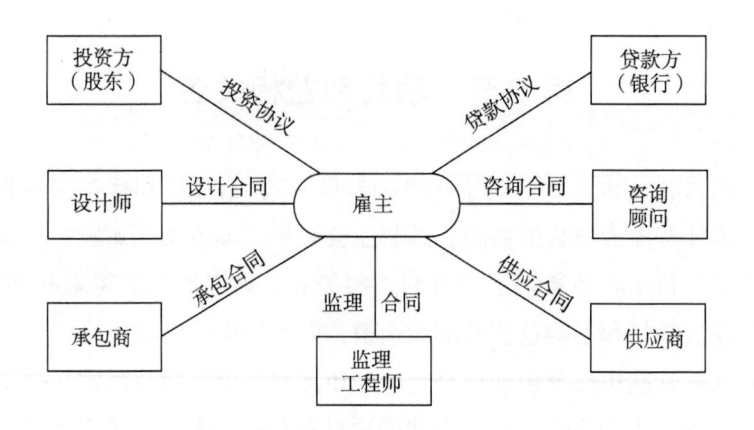

图 9-1　项目主要利益相关者之间的联系举例

例如，2008年奥运会项目的项目利益相关者有哪些？仅仅粗略地计算一下，至少也有下面几个方面：(1) 中国政府，执行者北京市政府；(2) 赞助商，包括国内外的个人和企业；(3) 供应商，各种设备、设施、物料的提供者；(4) 媒体，海内外的直播、转播、评论者；(5) 场馆设施的经营者；(6) 运动员；(7) 志愿者；(8) 观众；(9) 各个体育项目的国际组织和机构；(10) 游客；等等。

第三节　项目管理的含义和层次

管理是指同别人一起，或通过别人使目标活动完成得更有效的过程。管理是设计并保持一种良好的环境，使人们在群体里高效率地完成既定目标的过程。按照法国管理学家法约尔的理论，管理具有五要素，即计划、组织、指挥、协调和控制。

项目管理就是运用科学的理论和方法，对项目进行计划、组织、指挥、控制和协调，实现项目立项时确定的目标。它是以项目为研究对象的一门学科。

项目管理有两种不同的含义：(1) 指一种管理活动，即运用科学的理论和方法，对项目进行计划、组织、指挥、协调和控制，实现项目立项时确定的目标。(2) 指一种管理学科，项目管理是以项目为研究对象的一门学科。

管理一个项目包括：

（1）识别要求。即发现对项目的需求，明确项目的目的、目标，以及实施该项目所有必要和充分条件的过程。项目识别始于发现项目来源，项目来源于各种需求和要解决的问题，例如农业、水利、气象、能源、环境保护、城市基础设施建设等。市场调查是项目识别最基本和最直接的方法。

（2）确定清楚且又能够实现的目标。

（3）权衡质量、范围、时间和费用方面互不相让的要求。

（4）使技术规定说明书、计划和方法适合于各种利益相关者的不同需求与期望。

项目启动的第一步是项目发起，即要让项目当事人承认项目的必要性，让他们根据自己的义务投入人力、物力、财力、信息和精力。项目发起人可以是投资者、项目产品或服务的用户或者提供者、项目业主、建设项目的施工单位。

项目正式开始有两个明确的标志：一是任命项目经理；二是颁发项目许可证书。项目许可证书就是正式批准实施项目的条件，通常由项目实施组织的高层管理者或者项目的主管部门颁发。

项目管理在不同层次存在和发挥作用，任何一个项目管理都可以分为高层管理、中层管理和基层管理三个层次。项目可指一个具体的项目、一组或一群项目，可以是泛指的项目活动，也可指项目某个生命周期阶段的活动。不同主体都需要进行项目管理，即项目利益相关者都在不同程度上进行项目管理。从不同类别、不同角度来理解项目管理，将其分为：

第一，宏观项目管理（项目群管理）。主要是研究项目与社会及环境的关系，也是指国家或区域性组织或综合部门对项目群的管理。宏观项目管理涉及各类项目的投资战略、投资政策和投资计划的制定，各类项目的协调与规划、安排、审批等。

第二，中观项目管理（项目组管理）。主要是指部门性或行业性机构对同类项目的管理，如建筑业、冶金业、航空工业等。包括制定部门的投资战略和投资规划，项目优先顺序，以及支持这些战略、顺序的政策，项目的安排、审批和验收等。

第三，微观项目管理。主要是指对具体的某个项目的管理。

第四节 项目生命周期和管理过程

项目从开始到结束是渐进地发展和演变的，可划分为若干个阶段。这些便构成了它的整个生命期。不同的项目可以划分为内容和个数不同的若干阶段。例如，建设项目可分为：发起和可行性研究、规划与设计、制造与施工、移交与投产；新药开发项目可分为：基础和应用研究、发现与筛选药物来源、动物实验、临床实验、投产登记与审批；世界银行贷款项目的生命期分为六个阶段：项目选定、项目准备、项目评估、项目谈判、项目实施和项目后评价。

项目的每一个阶段都以它的某种可交付成果的完成为标志。例如，建设项目的可行性研究阶段要交付可行性研究报告，药物开发项目的选定药物来源阶段要做出新药样品制剂等。前一阶段的可交付成果通常经批准后才能作为输入，开始下一阶段的工作。例如，可行性研究报告批准后才能开始规划与设计，新药样品制剂鉴定后才能开始动物试验。认真完成各阶段的可交付成果很重要。一方面，为了确保前阶段成果的正确、完整，避免返工；另一方面，由于项目人员经常流动，前阶段的参与者离去时，后阶段的参与者可顺利地衔接。当风险不大、较有把握时，前后阶段可以相互搭接以加快项目进展。这种经过精心安排的项目互相搭接的做法常常叫作"快速跟进"（Fast track）。需要特别指出的是，这种快速跟进与盲目的"三边"做法（边发起、边计划、边实施）有本质的区别。

尽管项目阶段的名称、内容和划分各不相同，为了便于说明，项目生命期一般可以依次归纳为孵化、启动、规划、实施（执行和控制）、收尾、交接过渡六个阶段。有的项目决策比较简单，不需要或只有很短的孵化阶段；有的项目最终成果比较简单或比较容易被直接使用，不需要或只有很短的交接过渡阶段。

项目生命期对项目中的不同参与方会有不同的内容。不同的项目阶段资源投入强度不同。通常是前期投入低，逐渐增加达到高峰后开始降低，项目的典型资源投入模式如图9-2所示。

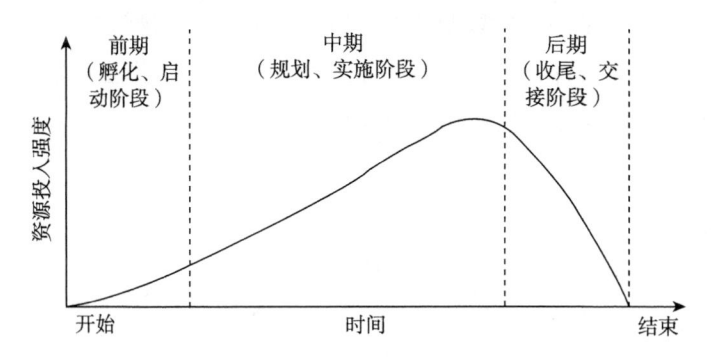

图9-2 项目生命期内典型的资源投入模式

过程是事情进行或事物发展所经过的程序。事物发展都有一定的规律，按规律办事，就要遵循程序，按过程进行管理。项目过程是指项目生命期产生某种结果的行动序列，有管理过程和技术过程两类。基本管理过程可归纳为以下五组，如图9-3所示。

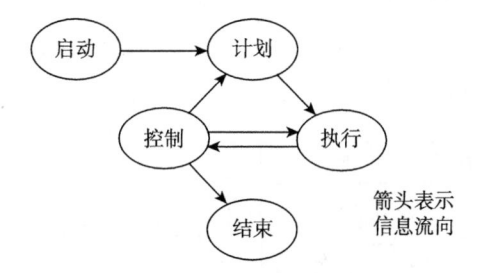

图9-3 项目阶段中各过程之间的联系

（1）启动过程：提出并确定项目是否可行，确认一个项目并付诸行动。

（2）计划过程：为实现启动过程提出的目标而制订计划。

（3）执行过程：为计划的实施执行各项工作，包括对人员和其他资源进行组织和协调。

（4）控制过程：监控、测量项目的进程，并在必要时采取纠正措施，以确保启动过程提出的目标得以实现。

（5）结束过程：通过对项目或项目阶段成果的正式接收；项目结

束的有关工作和总结。

项目的过程有以下基本性质。

（1）项目的每个阶段都要经历以上五组基本管理过程。这些并非独立的一次性事件，它们是按一定的顺序发生，工作强度有所变化，并互有重叠的活动，如图9-4所示。

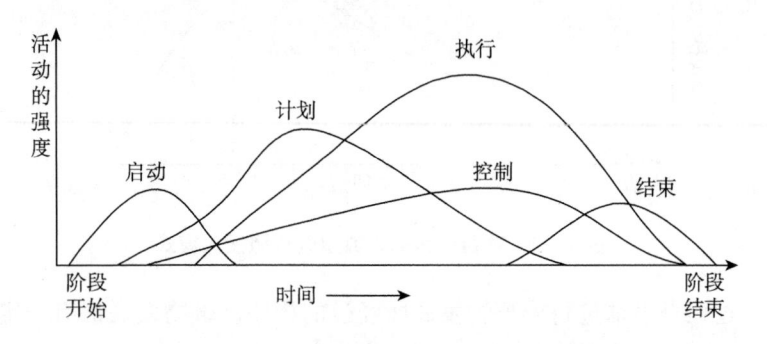

图9-4　项目阶段中过程的重叠和活动强度

（2）项目阶段和过程之间有相互联系。前个阶段结束过程的可交付成果（输出）将成为下一阶段启动过程的根据（输入）。两个过程之间的交接同样要有可交付成果。每个过程的可交付成果都应准确、完整，包括一切必要的信息，如图9-5所示。

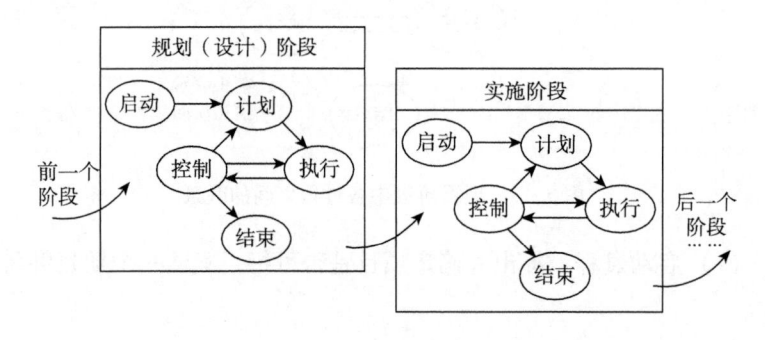

图9-5　阶段之间和过程之间的相互关系举例

（3）管理过程必要时可以反复和循环，这是项目过程与阶段的一个主要区别。每组基本管理过程由一个或多个子过程组成。不同的子过程处理项目不同方面的事务。前面子过程的成果是后面子过程的依据；后面子过程又根据前面子过程的成果，通过某种操作（使用各种技术、工具、手段和相关的资源），创造出新的成果。各个管理过程的子过程通常不同。多数项目的子过程有许多共同的内容，但一些特殊的项目往往要求增加或减少某些子过程。子过程和过程一样，需遵循一定的顺序，有时会互相搭接、反复和循环。它们互相关联，密切配合，成为项目整体中一个一个的环节。

第五节 项目管理的历史

项目管理是遗憾的艺术。在管理学大师德鲁克看来，管理活动的历史与人类历史一样漫长。他说："6000 年前，监督金字塔建造的那个人肯定比今天任何一位 CEO 都懂得多。"之所以这么说，就在于他管理的不是一个超大型公司，而是一个超大型的项目，而项目管理是所有管理中最繁复和最精微的管理。

项目管理产生至今，主要经历了四个阶段：潜意识的项目管理阶段、传统项目管理的形成阶段、项目管理学科初步形成阶段和现代项目管理的发展阶段。各阶段的特点如表 9-1 所示。

表 9-1 项目管理的历史

发展阶段	经历时期	特点	主要应用领域
潜意识的项目管理阶段	从远古至 20 世纪 30 年代前	人们无意识地依照项目的形式运作	架桥、铺路、制定法律、收割庄稼和管理社会
传统项目管理的形成阶段	从 20 世纪 30 年代初期到 50 年代初期	用甘特图进行项目的规划和控制	建筑行业、军事工程
项目管理学科初步形成的阶段	从 20 世纪 50 年代初期到 70 年代末期	开发和推广应用网络计划技术	国防工程和基础工程建设
现代项目管理的发展阶段	从 20 世纪 70 年代末至今	项目管理范围扩大，与其他学科交叉渗透和相互促进	普遍应用于各个领域

潜意识的项目管理是指从远古到 20 世纪 30 年代以前的阶段。这个阶段，人们无意识地依照项目的形式运作。早期项目可以追溯到数

千年前，如古埃及的金字塔、古罗马的尼姆水道、古代中国的都江堰和万里长城。这些杰作向人们展示着人类智慧的光辉。各种文明都需要管理项目：架桥、铺路、制定法律、收割庄稼和管理社会。人们制定项目的时间进度，评估项目存在的风险。这些早期的思想就是项目管理技术的雏形。

传统项目管理的形成阶段是从20世纪30年代初期到50年代初期，其特征是用甘特图进行项目的规划和控制。传统项目管理的概念主要起源于建筑行业，这是由于建筑项目比其他活动的实施过程表现得更为复杂。从20世纪20年代起，美国开始研究工程项目管理。第二次世界大战前夕，甘特图成为计划和控制军事工程与建设项目的重要工具。甘特图又名横道图、条形图，是由亨利·L.甘特于1900年前后发明，它直观而有效，便于监督和控制项目的进展状况，时至今日，仍是管理项目尤其是建筑项目的常用方法。这个阶段，虽然人们对如何管理项目进行了广泛的研究和实践，但还没有明确提出项目管理的概念。项目管理的概念是在第二次世界大战的后期，在实施曼哈顿项目时提出的。

1941年12月6日，美国正式制订了代号为"曼哈顿"的绝密计划（Manhattan Project），该计划的目标是研制第一颗原子弹，并将其作为一个项目来进行管理。罗斯福总统赋予这一计划以"高于一切行动的特别优先权"。曼哈顿计划集中了当时西方国家（除纳粹德国外）最优秀的核科学家，动员了10万多人参加这一工程，历时3年，耗资20亿美元，于1945年7月16日成功地进行了世界上第一次核爆炸，并按计划制造出两颗实用的原子弹。整个工程取得圆满成功。在工程执行过程中，负责人L. R. 格罗夫斯和R. 奥本海默应用了系统工程的思路和方法，大大缩短了工程所耗时间。这一工程的成功促进了第二次世界大战后系统工程的发展。

项目管理学科初步形成的阶段是指从20世纪50年代初期到70年代末期，项目管理主要应用于发达国家的国防工程和基础工程建设方面，其重要特征是开发和推广应用网络计划技术。网络计划技术的开端是关键路径法（CPM）和计划评审技术（PERT）的产生和推广应用。

第二次世界大战结束后,项目管理在世界范围内以美国为中心迅速发展起来。1957 年,美国杜邦公司和兰德公司共同研发了一套系统的计划管理方法(关键路径法,CPM);1958 年,美国海军在"北极星导弹计划"中,利用计算机管理,开发出"计划评审技术"(PERT)。该技术的出现被认为是现代项目管理的起点。随即,美国国防部创造了 WBS(工作分解结构)和 EVM(挣值管理)的项目管理思想和方法。1966 年,在"阿波罗登月计划"中,美国在 PERT 的基础上,开发了随机型的网格技术 GERT(图形评审技术),用于计算阿波罗系统最终的发射时间,从而大大扩展了项目管理的应用范围。

　　现代项目管理的发展阶段是从 20 世纪 70 年代末至今,此阶段的特点是项目管理范围的扩大及与其他学科交叉渗透和相互促进。随着欧洲国际项目管理学术组织 IPMA 和美国项目管理学术组织 PMI 的成立,项目管理被广泛应用于各个领域。尤其是进入 20 世纪 90 年代以后,随着知识经济时代的来临和信息、通信等高新技术的迅猛发展,由于在信息经济环境中,事物的独特性取代了重复性过程,信息本身也是动态的、不断变化的,灵活性成了新秩序的代名词。项目管理不仅能够较好地实现灵活性,而且也可以最大限度地利用内外资源,从根本上提高管理人员的工作效率,因此,项目管理逐渐成为企业的一种重要的管理手段,得到了广泛的应用。

　　目前,项目管理不仅普遍应用于建筑、航天、国防等传统领域,而且已在电子、通信、计算机、软件开发、制造业、金融业、保险业甚至政府机关和国际组织中成为其中心运作模式。如 ABB、Morgan Stanley、美国白宫行政办公室、美国能源部、世界银行等。

　　1962 年,我国科学家钱学森首先将网络计划技术引进国内。1963 年,在研究国防科研系统 SI 电子计算机的过程中,采用了网络计划技术,使研制任务提前完成。计算机的性能稳定可靠,随后,经过我国数学家华罗庚对网络计划技术的大力推广,终于使这一科学的管理技术在中国生根发芽,开花结果,鉴于这类方法共同具有"统筹兼顾、合理安排"的特点,我们又把它们称为统筹法,网络图也称统筹图。我国的项目管理学科的发展就是起源于华罗庚推广的统筹法。1991 年

6月，我国学术组织——项目管理学术研究委员会（PMRC）正式成立。中国项目管理研究委员会是 IPMA 的成员国组织，是我国唯一的跨行业的项目管理专业组织，PMRC 代表中国加入 IPMA 成为 IPMA 的会员国组织，IPMA 已授权 PMRC 在中国进行 IPMP 的认证工作。

第六节　项目管理知识体系和发展趋势

管理项目需要许多知识和方法。项目管理知识体系就是这些知识和方法的总和。其中一部分知识和方法是项目管理学科所独有的，或以独特的方式表达并普遍被接受的，例如项目和项目管理的定义、属性，项目生命期、干系人概念，项目工作分解结构、网络计划技术等，这是项目管理学科的主体。

管理项目还需要用到其他的两类知识和方法。一类是通用的管理知识和方法，譬如领导与激励、决策与控制、组织与策划、谈判与沟通、财务与会计以及人事管理、营销管理、系统科学、行为科学等；另一类是各种应用领域的特殊管理知识和方法，这些领域如信息技术、医药、工程设计与施工、军事、行政、环境保护、社会改革等。

与项目有关的各类知识和方法之间的关系如图 9-6 所示，图中只表示了各类知识之间相互重叠，重叠部分的大小并不表示定量比例的关系。

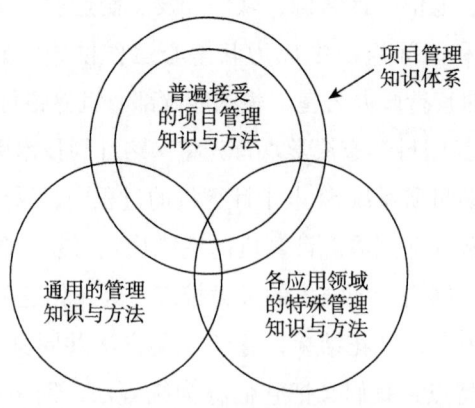

图 9-6　与项目有关的管理知识和方法

项目管理知识体系（Project Management Body of Knowledge，PMBOK），是描述项目管理专业知识总和的专业术语。现代项目管理经过多年的实践和总结，已经形成了较为完整的知识体系，如 PMI 的 PMBOK、IPMA 的 ICB 等，并经国际标准化组织 ISO 的修改，形成了 ISO 10006。各个知识体系虽然在知识领域划分、具体项目管理工具和方法等方面有所区别，但其根本思路却是高度一致的，都是项目管理若干年实践的结晶。

项目管理知识体系（PMBOK）里面的九大知识领域是：项目范围管理、项目时间管理、项目成本管理、项目质量管理、项目人力资源管理、项目沟通管理、项目风险管理、项目采购管理、项目整体管理。项目管理是管理学科的一个分支，同时又与项目相关的专业技术领域密不可分，项目管理知识体系的知识范畴主要包括三大部分。项目管理知识体系与其他学科的知识体系在内容上有所交叉，这符合学科发展的一般规律。

当今，项目管理呈现出三个发展趋势：全球化、多元化、专业化。首先，从全球化来看，世界上的很多机构，例如 NASA、IBM、AT&T、西门子、新加坡电脑协会等，都运用项目管理来进行管理。项目管理在全球年产数十亿美元的企业、政府机构和小型非营利性组织中得到应用。从建筑、信息系统到医疗保健、金融服务、教育培训等很多行业都有项目管理。项目领导有着各种各样的背景，为项目管理工作带来了多样化的经验。

其次，从项目管理的多元化而言，项目管理出现：（1）精简队伍（例如，更少的人完成更多的任务）；（2）项目和服务规模越来越大，也更复杂；（3）激烈的全球竞争，跨国公司尝试通过统一的行动来管理项目；（4）通过巨大的通信网络可以更方便地访问信息；（5）更复杂的客户需求，更高质量的产品和服务；（6）技术以指数倍速度发展。

最后，项目管理的专业化。现代项目管理已经发展成为一门学科、一个专业和一种职业。很多国外大学都开设了相关的专业课程，学历教育从学士、硕士到博士；非学历教育从基层项目管理人员到高层项目经理，形成了层次化的教育培训体系。项目管理发展有三个热点：证书制热、培训热、软件热。

项目管理认证是指项目管理专业人员资格的认定，由相关组织机构出题、考试，对于合格人员颁发相应的资格证书。PMP（Project Management Professional）是美国项目管理协会发起建立的认证考试，其目的是给项目管理人员提供统一的行业标准。PMP 于 1999 年在全球所有认证考试中第一个获得 ISO 9001 国际质量认证。美国项目管理协会（Project Management Institute，PMI），成立于 1969 年，是一个有着近 5 万名会员的国际性协会，是项目管理专业领域中最大的由研究人员、学者、顾问和经理组成的全球性专业组织。PMP 作为项目管理资格认证考试，已在国际上树立了权威性，现在同时用英语、德语、法语、日语、西班牙语、葡萄牙语、汉语等九种语言进行考试，现在全世界 130 多个国家和地区都设立了认证考试机构。

IPMP（International Project Management Professional）是国际项目管理协会（IPMA）在全球推行的四级项目管理专业资质认证体系的总称。IPMP 是对项目管理人员知识、经验和能力水平的综合评估，根据 IPMP 认证等级划分，获得 IPMP 各级项目管理认证的人员，将分别具有负责大型国际项目、大型复杂项目、一般复杂项目或具有从事项目管理专业工作的能力。IPMA 依据国际项目管理专业资质标准，将项目管理专业人员资质认证划分为四个等级，即 A 级、B 级、C 级、D 级。

A 级（Level A）证书是认证的高级项目经理。获得这一级认证的项目管理专业人员有能力指导一个公司（或一个分支机构）的包括诸多项目的复杂规划，有能力管理该组织的所有项目，或者管理一项国际合作的复杂项目。这类等级称为 CPD（Certificated Projects Director——认证的高级项目经理）。

B 级（Level B）证书是认证的项目经理。获得这一级认证的项目管理专业人员可以管理一般复杂项目。这类等级称为 CPM（Certificated Project Manager——认证的项目经理）。

C 级（Level C）证书是认证的项目管理专家。获得这一级认证的项目管理专业人员能够管理一般非复杂项目，也可以在所有项目中辅助项目经理进行管理。这类等级称为PMP（Certificated Project Management Professional——认证的项目管理专家）。

D级（Level D）证书是认证的项目管理专业人员。获得这一级认证的项目管理人员具有项目管理从业的基本知识，并可以将知识应用于某些领域。这类等级称为PMF（Certificated Project Management Practitioner——认证的项目管理专业人员）。

CPMP（China Project Management Professional）是中华人民共和国劳动和社会保障部在全国范围内推行的项目管理专业人员资格认证体系的总称。共设四个等级：项目管理员（国家职业资格四级）、助理项目管理师（国家职业资格三级）、项目管理师（国家职业资格二级）、高级项目管理师（国家职业资格一级），每个等级分别授予不同级别的证书。

核心概念或理论

1. 项目和运作

人类的各类活动可以归纳为两个方面：一是项目，它是经过对项目主体的可行性研究并慎重考虑后所决策的行动过程；这个阶段所做的工作是按照既定的目标所进行的一系列的活动，而这个目标又可以分为项目的功能性目标和限制性目标。所谓功能性目标，即项目未来所达到的功能属性；而限制性目标实际上是指资源的限制。二是运行，它是指项目管理结束后项目的运转或运行过程，其特点是可以周而复始地重复。

2. 项目的定义

项目就是以一套独特且相互联系的任务为前提，有效地利用资源，为实现一个特定的目标所做的努力。项目目标的成功实现通常受四个因素制约：工作范围、成本、进度计划和客户满意度。

3. 项目的生命周期

项目最大的特点是有始有终，一个项目往往具有明确的开始及结束日期。为了管理的方便，人们习惯于把项目从开始到结束划分为若干阶段，这些不同的阶段便构成了项目的生命周期。大多数项目的生命周期大致可以划分为概念阶段、设计阶段、实施阶段、终止阶段四个阶段。

4. 项目干系人和利益相关者

项目干系人是指积极参与项目、其利益在项目执行中或者成功后将受到积极或消极影响的个人或组织。除当事人外，还有政府部门、当地的居民、社区、项目业主的用户、新闻媒体、合作伙伴，甚至包括项目班子成员的家属等。

5. 项目管理

项目管理是通过项目经理和项目组织的努力，运用系统理论和方法对项目及其资源进行计划、组织、协调、控制，旨在实现项目目的的特定管理方法体系。

6. 项目管理知识体系

现代项目管理的内容可以从两个已有的项目管理知识体系中发现：一个是以欧洲国家为主的体系——国际项目管理协会（IPMA）；另一个是以美国为主的体系——美国项目管理协会（PMI）。PMI 编写了《项目管理知识体系》（Project Management Body of Knowledge，PMBOK）。PMBOK 把项目管理划分为 9 个知识领域，即范围管理、时间管理、成本管理、质量管理、人力资源管理、沟通管理、采购管理、风险管理和整体管理。

7. 项目管理过程

在项目生命周期中，美国项目管理学会将每个阶段分成五个不同的过程：启动过程、计划过程、实施过程、控制过程和收尾过程。

练习

一、单项选择题

根据你学过的知识，从 A、B、C、D 选项中选择一个正确的答案。

1. 以下各项都有项目的特点，除了（　　）。

A	有始有终
B	临时性
C	重复性
D	独特性

2. 在项目管理过程中，有一类人或组织会对项目的结果感兴趣，受到项目结果的影响，并希望影响项目的结果。这一类人或组织叫作（　　）。

A	项目的发起人
B	项目的客户
C	项目经理
D	项目利益相关者

3. 随着项目生命周期的进展，资源的投入（　　）。

A	逐渐变大
B	逐渐变小
C	先变大再变小
D	先变小再变大

4. 下列表述正确的是（　　）。

A	与其他项目阶段相比较，项目结束阶段与启动阶段的费用投入较少
B	与其他项目阶段相比较，项目启动阶段的费用投入较多
C	项目从开始到结束，其风险是不变的
D	项目开始时，风险最低，随着任务的逐项完成，风险逐渐增多

5. 确定项目是否可行是在哪个工作过程完成的（　　）。

A	项目启动
B	项目计划
C	项目执行
D	项目收尾

6. 下列表述正确的是（　　）。

A	项目的生命周期是指项目的开始时间和项目的结束时间这一段时间的累计
B	不管项目阶段如何划分，一般均可归纳为启动阶段、执行阶段、收尾阶段
C	失败的项目也存在收尾阶段
D	项目生命周期是循环往复的一段时间

7. 项目的"一次性"的含义是指（　　）。

A	项目持续的时间很短
B	项目有确定的开始和结束时间
C	项目将在未来一个不确定的时间结束
D	项目可以在任何时候取消

8. 对项目当事人管理的主要目的是（　　）。

A	识别项目的所有潜在用户来确保需求分析的完成
B	积极减少可能会严重影响项目的项目当事人的活动
C	在进度和成本超支时建立商业信誉
D	通过项目当事人的分析关注其对项目的批评

9. 应对项目可交付成果负主要责任的是（　　）。

A	质量经理
B	项目经理
C	高级管理层
D	项目团队成员中的某个人

10. 项目快要完成时，客户想对项目的工作范围做出较大的变更，项目经理应该（　　）。

A	进行变更
B	拒绝变更
C	向公司高层管理者抱怨
D	分析变更对项目造成的影响，并将分析的结果通知客户

二、判断题

根据你学过的知识判断下面的题目，正确的在（ ）打"√"，错误的在（ ）打"×"。

1. 项目管理的目标就是按时完成任务。（   ）

2. 一般民众有时是某些项目的重要利益相关者。（   ）

3. 项目经理的主要作用是进行公司的战略决策。（   ）

4. 每个项目都不一样，因此，制定项目管理的流程没什么作用。（   ）

5. 项目是为完成某一独特的产品、服务或任务所做的一次性努力。（   ）

6. 日常运作总是在很短的时间内完成，而项目则必须要跨越数年或数十年。（   ）

7. 每个项目阶段的结束必须以某种可交付成果为标志。（   ）

8. 项目的生命周期可归纳为四个阶段，这种划分通常是固定不变的。（   ）

9. 里程碑即是指一个可交付成果。（   ）

10. 可交付成果必须是可预测的、可验证的事项或结果，它可以是有形，也可以是无形。（   ）

三、应用题

你打算在某个居民区开一个咖啡厅，请回答以下问题：

1. 什么是项目？开咖啡馆是项目吗？

2. 什么是项目利益相关人？写出开咖啡厅涉及的项目利益相关人。为什么要对项目利益相关者进行分析？

第十章　项目可行性研究与评估

开篇案例：昆士兰医疗卫生部的工资系统

说到大型政府 IT 项目的失败，恐怕昆士兰 Health Department Payroll 系统例子最为经典了，该例被澳洲很多商业及项目管理课程引为经典案例。

从 2005 年开始，昆士兰工党领导下的卫生厅部门打算上一个新的工资系统，因为旧的系统已经满足不了时代的需要了，可以说出发点是好的，毕竟医疗卫生系统是个大部门，事关老百姓的医疗保健、社会安全保障，更新系统实属应当。

于是当年州政府雇用了一个由埃森哲、SAP、Logica、IBM 组成的业内精英小组或者叫 Payroll 梦之队，来提供解决方案。结果从 2005 年到 2007 年，长达 3 年的时间，收效甚微，没有什么结果，咨询费倒是花了很多。后来为项目出钱的昆士兰州财政厅认识到项目小组责权不分明的弊端，于是在 2007 年实行公开竞标，只要一家，最终 IBM 赢得了合同。

很多从事项目管理的专业人士知道，在决定是否开展一个大型项目之前，通常需要一个项目可行性的研究调研。这本身也是一个项目，在昆士兰工资系统项目开始之前需要这么长的时间来讨论项目解决方案，这也是因为澳大利亚医疗卫生系统的工资制度复杂性，其从业人员如医务人员、护士、勤杂工等在不同的医院、不同的岗位、不同时段及不同的级别的工资待遇都不一样，所以工资计算比较复杂，从技术角度讲最多能达到 24000 种计算组合，并非一般的商业用工资软件系统就能胜任，所以需要大型 ERP 来处理问题。而且注册护士等在澳大利亚是个待遇比较高的行业，其背后有强大的护士工会

（Queensland Nurses′Union，Health Services Union 等）作为后盾，所以一般政府不愿得罪。

据州政府记录报道，之所以选定蓝色巨人 IBM，是因为当时 IBM 在竞标时开出很多对手不愿让步的优惠条件，报价也比其他家低，谈判最后项目报价 619 万，并承诺可在 7 个月内完成，于是选定 IBM。结果到 2010 年 3 月正式上线，20 个月就已经花费了 1.01 个亿，结果是系统漏洞百出，工资发放频频出错，要么多付要么少付，或者干脆不付，员工假日也计算不准确，引起各方普遍不满，最后不得不使用大量的人工通过 Excel 去计算工资。

根据毕马威（KPMG）在 2013 年估算，仅费用已经支出 4 个亿，如果能坚持到完成最终费用预计可能达到 12 个亿。双方为此走上法庭，双方各执一词。IBM 列出的理由也很多：医疗卫生部本身对项目需求不了解，不知道自己的需求，在项目开始之前缺乏对重要项目人员的相关技能和经验的正式评估，对持续进行的项目缺乏有效的风险识别和管理，等等。

这个项目中可行性研究阶段存在诸多的问题：（1）在项目开始之前缺乏对重要项目人员的相关技能和经验的正式评估；（2）对持续进行的项目缺乏有效的风险识别和管理；（3）每个决策者并没有充分了解项目开始上线其背后的意义；（4）没有充分重视利益相关方的参与和变更管理；（5）对项目的合同和绩效管理也没有足够的独立质量管理。总之，项目管理层错过在项目早期本可以确定风险和问题的机会。如果当时发现的话，这将部署更多的控制和管理，不至于到不可收拾的局面。

第一节　可行性研究的含义和阶段

可行性研究（Feasibility Study，FS）是项目投资决策前对项目进行技术经济论证的阶段。即在决策一个项目之前，进行详细、周密、全面的调查研究和综合论证，从而制定出具有最佳经济效果的项目方案的过程。

可行性研究最早起源于美国，是美国在20世纪30年代开发田纳西流域时开始推行的一种技术防范。它在田纳西流域的开发和综合利用中起了很大的作用。第二次世界大战以后，西方工业发达国家纷纷采用这一方法，并不断加以充实完善，广泛应用到各个领域，逐步形成了一整套系统的科学研究方法。

可行性研究包括技术、经济、财务、社会和环境、组织机构可行性等多方面的论证。第一，技术可行性考虑的因素包括（但不限于）项目选址、工艺和材料选择、技术方案的先进性和适用性、技术发展趋势、项目生命期和项目成果生命期的长短以及是否符合国家有关的技术标准等。第二，经济可行性论证是评估项目对国民经济的贡献和影响。譬如，项目目标与国民经济发展（生产计划）目标是否一致；项目是有利于克服国民经济发展的瓶颈，还是属于国家限制发展的行业。经济可行性论证需审核项目的经济回报。项目的经济收益应按影子价格、影子汇率和社会折现率计算，并比较不同技术方案的经济回报率。第三，财务可行性论证是评估项目对项目参与人、组织（或企业）的财务贡献和影响。譬如，组织的资产负债结构、项目的资金结构、组织承担项目的财务能力和融资能力，以及项目组织的财务回报率。项目对组织的财务收益通常按市场价格、市场汇率和市场折现率计算，并比较不同技术方案的财务回报率和投资回收期。第四，社会和环境可行性论证是评估项目对环境可能产生的影响。譬如，项目是否有利于社会稳定，是否有利于缩小贫富差距，是否对生态环境产生不利影响，是否损失稀有物种，是否损害文化遗产，是否符合现行的法律，是否能被公众认可和接受等。第五，组织机构可行性论证是评估组织机构对项目成败的影响。譬如，项目组织能否对项目成功提供基本的保证；项目参与人、组织是否有足够的信用等级；项目完成后接收项目的经营机构能否有良好的经营机制，使项目投资产生应有的收益并持续发展。

可行性研究可以划分为三个阶段：

第一个阶段是机会研究（Opportunity Study），即可行性研究的初始阶段，是项目投资方或承办方通过占有大量信息，并经过分析确定出发展机会，最终形成明确的项目意向（或项目机会）的过程。机会研究的内容包括地区研究、行业研究、资源研究等。一般来说，对于比较大的项目，投资设想和机会研究阶段大概会花费 1~3 个月的时间，费用往往占到总投资的 0.2%~1.2% 之间，但是，误差比较大，估算精度达到 ±30%。

第二个阶段是初步可行性研究（Pre-feasibility Study），这是介于机会研究和详细可行性研究之间的一个中间阶段，是在项目意向确定之后，对项目的初步估计和分析。研究的主要目的在于判断机会研究提出的投资方向是否正确。对于建筑项目而言，也叫项目建议书阶段。一般耗时为 4~6 个月，费用占总投资的 0.25%~1.25% 之间，估算精度能够达到 ±20%。

第三个阶段是详细可行性研究（Feasibility Study），是在项目决策前对项目有关的工程、技术、经济、社会影响等各方面条件和情况进行全面调查和系统分析，为项目建设提供技术、生产、经济、商业等各方面的依据并进行详细的比较论证，最后对项目成功后的经济效益和社会效益进行预测和评价的过程。它是项目进行评估与决策的依据。一般来说，对于建筑项目而言，会耗时 8~12 个月，小项目费用占总投资的 1%~3% 之间；大项目费用占总投资的 0.8%~1% 之间，估算精度能够达到 ±10%。

第二节　可行性研究的步骤及原则

国际上，典型的可行性研究工作程序分为六个步骤：

（1）开始阶段。在这一阶段，承办单位要详细讨论可行性研究的范围，明确业主的目标，与业主讨论项目的范围和界限。

（2）调查研究阶段。调查研究的内容要包括项目的各个方面，如市场需求与市场机会、产品选择与分析、价格与市场竞争、工艺技术方法与设备选择、原材料的供给、能源动力供应与运输、建设和使用、环境保护等。每个方面都要做深入调查，全面地占有资料并进行详细的分析评价。

（3）优化与选择方案阶段。将项目的各个方面进行组合，设计出各种可供选择的方案，然后对备选方案进行详细讨论、比较，要定性与定量分析相结合，最后推荐一个或几个备选的优秀方案，提出各个方案的优缺点，供业主选择。

（4）详细研究阶段。对选出的最佳方案进行更详细的分项研究工作，明确项目的具体范围，进行投资及收入估算，并对项目的经济与财务情况做出评价。同时进行风险分析，表明成本、价格、销售量等不确定因素变化对经济效果所产生的影响。在这一阶段得到的结果必须论证出项目在技术上的可行性，条件上的可达到性，资金的可筹措性。并且要分析项目的实施风险的大小。

（5）编制可行性研究报告。可行性研究报告的编制内容，国家有一般的规定，如工业项目、技术改造项目、技术引进和设备进口项目、利用外资项目、新技术新产品开发项目等都有相关的规定。每一个项目要根据项目自身的特点并结合国家的一般规定，编制相应的可行性研究报告。

（6）编制资金筹措计划。项目的资金筹措在项目方案选优时，都已经做过研究，但随着项目实施情况的变化，也会导致资金使用情况的改变，这就要编制相应的资金筹措计划。

可行性研究的原则：科学性原则、客观性原则、公正性原则。

科学性原则是指要求按照客观规律办事，即要用科学的方法和认真负责的态度来收集、分析、鉴别和计算原始的数据资料，以确保数据、资料的真实性、可靠性。客观性原则是指要坚持从实际出发、实事求是。公正性原则是指可行性研究要尊重事实，不能弄虚作假。

第三节 可行性研究的分析方法

可行性研究的内容涉及面广，既有专业技术问题，又有经济管理与财务问题。采用的分析方法主要有三种。

第一，价值分析方法。主要从资金的角度来分析项目的可行性，解决"项目能不能盈利"的问题。从企业的角度来看，项目能否为企业带来收益，是最直接也是最重要的问题。一个项目合理与否的标准就在于：是否能以较少的投入取得较大的经济回报。价值分析就是从企业角度来分析项目是否可行的方法。

第二，决策分析方法。主要解决"项目可不可以做"的问题。决策就是做决定，是人们为了实现特定的目标，运用科学的理论与方法，通过对各种主客观条件的系统分析，提出各种预选方案，并从中选取最佳方案的过程。决策分析方法主要有：确定型决策分析方法、不确定型决策分析方法和风险型决策分析方法。本书将在后面的章节中进行介绍。

第三，风险分析方法。主要解决"项目如果要做，可能的风险是什么"的问题。风险是由不确定性引起的可能带来损失的可能性。风险分析的方法主要有：盈亏平衡分析法、敏感性分析法、概率分析法、蒙特卡罗分析法、模拟分析法等。

一、价值分析方法

项目价值分析的指标多种多样，它们从不同角度反映项目的经济性。这些指标主要分为三类：第一类是以时间单位计量的时间型指标，如借款偿还期、投资回收期等；第二类是以货币单位计量的价值型指标，如净现值；第三类是以比率形式表现的效率型指标，如投资收益率、内部收益率等。由于这三类指标分别从不同的角度考察项目的经济性，所以在对项目方案进行经济效益评价时，应当尽量同时选用这三类指标。

项目价值分析方法根据是否考虑资金的时间因素，可分为静态分析法和动态分析法两种。静态分析法是不考虑资金时间价值的分析方法。这种方法简单明了，但不够精确，主要适用于可行性研究的初始阶段的粗略分析和评价。动态分析法则考虑了资金的时间价值，采用复利计算方法，主要用于详细可行性研究中对方案的最终决策。下面分别进行介绍。

1. 静态分析法的指标有投资回收期、投资收益率、借款偿还期

投资回收期是用投资项目所得的净现金流来回收项目初始投资所

需的年限。优点：能反映项目本身的资金回收能力，比较容易理解、直观，而且反映了项目的风险大小。缺点：没有考虑资金的时间价值；没有考虑回收期后的现金流，而且没有评价项目计算期内的总收益和获利能力。其中，现金流入（Cash Input）包括销售收入、固定资产残值等；现金流出（Cash Output）包括固定资产投资、流动资金、经营成本和税金等。净现金流就是现金流入与现金流出之差。

在我国现行财务制度下，对一般国内项目来说，借款偿还期是指固定资产投资借款偿还期，即在国家政策规定及项目具体财务条件下，项目投产后可用作还款的利润、折旧及其他收益额偿还固定资产投资借款本金和利息所需要的时间。

例题1：某项目的建设期为2年，第一年年初投资100万元。第三年开始投产并达100%的设计能力。每年销售收入为200万元，经营成本为120万元，销售税等支出为销售收入的10%，求静态的投资回收期。

解答：从第三年年末开始，每年的净现金流 = 200 − 120 − 200 × 10% = 60。

所以，要弥补第一年年初的投资100，投资回收期 = 3 +（100 − 60）/60 = 3年8个月。

2. 动态分析法的指标主要有动态投资回收期法、净现值法、内部收益率法、获利能力指数法

社会折现率：是从国家角度对资金机会成本和时间价值进行估量的评估指标。它是从社会的观点反映最佳资源分配和社会可接受的最低投资收益率。我国现阶段，国家规定社会折现率的取值标准为12%。

资金的时间价值：资金在使用过程中产生的价值增值。盈利和利息是资金时间价值的两种表现形式。

现金流量：企业生产经营过程中，每一时点上现金流入与流出的差，又称为净现金流。

利率（Interest Rate）：单位时间的资金价值增值部分与原来资金（本金）的比值。即资金增值的百分率。

如果考虑投资因素的话，一般来说有：

名义利率 = 真实利率 + 通货膨胀率 + 风险溢价

其中，风险溢价是指投资者对投资要承担的风险所索取的补偿。

利率有单利和复利之分。单利是指一笔资金在获得价值增值的过程中，本金数与计息周期无关的计算方法，公式为 $FV = PV(1 + nr)$；复利是指每一利息周期的利息，由本金加上上一周期累积利息总额之和来计息，公式为 $FV = PV(1 + r)^n$。

终值（Future Value，FV）：将当前的一笔资金按复利利率计算到将来某一时刻的价值，公式为 $FV_n = PV_0(1 + r)^n$；现值（Present Value，PV）是指把将来某一时刻的资金按复利折算到当前的价值，公式为 $PV_0 = FV_n/(1 + r)^n$。

年金（Annuity）是指等额等时间间隔的收入或支付的现金流量序列。年金终值是指年金中每项现金流量的终值之和，公式为 $FV_n = A[(1 + r)^n - 1]/r$；年金现值是指年金中每项现金流量的现值之和，公式为 $PV_0 = A[1 - (1 + r)^{-n}]/r$。

例题2：一个大学生于2018年7月1日毕业，工作后每月的收入为5000元，他可以一直工作到2058年6月30日。假定该学生的收入是稳定的，并假定折现率为10%，该学生一生的收入相当于2058年7月1日的价值是多少？相当于2017年7月1日的价值又是多少？

解答：该学生每年的收入为 $5000 \times 12 = 60000$（万）。

所以，2058年7月1日的价值 = 60000（F/A，10%，40）= 60000 $[(1 + 10\%)^{40} - 1]/10\%$ = 60000×442.6 = 26556000（元）。

2017年7月1日的价值 = 26556000（P/F，10%，41）= $26556000/(1 + 10\%)^{41}$ = 533360（元）。

例题3：某项目投资期为三年，第四年年初投产，每年的销售收入为5000万元，项目的使用期为10年，问：当企业要求的最低收益率为12%时，销售收入的现值是多少？

解答：现值 PV = 5000（P/A，12%，10）（P/F，12%，3）= $5000 \times 5.65 \times 0.712$ = 20114（万）。

请注意，习惯上，一般我们将支出记在期初，收入记在期末。

净现值法（Net Present Value，NPV）：是项目生命期内逐年净现金流量按资本成本折现的现值之和。净现值大于零，表明项目的获利能力超过了资本成本；净现值小于零，表明项目获利能力达不到资本成本。NPV≥0 的项目是可以考虑接受的。

例题4：某项目初始投资 1200 万元，当年收益。项目寿命期 5 年，每年净现金流量 300 万元，若资本成本为 10%，求项目的净现值。

解答：净现值 NPV = 3000（P/A，10%，5）− 1200 = − 62.7（万元）。

因为净现值为负，所以项目应予拒绝；假如用静态投资回收期计算，项目收益是 300 万，是可以接受的，由此可以看出，静态投资回收期的局限性是比较大的。

内部收益率法（Internal Rate of Return，IRR）：是使项目在寿命期内现金流入的现值等于现金流出现值时的折现率，也就是使项目净现值为零的折现率。采用试算法。把每期的现金流根据不同的折现率折现，然后做出折现率与折现净现值的对应曲线。其中折现净现值为 0 时的折现率就是 IRR。IRR≥资本成本的项目可以考虑接受。一般而言，世界银行、亚洲开发银行对项目评价都采用财务内部收益率。

例题5：通过对净现值的计算，项目当折现率为 15% 时，净现值为 639.4 万元，当折现率提高到 20% 时，净现值为 − 250.8 万元，求该项目的内部收益率？

解答：根据插值法，IRR = i_1 + (i_2 − i_1)[|NPV_1|/(|NPV_1| + |NPV_2|)]。

所以，IRR = 0.15 + (0.2 − 0.15)[639.4/(639.4 + 250.8)] = 18.6%。

获利能力指数法（Profitability Index，PI）：是项目经营净现金流值和初始投资之比，表明项目单位投资的获利能力。获利能力指数是一个相对指标，是单位投资的净现值。PI≥1 的项目可以考虑接受。净现值是一个绝对指标，它只表明该项目超过资本成本的收益绝对额，但不能反映项目的资金利用效率。在例题4中，如果我们计算获利能力指数 PI = 300（P/A，10%，5）/1200 = 0.948，因为 PI＜1，所以，项目应该被拒绝。

二、项目风险分析

风险是由一些不确定性引起的带来损失的可能性。项目风险分析也称作不确定性分析。它主要解决"项目如果要做，可能的风险是什么"的问题。项目的风险既包括不确定因素带来的风险，如市场风险、自然资金风险、技术风险等，又有人为因素带来的风险，如经营风险、管理风险、人力资源风险，同时还包括在这些风险存在的情况下所产生的财务风险。此外，如果是大型跨国项目，还要考虑政治风险。风险分析方法主要有盈亏平衡分析、敏感性分析、概率分析以及模拟分析等。对项目进行风险分析和项目的决策是紧密相关的。

风险与收益之间有一个替代的关系：高风险，高收益；低风险，低收益。对待风险的态度，与投资者的偏好有关，一般分为风险回避、风险中立、风险追求三种。风险回避，指的是在期望收益相同的情况下，选择风险较低的投资机会。一般地，项目投资者都是风险回避者，因为项目投资与证券投资不同，当风险发生的情况下，投资者转移风险的途径很少，或几乎无法转移，因此，他们一般都选择回避风险。

项目风险分析方法主要有盈亏平衡分析、概率分析和敏感性分析。

1. 盈亏平衡分析

盈亏平衡分析，又叫量本利分析，是通过盈亏平衡点分析项目成本与收益平衡关系的一种方法。它根据投资项目正常生产年份的产量、成本、产品价格和利润等数据，计算分析产量、成本和盈利三者之间的关系，最后确定出盈亏平衡时的临界值。它可以提供项目承受风险而不至于亏损的数据，可以用于多个方案的比较和选优。

根据生产成本及销售收入与产量（销售量）之间是否呈线性关系，盈亏平衡分析可分为线性盈亏平衡分析和非线性盈亏平衡分析。线性盈亏平衡分析：在假定所有被分析的不确定性因素与已知因素之间，都存在一种线性关系的前提下，对项目不确定性因素进行分析的方法。线性盈亏平衡分析必须满足以下前提：

（1）产量等于销售量。

（2）产量变化，单位可变成本不变，从而总生产成本是产量的线性函数。

（3）产量变化，销售单价不变，从而销售收入是销售量的线性函数。

（4）只生产单一产品，或者生产多种产品，但可以换算为单一产品计算。

以上四个条件成立，才可以进行线性盈亏平衡分析。

例题6：某项目财务评估数据如下，正常年份的产量为52万吨，销售收入为33652万元，可变成本为11151万元，销售税金为1578万元，年固定成本为10894万元。求：盈亏平衡点。

解答：TR = PQ；TC = FC + vQ + tQ。

在盈亏平衡点BEP，有TR = TC，所以，Q^*（生产能力利用率）= F／（P − v − t）= 52%。

Q^*（产量）= 52 × 52% = 27.08（万吨）。

2. 概率分析

概率分析是研究各种不确定因素按一定概率变动时，对项目方案经济指标影响的一种定量分析方法。

概率分析方法中有四个重要的指标：(1) 期望值，它是在大量的重复事件中随机变量取值的平均值。(2) 方差，它是反映随机变量取值的离散程度的参数。(3) 标准差，它反映一个随机变量实际值与期望值偏离的程度。这种偏离的程度在一定意义上反映了投资方案风险的大小。但是，标准差是一个绝对量，它会随着期望值的增大而增大，所以不利于对不同方案进行风险程度的比较。为此，采用另外一个指标来弥补这一不足，即离散系数。(4) 离散系数，这是标准差与期望值之比，离散系数可以比较两个不同方案之间的风险程度。离散系数越小，则风险越小。

例题7：某项目方案的净现值及概率如下表所示，试计算该方案净现值的期望值、标准差和离散系数。

净现值	23.5	26.2	32.4	38.7	42	46.8
概率	0.1	0.2	0.3	0.2	0.1	0.1

解答：（1）期望值 E（X）= $\sum X_i P_i$

E（X）= 23.5×0.1＋26.2＋0.2＋32.4×0.3＋38.7×0.2＋42×0.1＋46.8×0.1＝33.93

（2）标准差 D^2（X）= $\sum P_i [X_i - E(X)]^2$

D^2（X）= 0.1×（23.5－33.93）2＋0.2×（26.2－33.93）＋0.3×（32.4－33.93）＋0.2×（38.7－33.93）＋0.1×（42－33.93）＋0.1×（46.8－33.93）＝51.15

D（X）＝7.15

（3）离散系数 F＝D（X）/E（X）

F＝7.15/33.93＝0.21

3. 敏感性分析

敏感性分析是通过分析项目有关因素的变化对项目最终效果或产出的影响程度来确定项目风险大小的一种分析方法。敏感性因素是指这种因素的小幅度变化就会导致项目效果较大变化的因素。通过敏感性分析找出项目的敏感因素并加以重视和管理，以及重点控制，可以起到减少项目风险的作用。

敏感性分析的步骤包括：（1）确定敏感性分析的指标；（2）选定不确定性因素；（3）计算不确定性因素的变动对分析指标的影响程度；（4）确定敏感因素。总的指导性原则是：进行敏感性分析的指标应与项目最终效果评价的指标相一致。

根据每次变动因素的数目不同，敏感性分析可以分为单因素敏感性分析和多因素敏感性分析。单因素敏感性分析：通过每次变动某一个不确定因素，并计算其对分析指标的影响程度来进行敏感分析的方法。项目评价中，一般是对项目内部收益率和净现值等评价指标进行敏感性分析，也可对投资回收期和借款偿还期进行敏感性分析。

例题8：某项目预计投资1200万元，年产量为10万台，产品价格为35元/台，年经营成本为120万元，方案经济寿命期为10年，设备残值为80万元,基准折现率为10%,试就投资额、产品价格及方案寿命期进行敏感性分析。

解答:以净现值作为经济评价的分析指标,则预期净现值为:

$NPV_0 = -1200 + (10 \times 35 - 120)(P/A, 10\%, 10) + 80(P/F, 10\%, 10) = 244.23$(万元)。

下面用净现值指标,分别就投资额、产品价格和寿命期三个不确定因素作敏感性分析。设投资额、产品价格及方案寿命期在其预期值的基础上,分别按照±10%、±15%、±20%变化,相应的项目净现值将随之变化,如表10-1所示。

表10-1 单因素的敏感性分析(单位:万元)

	-20%	-15%	-10%	0	10%	15%	20%
投资额	484.23	424.23	364.23	244.23	124.23	64.23	4.23
价格	-185.92	-78.38	29.16	244.23	459.31	566.84	674.38
寿命期	64.41	111.49	158.5	244.23	321.93	358.11	392.71

从表10-1可以看出,在同样的变动率下,产品价格的变动对方案的净现值影响最大,其次是投资额的变动,寿命周期的影响最小。也就是说,产品价格是这三者中最敏感的因素。如果这一项目投入运作,应对未来产品价格进行更准确的测算。如果这一产品在未来市场上价格变化的可能性较大,则说明这一项目方案实施的风险较大。

例题9:某项目计划投资2000万元,第1年年初即投入,建设期为1年,考虑设备损耗,生产期定为10年。第2年开始正式生产,每年销售收入为5500万元,生产成本为4600万元。投资者希望投资回收期(动态)不超过6年,投资收益率不低于12%。试用动态投资回收期、内部收益率及净现值等指标来分析该项目是否可行。如果投资额、销售收入或生产成本发生变化,情况又如何呢(或者说哪些是敏感性因素)?

解答:(1)动态投资回收期。

表 10-2　历年的现金流量及其累计现值

年序	现金流出 CO	现金流入 CI	净现金流	系数	现值流量	累计现值
0	2000	0	-2000	1	-2000	-2000
1	0	0	0	0.8929	0	0
2	0	900	+900	0.7972	717.48	-1282.52
3	0	900	+900	0.7118	640.62	-641.9
4	0	900	+900	0.6355	571.95	-69.95
5	0	900	+900	0.5674	510.66	+440.71

所以，动态投资回收期 = 4 + 69.95/510.66 = 4.137 年，大约是 4 年零 50 天。

（2）净现值 NPV = 900（P/A，12%，10）（P/F，12%，1）- 2000 = 2540.4（万元）。

（3）内部收益率 IRR，NPV = 900（P/A，IRR，10）（P/F，IRR，1）- 2000 = 0

计算可得：X =（P/A，IRR，10）（P/F，IRR，1）= 2.222

经试算，当 i = 30%，X = 2.377；当 i = 32%，X = 2.2206，所以，可推测，30% < IRR < 32%。

（4）单因素敏感性分析，以 NPV 为指标：

表 10-3　单因素的敏感性分析（单位：万元）

	-20%	-15%	-10%	0	10%	15%	20%
投资额	2940	2840	2740	2540	2340	2240	2140
销售收入	-3009	-1622	-234	2540	5315	6703	8090
生产成本	7182	6022	4861	2540	220	-941	-2101

根据表 10-3 可以发现，以 NPV 为指标，敏感性程度为：销售收入 > 生产成本 > 投资额，所以，应该重点监测销售收入的变化，具体就是价格的变动和销售量的变动。

第四节　可行性研究报告

可行性研究的结果要形成可行性研究报告。下面以现代工业项目为例，介绍可行性研究报告的编写格式与规范。一般来说，可行性研究报告由 11 个部分和若干附件组成。

第一部分：总论

这个部分要综合叙述报告中各个部分的主要问题和研究结论，并对项目的可行与否提出最终建议，为可行性研究的审批提供方便。

第二部分：项目背景和发展概况。

第三部分：市场分析。

第四部分：建设条件与厂址选择。

第五部分：工厂技术方案。

第六部分：环境保护与劳动安全。

第七部分：企业组织和劳动定员。

第八部分：项目实施进度安排。

第九部分：投资估算与资金筹措。

第十部分：财务效益、经济和社会资产评价。

第十一部分：可行性研究结论与建议。

另外，以房地产开发项目的可行性研究报告为例，具体内容包括：

（1）房地产开发的概念及其分类。

（2）房地产开发项目可行性研究的内容：

① 市场研究；

② 技术研究；

③ 管理研究；

④ 财务研究；

⑤ 经济研究。

房地产开发项目可行性研究报告编写的内容：

（1）总论；

（2）市场调查分析和预测以及营销策略的制定；

（3）开发项目位置的选择；

（4）开发规模的确定和方案规划；

（5）物料及设备、公共设施情况；

（6）项目的进度计划和筹资计划的编制；

（7）投资估算及资金筹措；

（8）财务分析、不确定性分析；

（9）经济分析；

（10）结论与建议。

这些是比较完整且典型的可行性研究报告的写法。针对不同规模及不同特点的项目，可行性研究报告的内容可依据实际情况有所删减。但总的思路是项目可行性研究报告一定要给项目业主提供一个系统完整的思路、项目可行性的结论及实施要点和关键。要有观点，有依据，可实施，可信度高。

第五节 项目评估

项目评估是指在项目可行性研究的基础上，从项目对企业、对社会贡献的各个角度对拟建项目进行全面的经济、技术论证和评价，并给出评价结果的过程。其目的是审查项目可行性研究的可靠性、真实性和客观性，为企业的融资决策、银行的贷款决策以及行政主管部门的审批决策提供科学依据。决策失误是最大的失误，因此，项目评估的价值就在于最大限度地降低项目决策失败的风险。

项目评估包括项目经济效益评估和项目社会效益评估两个方面的内容。

项目经济效益评估是从企业的角度出发，运用有关财务分析的方法对项目的经济效益进行综合评价，并对项目的合理性提出判断意见。目标是了解项目盈利能力，了解项目清偿能力，了解项目财务外汇平衡情况。

项目社会效益评估是要评估对宏观经济的影响效果。主要体现在对国民经济增加的贡献上，从国家角度，要求项目投资所增加的国民收入净增值和社会效益净增值大于为项目所付出的社会成本。其中，主要的指标是社会效果，包括劳动就业目标、收入分配目标、创汇节汇目标和环境保护目标，如图10-1所示。

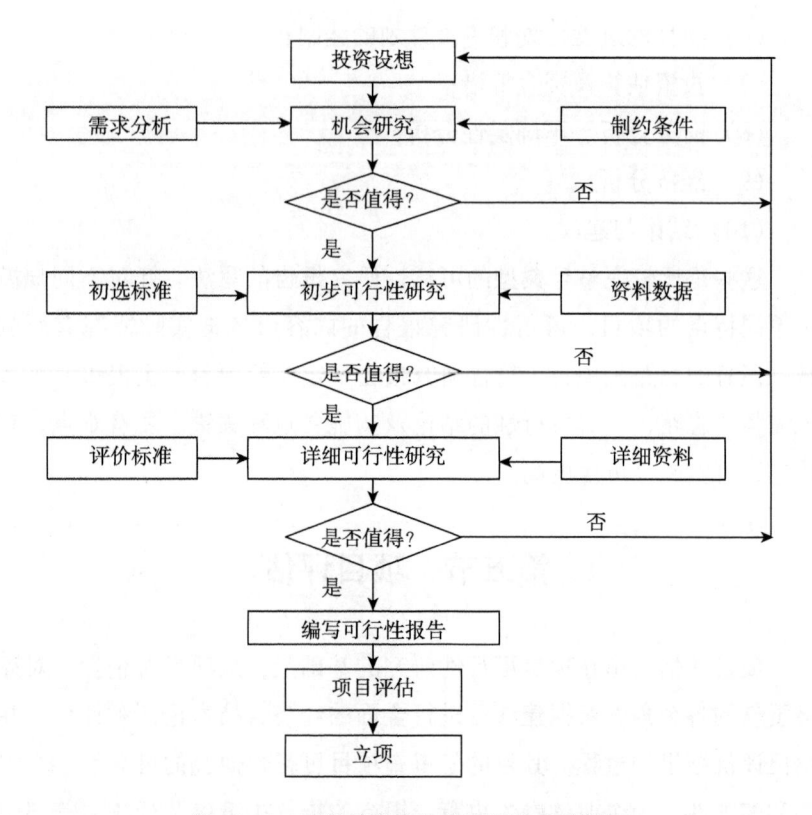

```
                  ┌──────────────┐
                  │   投资设想   │◄─────────────────┐
                  └──────┬───────┘                  │
┌──────────┐      ┌──────▼───────┐   ┌──────────┐   │
│ 需求分析 │─────►│   机会研究   │◄──│ 制约条件 │   │
└──────────┘      └──────┬───────┘   └──────────┘   │
                         ▼                          │
                      ╱是否╲      否                │
                     ╱值得？ ╲─────────────────────►│
                      ╲     ╱                       │
                       ╲   ╱                        │
                        ╲ ╱                         │
                         │是                        │
┌──────────┐      ┌──────▼───────┐   ┌──────────┐   │
│ 初选标准 │─────►│ 初步可行性研究│◄──│ 资料数据 │   │
└──────────┘      └──────┬───────┘   └──────────┘   │
                         ▼                          │
                      ╱是否╲      否                │
                     ╱值得？ ╲─────────────────────►│
                      ╲     ╱                       │
                       ╲   ╱                        │
                        ╲ ╱                         │
                         │是                        │
┌──────────┐      ┌──────▼───────┐   ┌──────────┐   │
│ 评价标准 │─────►│ 详细可行性研究│◄──│ 详细资料 │   │
└──────────┘      └──────┬───────┘   └──────────┘   │
                         ▼                          │
                      ╱是否╲      否                │
                     ╱值得？ ╲─────────────────────►┘
                      ╲     ╱
                       ╲   ╱
                        ╲ ╱
                         │是
                  ┌──────▼───────┐
                  │编写可行性报告│
                  └──────┬───────┘
                  ┌──────▼───────┐
                  │   项目评估   │
                  └──────┬───────┘
                  ┌──────▼───────┐
                  │     立项     │
                  └──────────────┘
```

图 10－1　可行性研究和项目评估的流程图

一般情况下，以社会效益评估的结论作为项目取舍的主要依据，当企业财务评价和社会效益评估发生矛盾时，以后者作为决策依据。

项目评估和可行性研究的区别有四个方面：

（1）项目评估是对最终可行性研究的审查和研究，是将微观问题再拿到宏观中去权衡的过程。可行性研究是从宏观到微观逐步深入研究的过程。项目评估是可行性研究的延伸，是比可行性研究更高级的阶段。

（2）可行性研究报告是项目发起人或者承担方承担的报告。该报告通过之后，才能执行。通过之前必须经过项目评估阶段。项目评估则是由项目隶属的政府管理部门、项目主管部门、贷款银行等机构来做。一般是由专业机构或者具备资质的咨询机构对上报的项目可行性研究报告进行全面的审核和再评价工作，主要侧重于多个项目之间的比较。

（3）可行性研究一般是站在用资角度考虑问题；项目评估则一般站在银行、国家投资角度来考虑问题。可行性研究侧重于项目技术、经济方面的论证，项目评估则着重于对可行性研究的质量和可靠性的审查和评估。通过评估，项目可能被否定，也可能只做局部修改补充后被肯定。因此，项目评估工作要求的知识更丰富，其结论更具权威性。

（4）项目评估的分析方法，基本上类似于可行性研究时的项目价值分析方法。不同的是，项目分析的主体不同、立足点不同、侧重点不同。项目评估的结果形成项目评估报告，项目经过需要—可能—可行—最佳，这样步步深入地分析、比较、选择，有助于避免由于依据不足、方法不当、盲目决策造成的失误，使企业在竞争中取得优势，获得更好的经济效益。

核心概念或理论

1. 可行性研究

可行性研究（Feasibility Study，FS）：是项目投资决策前对项目进行技术经济论证的阶段。即在决策一个项目之前，进行详细、周密、全面的调查研究和综合论证，从而制定出具有最佳经济效果的项目方案的过程。

2. 可行性研究的阶段划分

可行性研究可以划分为三个阶段：机会研究、初步可行性研究、详细可行性研究。

3. 可行性研究的方法

可行性研究的内容涉及面广，既有专业技术问题，又有经济管理与财务问题。采用的分析方法主要有三种。第一，价值分析方法。主要从资金的角度来分析项目的可行性，解决"项目能不能盈利"的问题。第二，决策分析方法。主要解决"项目可不可以做"的问题。决策就是做决定，是人们为了实现特定的目标，运用科学的理论与方法，通过对各种主客观条件的系统分析，提出各种预选方案，并从中选取最佳方案的过程。第三，风险分析方法。主要解决"项目如果要做，可能的风险是什么"的问题。风险是由不确定性引起的可能带来损失的可能性。

4. 可行性研究的原则

可行性研究应该遵循科学性、客观性和公正性原则。科学性原则是指要求按照客观规律办事，既要用科学的方法和认真负责的态度来收集、分析、鉴别和计算原始的数据资料，以确保数据、资料的真实性、可靠性。客观性原则要坚持从实际出发、实事求是的原则。公正性原则是指可行性研究要尊重事实，不能弄虚作假。

5. 项目评估

项目评估是指在项目可行性研究的基础上，从项目对企业、对社会贡献的各个角度对拟建项目进行全面的经济、技术论证和评价，并给出评价结果的过程。其目的是审查项目可行性研究的可靠性、真实性和客观性，为企业的融资决策、银行的贷款决策以及行政主管部门的审批决策提供科学依据。

6. 可行性研究与项目评估的异同

项目评估是对最终可行性研究的审查和研究，是将微观问题再拿到宏观中去权衡的过程。可行性研究是从宏观到微观逐步深入研究的过程。项目评估是可行性研究的延伸，是比可行性研究更高级的阶段。可行性研究是项目承担方做，项目评估则是由项目隶属的政府管理部门、项目主管部门、贷款银行等机构来做。可行性研究一般是站在用资角度考虑问题；项目评估则一般站在银行、国家投资角度来考虑问题。可行性研究侧重于对项目技术、经济方面的论证，项目评估则着重于对可行性研究的质量和可靠性的审查和评估。

练习

假设你毕业后就职于北京德仁堂（集团）有限责任公司这家全国中药行业著名的老字号企业。进入公司以后，公司老总对你十分赏识，决定委以重任，派你和同事一共三人去南太平洋岛国斐济组建德仁堂（斐济）有限责任公司，将德仁堂中药打进斐济市场。请根据以下材料，设计一套开拓斐济市场的方案。

1. 北京德仁堂（集团）有限责任公司简介

北京德仁堂是全国中药行业著名的老字号。创建于 1669 年（清康熙八年），自 1723 年开始供奉御药，历经八代皇帝 188 年。在 300 多年的风雨历程中，历代德仁堂人始终恪守"炮制虽繁必不敢省人工，品味虽贵必不敢减物力"的古训，树立"修合无人见，存心有天知"的自律意识，造就了制药过程中兢兢业业、精益求精的严谨精神，其产品以"配方独特，选料上乘，工艺精湛，疗效显著"而享誉海内外。德仁堂作为中国第一个驰名商标，品牌优势得天独厚。参加了马德里协约国和巴黎公约国的注册，受到国际组织的保护。在世界 50 多个国家和地区办理了注册登记手续，是第一个在台湾地区注册的大陆商标。

2. 斐济群岛共和国简介

国名：斐济群岛共和国（The Republic of The Fiji Islands）

自然地理：陆地面积 182872 平方公里，水域面积 129 万平方公里。位于西南太平洋中心，由 332 个岛屿组成，其中 106 个岛有人居住。多为珊瑚礁环绕的火山岛，主要有维提岛和瓦鲁阿岛等。属热带海洋性气候，常受飓风袭击。年平均气温为 22℃~30℃。地理位置重要，是南太平洋地区的交通枢纽。斐济地跨东、西半球，180 度经线贯穿其中，因而成为世界上既是最东又是最西的国家。

人口：81.3 万人（1997 年 7 月），斐济是个多民族的国家，其中 51.6% 为土著人（包括斐济族人和罗图马人），43.6% 为印度人。官方语言为英语、斐济语和印地语，通用英语。52.9% 的人信奉基督教，38.1% 的人信奉印度教，7.8% 的人信奉伊斯兰教。

经济：斐济属热带海洋气候，土地肥沃，盛产甘蔗、椰子、香蕉和菠萝，渔业资源丰富。斐济是南太平洋国家中经济发展较好的国家，制糖业和旅游业是国民经济的两大支柱。糖生产占农业产值的一半和外贸出口总值的 70%，斐济因此被誉为"甜岛"。20 世纪 80 年代起斐济旅游业迅速崛起，其收入已居国民经济第二位，斐济现已成为南太平洋诸岛的旅游中心。

外国投资的管理机构及利用外资的原则：斐济贸易投资局（FTIB）是外国投资的管理机构。其主要职能是：以扩大就业和促进国家发展为目标，推动外商在斐济投资，促进出口，限制进口，同时为企业的发展和投资提供信息和联络。斐济吸引外国投资的原则是，引进国外资金、管理和技术，开发利用斐济既有资源（包括人力资源），发展出口导向产业，为斐济经济和社会发展做贡献。

条件：

德仁堂公司决定给你们初始资本200万美元，用于购置固定资产和其他各种投资以及支付各种宣传费用，但不允许借贷。

策划目标：

（1）绝大多数斐济人从未使用过中药，甚至不知道中药为何物，但你们必须在斐济市场销售德仁堂的中药产品。

（2）德仁堂（斐济）有限责任公司需要在三年以内实现盈利的目标。

请陈述你的策划内容，应该包括：

（1）在众多的斐济人中，你计划将哪些人作为最初的目标顾客？

（2）针对最初的目标顾客，你计划利用何种宣传手段？

（3）说明200万美元投资的具体使用方案。

（4）对你的策划进行可行性分析，说明你的策划可以打开斐济市场并实现盈利目标。

第十一章　项目范围管理和时间管理

开篇案例：元旦庆典活动

新年又快来临了，某大学商学院计划好好筹备这一次元旦活动，主要由两大块组成，一是校园游艺活动，二是元旦晚会，让大家共度这有纪念意义的节日。该商学院希望在为同学们创造更多欢乐的同时，能够通过这次活动在更大范围内扩大学院的声望，并与企业界建立更广泛、更直接的联系。这次活动的具体筹办工作由学生会全面负责，必要时可请老师加以指导。要扩大学院声望，需要大力的宣传投入。学院计划在某报刊登四分之一版面的广告，并通过大学的电视台加以宣传。晚会筹备资金一部分由学院自筹，一部分由企业赞助。对赞助企业的宣传，体现在报刊和电视台的广告上，此外，还可以与企业达成人才资源库的协议，为他们输送所需人才。

要达到上述预定目标，就意味着这次活动必须是高质量、高水平的。从整体组织到每一个细节，都必须准备得周到、完善。校园游艺的场地安排，既要体现出本学院在大学的重要地位，又要方便大家游乐。晚会的舞台设计、灯光、音响以及嘉宾的安排等，也要考虑周全，不能冲淡了娱乐的主题，同时还要自然而然地通过这次活动将学院的名声打出去。现在，假定你们是学生会的干部（主席、实践部部长、外联部部长、副主席……），负责组织此次活动。请你确定工作范围，进行详细的工作分解，并制定出工作分解结构，见表 11-1。

表 11-1　元旦庆典活动工作分解结构

任务序号			任务名称
1			宣传
	1.1		报刊广告
	1.2		海报
	1.3		电视广告
2			晚会
	2.1		剧场租赁
	2.2		演出
		2.2.1	音响、灯光布置
		2.2.2	舞台设计
		2.2.3	观众席设置
		2.2.4	节目安排
	2.3		入场方式
	2.4		演出服装
	2.5		邀请嘉宾
3			外联
	3.1		媒体安排
	3.2		嘉宾安排
	3.3		企业赞助
4			校园游艺
	4.1		场地
	4.2		化装舞会
		4.2.1	服装、面具
		4.2.2	音响、设备
	4.3		灯谜会
	4.4		趣味游戏
		4.4.1	游戏
		4.4.2	奖品

续表

任务序号		任务名称
5		后勤服务
	5.1	卫生工作
	5.1.1	垃圾箱设置
	5.1.2	场地清理
	5.2	安全工作
	5.3	休息室设施
	5.3.1	休息室布置
	5.3.2	医务站
	5.4	工作人员快餐

第一节 项目范围管理

一、项目范围的定义和内容

项目范围是指为了成功达到项目目标，项目所规定要完成的工作及过程；即项目团队为确保项目目标的完成而必须生成的项目产品范围和为生成项目产品而必须开展的项目工作范围。利益相关者必须在项目产品方面达成共识，也要在如何完成这一项目上达成一致的意见。

项目范围是对项目结果或使命的定义，即要向你的顾客/客户提供的产品或服务。简单来说，项目范围管理就是要为项目划定一个界限，确定项目的目标和主要的项目可交付成果（The delivery/ the deliverable）。明确的范围定义能使你知道范围的任何变动。确定项目范围对项目管理而言有以下作用：（1）提高费用、时间和资源估算的准确性。（2）确定进度测量和控制的基准。（3）有助于清楚地分派责任。

项目范围管理，实质上是指一种功能管理，是对项目应该包括什么和不应该包括什么进行相应的定义和控制，包括确定项目的需求、启动、范围规划、范围界定、范围核实、范围变更控制管理等。如图 11 -1 所示，启动是承诺开始一个新项目或一个已经存在的项目可以进入下一个阶段的过程。对某些组织，项目只有在需求评估、可行性研究、初步计划或其他同等分析完成以后，才能正式启动。某些类型的项目，特别是内部服务或新产品开发项目，可能会非正式地启动，先进行有限的工作以便获得正式启动所需的批准。范围规划是将生产项目产品所需进行的项目工作（项目范围）逐步细化和归档的过程。范围界定就是把主要的项目可交付成果分解成较小的且更容易管理的单元。范围核实是主要的利益相关者（发起人、客户和顾客等）正式接受项目的过程。范围核实需要审查可交付成果和工作结果，以确保它们都已经正确圆满地完成。项目范围变更控制是对造成范围变更的因素施加影响，以确保这些变更得到一致认可，并对实际变更进行管理。范围变更控制应该全过程地与其他控制过程结合起来，如进度控制、成本控制、质量控制等。

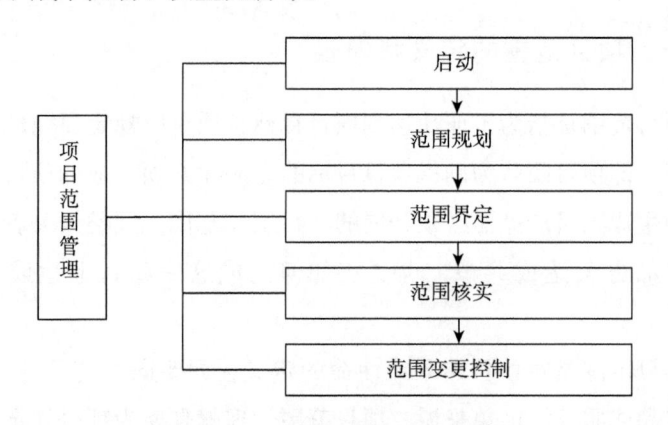

图 11 -1 项目范围管理的内容

总之，项目范围管理首先要确定项目范围并编制项目范围说明书，范围说明书明确了项目的目标和主要可交付的成果；接着再把项目的主要可交付成果划分为相对较小的更易管理的单位。范围定义的结果形成工作分解结构图。项目范围说明书包括：（1）项目目标；（2）可交付物；（3）里程碑；（4）技术要求；（5）限制与排除；（6）客户检查。

项目范围说明书举例：

（1）项目目标：5个月内成本不超过15万美元的情况下构造高质量的定制房屋。

（2）可交付物：

① 一座204平方米、2个浴室和3个房间的完工房屋。

② 一个完工车库，绝缘，采用石膏灰胶纸夹板。

③ 厨房用具，包括电炉、烤箱、微波炉和洗碗机。

④ 高性能的燃气灶，装备可编程自动调温器。

（3）里程碑：

① 批准许可——3月5日。

② 浇灌地基——3月14日。

③ 地基干燥、框架、加顶、水管、电力和通过机械检查——5月25日。

④ 最后检查——6月7日。

（4）技术要求：

① 房屋必须满足地方建筑标准。

② 所有门窗必须通过NFRC40能量分级检验。

③ 外墙绝缘必须满足R因子21标准。

④ 天花板绝缘必须满足……

⑤ 地板绝缘必须……

⑥ 车库必须可容纳……

⑦ 结构必须通过地震稳定性标准。

（5）限制与排除：

① 房屋必须根据客户提供的规格说明和原始蓝图设计来建造。

② 业主负责风景。

③ 冰箱不包括在厨房设备内。

④ 空调不包括在内，但要包括预布线。

⑤ 承包人保留将服务外包的权利。

⑥ 承包人负责分包工作。

⑦ 现场工作限制从周一到周五早8点到下午6点。

二、工作分解结构

项目的工作分解结构（Work Breakdown Structure，WBS）：是在项目运行期间，项目团队实现目标的工作单元（要素）或项目等级树；是一种在项目全范围内分解和定义各层次工作包的方法。工作分解将整个项目分解成为便于管理的具体活动（工作），它是一个分级的树形结构，是一个对项目工作由粗到细的分解过程。WBS 起源于美国军方的型号研制。WBS 的作用如表 11-2 所示。

表 11-2　工作分解结构的作用

知识领域	WBS 在知识领域的应用
时间管理	形成甘特图、利用 CPM 对进度进行管理，进行 PERT 分析
成本管理	进行成本预算、挣值分析（EVM）
质量管理	制定过程/产品标准，质量保证计划
HR 管理	形成责任分配矩阵（RAM）
沟通管理	沟通计划编制
采购管理	采购计划编制
风险管理	风险识别

以项目人力资源管理为例，WBS 帮助形成责任分配矩阵，即指以表格形式表示 WBS 中每项工作的个人责任。它用 R（Responsibility）表示主要责任人，用 S（Support）表示辅助人员，次责任人。这为各项任务分派人员，规定这些人员的相应职责，如表 11-3 所示。

表 11-3　责任分配矩阵

WBS	TASK	A	B	C	D
1.1	准备	R		R	
1.2	出发		R		S
2.1	住宿	R		S	

WBS 工作分解的原则有：（1）功能或技术的原则。考虑每一阶段需要什么技术或专家。（2）组织结构。考虑项目的分解应适应组织管理的需要。（3）地理位置。主要是考虑处于不同地区的子项目。

（4）系统或子系统原则。根据项目的特点或差异将项目分为几个不同的子项目，如图11-2所示。

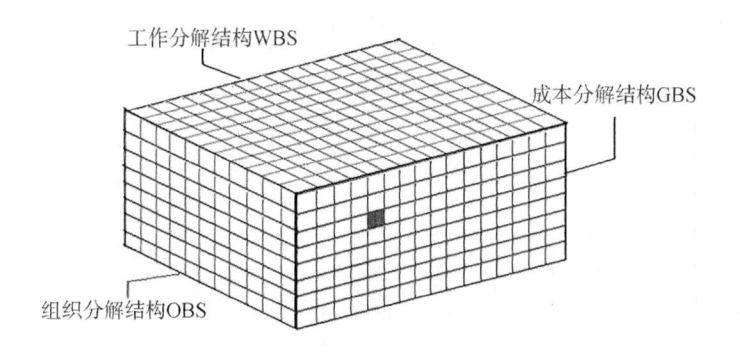

图11-2 项目分解结构组合示意图

工作分解结构的步骤如图11-3所示。

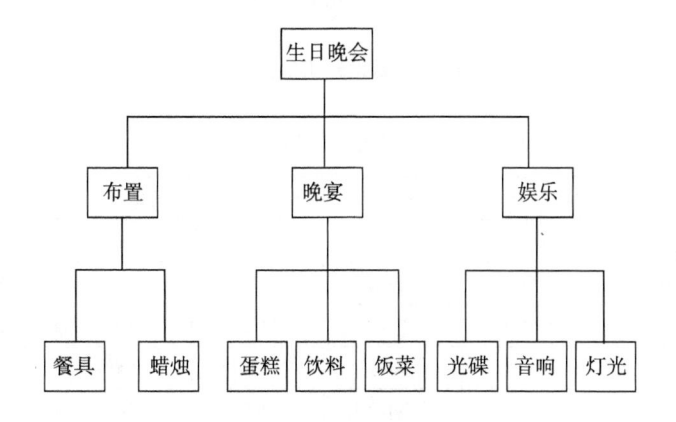

图11-3 家庭生日晚会 WBS

（1）第一层：明确项目需求（一个项目或一个工作包）。

（2）第二层：识别项目的主要组成部分（主要可交付的成果），如举办一个家庭生日晚会：布置，晚宴，娱乐。

（3）第三层：找出第二层更小的组成部分。例如，晚宴：蛋糕，饮料，饭菜；娱乐：光盘，音响，灯光。

（4）检查并明确各层的工作内容、范围：如果完成了这一层的工作，上一层的工作就能结束，到此为止；如果完成了这一层的工作，上一层的工作不能结束，继续分解。

注：每个单元都要进行编码见图 11-4、表 11-4。

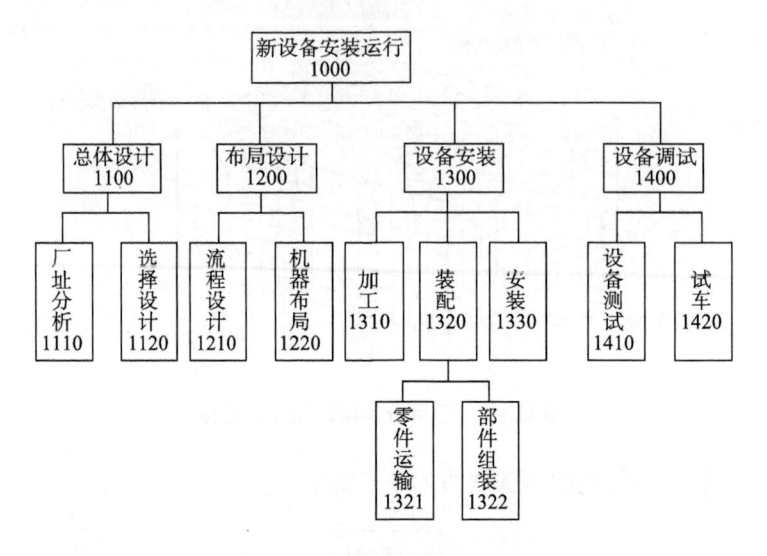

图 11-4 新设备安装运行 WBS

表 11-4 新设备安装预算和责任矩阵

WBS 编码	预算/万元	责任者	WBS 编码	预算/万元	责任者
1000	5000	张明	1320	1200	郝集成
1100	1000	设计部门	1321	600	金波
1110	500	王正	1322	600	刘畅
1120	500	李森	1330	300	王浩
1200	1000	设备部门	1400	1000	生产部门
1210	300	宋波	1410	600	高静
1220	700	张迎	1420	400	曹大岩
1300	2000	基建部门			
1310	500	刘成建			

某企业适逢建厂十周年，为了扩大企业的知名度，准备组织一次规模较大的庆典活动，为保证此项活动的顺利实施，需要对该项目进行工作分解，按照工作分解结构的步骤，得到的工作分解结果如图 11-5 所示。

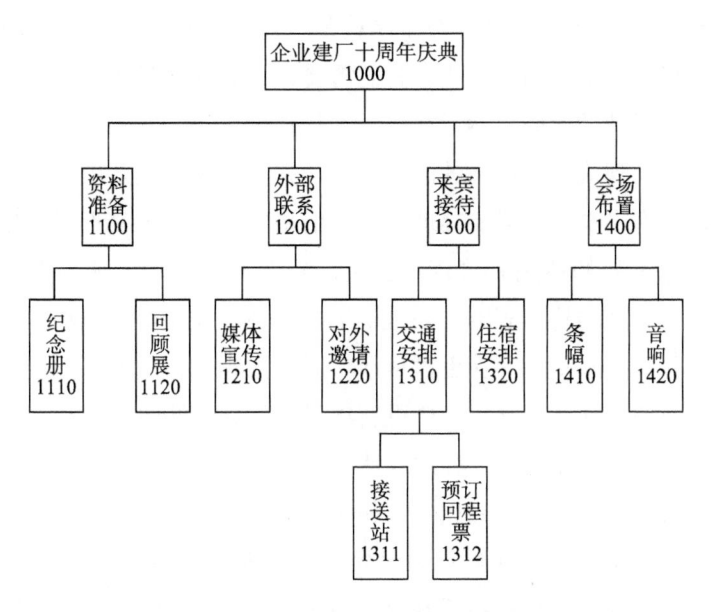

图 11-5　某企业建厂 10 周年庆典 WBS

第二节　项目时间管理的定义和内容

彼得·德鲁克说，时间是最稀缺的资源，只有它得到管理时，其他东西才能加以管理。以建设电厂为例，一个 12.5 万瓦的发电厂，每提前一天发电，就可生产 300 万度电，创造价值上万元。因此，按期建成投产是早日收回投资、提高经济效益的关键。当然，控制项目的进度并不意味着只追求进度，还要满足质量、安全和经济的要求。项目时间管理的理念有：一是时间就是金钱；二是要优者为先。

项目时间管理，也叫项目进度管理或项目工期管理，是为了确保项目按时完工必需的一系列管理过程和活动。项目时间管理的内容包括活动定义、活动排序、活动资源估计、项目工期估算、项目进度计划编制以及项目进度计划控制等。

活动定义就是指将项目工作分解为更小、更易管理的工作包，它们也叫活动或任务，这些小的活动应该是能够保障完成交付产品的可实施的详细任务。活动，也是项目工作分解结构最底层的工作块

（Activity 或者 Task）。工作分解结构是项目进度规划和管理的基础。

项目由一个个活动组成，我们需要估计完成项目的时间，需要了解每一项活动的时间，然后加总，才能得出结果。在项目实施中，要将所有活动列成一个明确的活动清单，并且让项目团队的每一个成员能够清楚有多少工作需要处理。活动清单应该采取文档形式，以便于项目其他过程的使用和管理。当然，随着项目活动分解的深入和细化，工作分解结构（WBS）可能会需要修改，这也会影响项目的其他部分。例如成本估算，在更详尽地考虑了活动后，成本可能会有所增加，因此完成活动定义后，要更新项目工作分解结构的内容。

活动排序是指在产品描述、活动清单的基础上，要找出项目活动之间的依赖关系和特殊领域的依赖关系、工作顺序。在这里，既要考虑团队内部希望的特殊顺序和优先逻辑关系，也要考虑内部与外部、外部与外部的各种依赖关系以及为完成项目所要做的一些相关工作，例如在最终的硬件环境中进行软件测试等工作。设立项目里程碑是排序工作中很重要的一部分。里程碑是项目中关键的事件及关键的目标时间，是项目成功的重要因素。里程碑事件是确保完成项目需求的活动序列中不可或缺的一部分。比如，在开发项目中可以将需求的最终确认、产品移交等关键任务作为项目的里程碑。在进行项目活动关系的定义时一般采用优先图示法、箭线图示法、条件图示法、网络模板这四种方法，最终形成一套项目网络图。其中比较常用的方法是优先图示法，也称为单代号网络图法。

活动资源估计即确定在实施项目活动时要使用何种资源（人员、设备或物资），每一种使用的数量，以及何时用于项目计划活动。活动资源估算过程同费用估算过程紧密配合。

活动工期估算是根据项目范围、资源状况计划列出项目活动所需要的工期。估算的工期应该现实、有效并能保证质量。所以在估算工期时要充分考虑活动清单、合理的资源需求、人员的能力因素以及环境因素对项目工期的影响。在对每项活动的工期估算中应充分考虑风险因素对工期的影响。项目工期估算完成后，可以得到量化的工期估算数据，将其文档化，同时完善并更新活动清单。

一般说来，工期估算可采取以下几种方式：

（1）专家评审形式。由有经验、有能力的人员进行分析和评估。

（2）模拟估算。使用以前类似的活动作为未来活动工期的估算基础，计算评估工期。

（3）定量型的基础工期。当产品可以用定量标准计算工期时，则采用计量单位为基础数据整体估算。

（4）保留时间。工期估算中预留一定比例作为冗余时间以应付项目风险。随着项目进展，冗余时间可以逐步减少。

项目的进度计划意味着明确定义项目活动的开始和结束日期，这是一个反复确认的过程。进度表的确定应根据项目网络图、估算的活动工期、资源需求、资源共享情况、项目执行的工作日历、进度限制、最早和最晚时间、风险管理计划、活动特征等统一考虑，如图11-6所示。

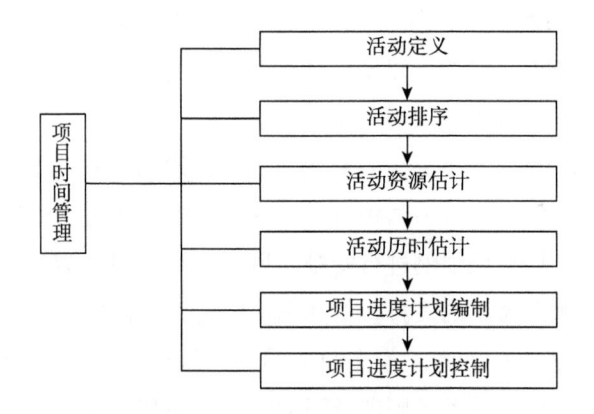

图11-6 项目时间管理的内容

进度限制也称为约束条件，即根据活动排序考虑如何定义活动之间的进度关系。一般有两种形式：一种是强制日期形式，以活动之间前后关系限制活动的进度，如一项活动不早于某活动的开始或不晚于某活动的结束；这也是业主所要求的某时间前必须完成的可交付成果（如汛期、献礼工程、政治任务）。另一种是关键事件或主要里程碑形式，以定义为里程碑的事件作为要求的时间进度的决定性因素，制订相应时间计划。里程碑任务即有明显标志的、可交付的成果，如围堰。还需要考虑假设前提，即资源条件或其他因素导致项目不能按期完成的可能性（供应商失信、设备损坏、能源不足），以准备好应急的方案。

进度控制主要是监督进度的执行状况，及时发现和纠正偏差、错误。在控制中要考虑影响项目进度变化的因素、项目进度变更对其他部分的影响因素、进度表变更时应采取的实际措施。

第三节　项目活动排序方法

一、网络图和工作关系

使用网络图之前，必须明确项目活动之间的逻辑关系，一般有三种活动依赖关系。

（1）强制性依赖关系。指活动性质中固有的依赖关系，常常是某些客观限制条件。例如，建设项目不可能在设计文件未获批准时就进行施工；渡河不可能在架桥之前进行。

（2）选择性依赖关系，也称为可灵活处理的关系，即可以根据具体情况安排的关系，分为两种情况：一种是按已知的"最好做法"来安排的关系，即按照惯例进行安排。另一种是为照顾活动的某些特殊性而对活动顺序做出的安排，例如奠基仪式、剪彩活动等。

（3）外部依赖关系。大多数依赖关系限于项目内部两个活动之间。然而，有些依赖关系则涉及同本项目之外其他项目的联系，甚至有时取决于整体的外部经济政治环境。例如，英吉利海底隧道工程就是一个非常典型的例子。

在英、法两国（英国多佛港与法国加来港）之间，穿过海峡建立固定通道的想法，可以追溯到19世纪初的拿破仑一世时代。现在的英法海底隧道工程，尽管在工程技术上取得了重大的成功，然而200年来对是否建造英吉利海峡隧道的决策始终不是取决于科技方面，而是取决于围绕这个计划的政治环境。

长期以来，英国方面反对建设海峡隧道的主要原因是考虑到军事上的风险，他们希望利用海峡作为抵御来自欧洲大陆军事入侵的天然屏障。20世纪70年代以来，建设英吉利海峡隧道的决策主要受到欧洲一体化进程的影响。1987年12月隧道工程得以破土动工，是由于当时英、法两国政府对欧洲一体化都持比较积极的态度。英国首相、保守党领袖撒切尔夫人，支持把1975年曾被工党政府下令停止的隧道工程重新提上议事日程。法国总统密特朗则把这项工程视为国家强大的象征。欧洲隧道得以竣工，两国首脑推动以及他们努力排除各种障碍，起了至关重要的作用。从欧盟有关国家政府的观点来看，还有两个因素与隧道建设有关：一是运输政策，即通过建设高速铁路网，以利于节约能源和保护环境，这将大大扩展海峡隧道的影响范围和增加它的长期效益。二是地区政策，英、法两国希望通过隧道带动海峡两岸地区的繁荣。实际上近20年来欧洲隧道项目的演变既是欧洲一体化进程的产物，又是它的一个推动力，两者相辅相成，几乎是平行发展的。

网络计划技术是指用于工程项目的计划与控制的一项管理技术，是20世纪50年代末在美国发展起来的，依其起源有关键路径法（CPM）与计划评审法（PERT）之分。1956年，美国杜邦公司在制定企业不同业务部门的系统规划时，制订了第一套网络计划。这种计划借助于网络表示各项工作与所需要的时间，以及各项工作的相互关系。通过网络分析研究工程费用与工期的相互关系，并找出在编制计划及计划执行过程中的关键路线。这种方法称为关键路线法（CPM）。1958年美国海军武器部，在制订研制"北极星"导弹计划时，同样地应用了网络分析方法与网络计划，但它注重于对各项工作安排的评价和审查，这种计划称计划评审法（PERT）。鉴于这两种方法的差别，CPM主要应用于以往在类似工程中已取得一定经验的承包工程，PERT更多地应用于研究与开发项目。

网络图是一种图解模型，形状如同网络，故称为网络图。网络图是由作业（箭线）、事件（又称节点）和路线三个因素组成的。网络图描述了一个项目或某个工作包中所有活动的逻辑关系。最重要的有两种逻辑关系：一种是紧前活动，即此活动结束后下一活动才能开始；另一种是平行活动，即可以同时开始或作业的活动。

网络图的绘制主要有两种类型：一种是单代号网络计划（Activity on Node，AON 网络），也称为节点式网络，活动在节点上，用方框表示。另一种是双代号网络计划（Activity on Arrow，AOA 网络），也称为箭线式网络，活动在箭线上，用箭头表示。本书以双代号网络图为例进行讲解：从作业（箭线）、事件（又称节点）和路线三个因素来看 AOA 网络图的组成。

首先，箭线（或工作）是指根据工作分解结构及活动定义，可以得到活动清单，即具体的工作或工序，用箭线来表示。箭线的方向表示工作的前进方向，一般在箭线上方标出工作名称，下方标出工作的历时估计。在网络图中，有时为了表示工作之间的逻辑关系，需要增加一些虚拟的工作，它不消耗时间和资源，称为虚工序，用虚箭线表示。

其次，从节点（事项）来看，工作的开始和结束标志称为节点或事项。如：

①—A/6天—②—B/3天—③

如节点 2 表示工作 A 的结束，也表示工作 B 的开始。每个网络图的第一个节点称为起始节点，表示项目的开始时刻；最后一个节点称为终止节点，表示项目的完成。

最后，线路是指从起始节点开始沿着箭线方向连续经过一系列箭线和节点，最后到达终止节点的通路称为线路。线路上所有工作历时的总和就是完成该线路上所有工作的计划工期，称为路长。路长最长的线路称为关键线路，其上面的工作称为关键工作。关键工作完成的快慢直接影响整个项目计划工期的实现。

工作关系是指项目中各工作之间的先后顺序关系。在网络图中，各种工作之间的关系非常复杂，以下是几种常见的工作关系及其表示方法。

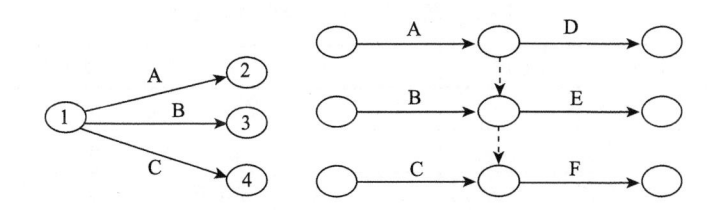

图 11-7 工作关系的表达示例 1

图 11-7 中，左图表示工作 A、B、C 平行进行；右图表示工作 A 完成后，工作 D 才能开始；工作 A、B 完成后，工作 E 才能开始；工作 A、B、C 完成后，工作 F 才能开始。

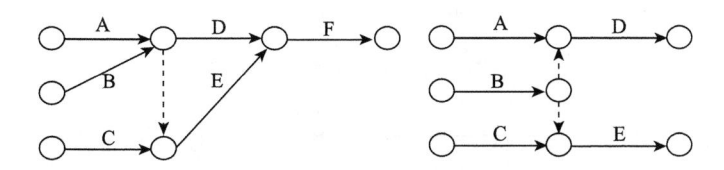

图 11-8 工作关系的表达示例 2

图 11-8 中，左图表示工作 A、B 完成后，工作 D 才能开始；工作 A、B、C 完成后，工作 E 才能开始；工作 D、E 完成后，工作 F 才能开始。右图表示工作 A、B 完成后，工作 D 才能开始；工作 B、C 完成后，工作 E 才能开始。

网络图的绘制需要注意三个方面：(1) 必须正确表达项目各工作之间的逻辑关系，不允许出现循环回路，即不许从某节点出发后沿箭线方向又回到该节点；在节点之间严禁出现带双向箭头或无箭头的连线；尽量避免箭线交叉。(2) 双代号网络中只能有一个起始节点和一个终止节点；两个节点之间不能有 2 个或 2 个以上的工作。所有节点必须编号，且箭头节点的编号应该大于箭尾节点的编号。(3) 正确使用虚工作，应去掉多余的虚工作。

例如，以某新产品投产前全部准备工作来说明。经过项目工作分解等工作，得到表 11-5、图 11-9。

表 11-5　新产品投产前全部准备工作

代码	工作名称	紧前工作	工时	代码	工作名称	紧前工作	工时
A	市场调查	—	4	G	制订生产计划	F	3
B	资金筹备	—	10	H	筹备设备	B, G	2
C	需求分析	A	3	I	筹备原材料	B, G	8
D	产品设计	A	6	J	安装设备	H	5
E	产品研制	D	8	K	调集人员	G	2
F	制订成本计划	C, E	2	L	准备开工生产	I, J, K	1

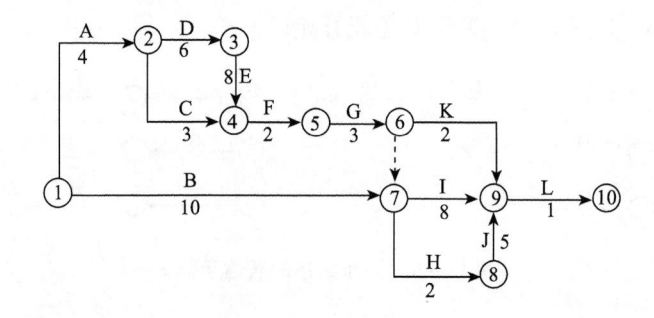

图 11-9　新产品投产项目的网络图绘制（注意：节点要记得编号）

二、项目活动的排序方法

时间进度单靠语言和文字表达不清楚，为了清楚、直观地表达项目各项活动或工序之间的时间先后和逻辑关系，20 世纪初，出现了甘特图（横道图），是由亨利·甘特（Hendry L. Grantt）于 1917 年提出来的，其优点是简明、直观、易于编制和沟通。然而，甘特图虽然可以清楚地表达项目活动的时间先后顺序，但不能表达各项活动或工序之间的逻辑关系。于是，20 世纪 50 年代有人创造了关键路线法（CPM）和计划评审技术（PERT）。为了更好地反映项目活动时间和相互关系的随机性质，60 年代和 70 年代又先后出现了图示评审技术（GERT）和风险评审技术（VERT）。CPM、PERT、GERT 和 VERT 统称为网络计划技术。PERT、GERT、VERT 都是基于概率模型，给出活动时间或项目涉及各种状态上的概率分布。

关键路径法（CPM）是时间管理中很实用的一种方法，其工作原理是：为每个最小任务单位计算工期、定义最早开始和结束日期、最迟开始和结束日期、按照活动的关系形成顺序的网络逻辑图，找出必须的最长的路径，即为关键路径。

网络时间的计算有四个指标。

最早开始时间（ES）：指某项活动能够开始的最早时间，它可以在项目的预计开始时间和所有紧前活动的工期估计基础上计算出来。最早结束时间（EL）：指某项活动能够完成的最早时间，它可以在这项活动最早开始时间的基础上加上这项活动的工期估计计算出来。最迟结束时间（LF）：指为了使项目在要求完工时间内完成，某项活动必须完成的最迟时间。它可以在项目的要求完工时间和各项活动工期估计的基础上计算出来。最迟开始时间（LS）：指为了使项目在要求完工时间内完成，某项活动必须开始的最迟时间。可以用这项活动的最迟时间减去它的工期估计计算出来。

关键路线法（CPM）。关键路线：每一网络路线都有自己的完成时间，等于该路线上各活动持续时间的总和。总和最大的路线称为关键路线。关键路线上的活动叫作关键活动或关键工序。关键路线法：根据指定的活动逻辑关系和持续时间估计，计算活动的最早和最迟开始和结束日期，中心是计算时差，时差为 0 的路线灵活性最小，是关键路线。

关键路线举例：每项任务所花费时间总和最大的路线称为关键路线。

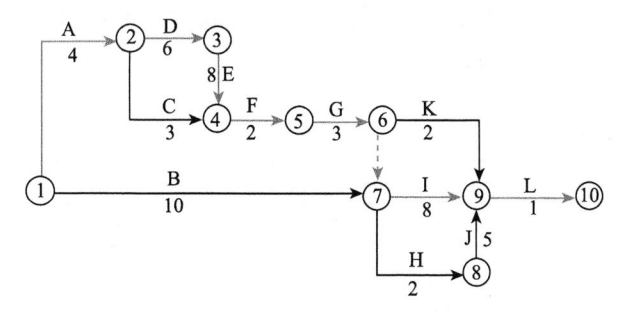

图 11 - 10 关键路线法举例

图 11 - 10 中，关键路线是 A - D - E - F - G - I - L，总共需要的

时间是32工时。

计划评审技术（Plan Evaluation and Review Technique，PERT）：计划评审技术认为项目持续时间以及整个项目完成时间长短是随机变量，服从某种概率分布。PERT利用活动逻辑关系和项目持续时间的加权估计，即项目持续时间的数学期望计算项目时间。PERT可以估计整个项目在某个时间内完成的可能性的大小，即概率。PERT将每个活动的工期估计三种可能的时间：（1）最乐观的时间（Optimistic Time）：最顺利的情况；（2）最可能的时间（Most Likely Time）：最可能的情况；（3）最悲观的时间（Pessimistic Time）：最糟糕的情况。

平均作业时间：$T_e = \dfrac{T_o + 4T_m + T_p}{6}$

计算方差：

（1）$(Tp - To)^2/36$。

（2）计算标准差：$(Tp - To)/6$。

（3）计算项目在某时间内完工的可能性。

$P(t \leq X_0) = P(Z < X_0 - T_E/$标准差$)$，$Z$：标准正态分布值（可查表）。

CPM和PERT的区别是：CPM假设项目完成的时间是确定的，不存在其他可能，它侧重于活动。PERT可以估计整个项目在某个时间内完成的可能性，它侧重于事件。

例题1：某工序由A、B、C三个活动组成，其逻辑关系和各活动的三种时间估计（周数）如下图（表），试计算该项目在12周、18周和24周完工的概率。

○ →A→ ○ →B→ ○ →C→ ○

	T_O	T_M	T_P	T_E	方差	标准差
A	5	6	9	6.333	0.444	
B	3	4	6	4.167	0.25	
C	8	10	14	10.33	1	
总计	16	20	29	20.83	1.694	1.302

P（t≤12） = P（Z <（12 − 20.833）/1.302） = P（Z < − 6.784） = 0

P（t≤18） = P（Z <（18 − 20.833）/1.302） = P（Z < − 2.176） = 1.5%

P（t≤24） = P（Z <（24 − 20.833）/1.302） = P（Z < 2.432） = 99.25%

例题 2：某项目网络图及各活动的三种时间估计如下，求：

（1）完工概率等于 95.5% 的总工期。（2）计算总工期为 18 天的完工概率。

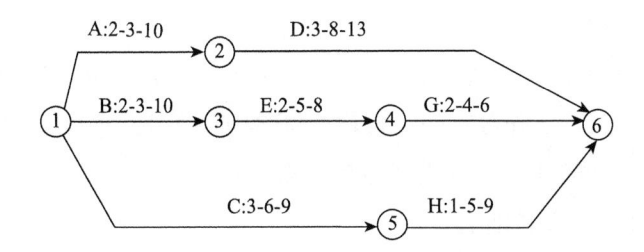

活动	结点编号		T_o	T_m	T_p	T_E	关键路线 T_E	关键路线方差	关键路线标准差
A	1	2	2	3	10	4			
B	1	3	2	3	10	4*	4	1.778	
C	1	5	3	6	9	6			
D	2	6	3	8	13	8			
E	3	4	2	5	8	5*	5	1	
F	4	5	2	6	10	6*	6	1.778	
G	4	6	2	4	6	4		1.778	
H	5	6	1	5	9	5*	5		
总计			17	40	75		20	6.334	2.517

计算结果：

（1）当 P = 95.5% 时，查表得 Z = 1.7，即 1.7 = （X_0 − 20）/ 2.517 则：X_0 = 24（天）。

（2）P（t≤18） = P（Z <（18 − 20）/2.517） = 21.2%。

核心概念或理论

1. 项目范围管理

项目范围管理是指为达到项目目标，对项目的工作内容及范围保持控制所需要的一系列工作和过程。项目范围的定义应以其组成的所有产品或服务的范围定义为基础，这也是一个由一般到具体、层层深入的过程。

2. 项目范围规划

项目范围规划就是确定项目范围并编制项目范围说明书的过程。范围说明书明确了项目的目标和主要可交付的成果。

3. 工作分解结构

项目的工作分解结构主要是将整个项目分解成为便于管理的具体活动（工作）。工作分解的工具是 WBS 原理，它是一个分级的树形结构，是一个对项目工作由粗到细的分解过程。

4. 活动定义和排序

活动定义，就是明确为完成项目可交付成果所必须进行的各项具体活动。活动，也是项目工作分解结构最底层的工作块。项目活动的排序，活动之间的逻辑关系有三种：（1）强制性依赖关系；（2）可灵活处理的关系；（3）外部依赖关系。

5. 关键路线

每一网络路线都有自己的完成时间，等于该路线上各活动持续时间的总和。总和最大的路线称为关键路线。关键路线上的活动叫作关键活动或关键工序。非最大者称为非关键路线。

6. 计划评审技术

计划评审技术认为项目持续时间以及整个项目完成时间长短是随机变量，服从某种概率分布。PERT 利用活动逻辑关系和项目持续时间的加权估计，即项目持续时间的数学期望计算项目时间。PERT 可以估计整个项目在某个时间内完成的可能性的大小，即概率。

练习

一、单项选择题

1. 上周你在某海滩度假。今天你正在检查你将要承担的项目的范围变更请求，因为前任项目经理辞职离开。未判断项目范围将有多大程度的变更，你需要将变更请求与以下哪个项目文件进行比较（　　）。

A	项目范围说明书
B	工作分解结构
C	项目章程
D	项目范围管理计划

2. 下面哪种文件是项目小组与业主之间确定项目目标和项目的主要交付成果而达成协议的基础（　　）。

A	项目计划书
B	项目合同
C	技术开发协议
D	项目范围说明书

3. 你已经被任命为一项新项目的项目经理，必须准备项目范围说明书。为帮助制定项目的框架，你决定制定工作分解结构以描述工作的规模和复杂程度。没有现成的工作分解结构模板可利用，为了准备工作分解结构，你首先必须（　　）。

A	估计每个项目可交付成果的成本和使用寿命
B	确定项目的主要可交付成果
C	确定项目的每个可交付成果的组成成分
D	明确主要任务

4. 项目范围界定时经常使用的工具是（　　）。

A	工作分解结构
B	需求分析
C	可行性研究
D	网络图

5. 范围说明书形成了项目经理与项目客户之间的协议基础，这是因为它确定了（　　）。

A	项目经理和项目团队
B	实施项目的利益
C	项目目标和可交付成果
D	详细的产品说明

6. 确定那些为生成项目产出物及其各个组成部分而必须完成的任务或必须开展的活动的一项项目时间管理的特定工作属于下面哪项过程（　　）。

A	活动排序
B	活动定义
C	资源需求估算
D	工期估算

7. 项目活动定义的输出结果不包括（　　）。

A	项目活动清单
B	细节说明
C	WBS 结构的修改
D	范围说明书

8. 在对项目活动的进一步细化分解的基础上所生成的，是项目所要开展的各项具体活动的说明文件，是项目活动定义所给出的最主要的输出信息和文件的是指（　　）。

A	活动清单
B	资源日历
C	工作分解结构
D	进度计划

9. 编制项目进度计划的方法不包括（   ）。

A	关键路径法
B	关键链法
C	甘特图法
D	箭线图法

10. 通过项目节点网络图给出项目活动顺序安排的方法是（   ）。

A	前导图法
B	箭线图法
C	条件图法
D	网络图模板法

二、判断题

根据你学过的知识判断下面的题目，正确的在（ ）打"√"，错误的在（ ）打"×"。

1. 项目范围就是为了交付特定的产品或服务必须进行的活动。（ ）

2. 项目的范围需项目团队成员知道就行了，不必通知业主。（ ）

3. 界定项目范围的工具是工作分解结构（WBS）。（ ）

4. 项目执行时只要出现偏差就要采取纠正措施。（ ）

5. 项目只能在进行了一系列正规的可行性研究之后做出起始决策后才可以启动。（ ）

6. 详细的项目范围说明书是项目范围界定的工作结果。（ ）

7. 项目的章程是由项目经理签发的。（ ）

8. 项目变更控制委员会的作用是阻止项目范围的变更。（ ）

9. 项目的进度计划表明了项目各项活动的先后顺序以及项目活动的历时。（ ）

10. 关键路径就是完成项目时间最短的路径。（ ）

三、应用题

1. 假设经过几年的接触之后，你和你的恋人最终决定结婚。你的伴侣希望有一个非常隆重的婚礼,你意识到有许多计划和工作需要做。作为一个完美主义者,你想确保一切尽可能顺利进行。列出你的假设,并基于此做一个工作分解结构图。

2. 如何控制项目进度?

中源公司是一家专门从事系统集成和应用软件开发的公司,公司目前有员工50多人,公司有销售部、软件开发部、系统网络部等业务部门,其中销售部主要负责进行公司服务和产品的销售工作,他们会将公司现有的产品推销给客户,同时也会根据客户的具体需要,承接应用软件的研发项目,然后将此项目移交给软件开发部,进行软件的研发工作。软件开发部共有开发人员18人,主要是进行软件产品的研发及客户应用软件的开发。

经过近半年的跟踪,今年元旦,销售部门与某银行签订了一个银行前置机软件系统的项目,合同规定,5月1日之前系统必须完成,并且进行试运行。在合同签订后,销售部门将此合同移交给了软件开发部进行项目实施。

王伟被指定为这个项目的项目经理。王伟做过5年金融系统应用软件研发工作,有丰富的经验,可以做系统分析员,但作为项目经理还是第一次。项目组还有另外4名成员,1个系统分析员(含项目经理),2个有1年工作经验的程序员,1个技术专家(不太熟悉业务)。项目组的成员均全程参加项目。

在被指定负责这个项目后,王伟制订了项目的进度计划,简单描述如下:

★1月10日~2月1日,需求分析。

★2月1日~2月25日,系统设计(概要设计和详细设计)。

★2月26日~4月1日,编码。

★4月2日~4月30日,系统测试。

★5月1日,试运行。

但2月17日王伟在检查工作时发现详细设计刚刚开始,2月25日肯定完不成系统设计,王伟应该如何做?他在管理中有问题吗?请同学们以小组为单位进行讨论,并形成小组意见。

第十二章　项目成本管理

开篇案例：奥运会的花费

　　2016年8月5日，巴西里约热内卢奥运会开幕式在马拉卡纳体育场举行。2009年的哥本哈根申奥现场，巴西申奥成功，将奥林匹克运动会第一次带到了南美洲。当时，巴西经济持续高增长，GDP位列世界第8。然而，2016年6月17日，里约热内卢州宣布进入"紧急财政状态"，政府决定对支出进行调整，紧急削减预算，暂停工程招投标、推迟公务员工资发放。另外，受寨卡病毒、巴西经济危机及暴力事件频发等影响，许多人打消奥运现场观赛的念头。而自里约政府宣布进入财政紧急状态以来，至少5万张门票持有人要求退票。奥运赞助商常会邀请企业客户到现场观赛和游玩，相关消费有助于带动主办国经济。但不少企业客户因担心寨卡病毒及治安问题，已婉拒出席本届奥运。

　　《福布斯杂志》发文表示，里约热内卢或许不是第一个因办奥运而濒临破产的主办城市。2004年的雅典奥运希腊为此投入了30亿美元，背负债务累计总额达GDP的112%，平均每个家庭要背负5万欧元债务，加上遇到金融危机，最终令整个国家走到破产边缘。1976年的蒙特利尔奥运让该市背负了高达10亿加元的债务，直到2006年，蒙特利尔用了整整30年，才偿还完其奥运债务。这两届奥运会被视为"金融灾难"，因此，里约奥运会同样面临着巨大压力。

　　虽然短期内给主办城市经济带来一定的负担，但经济学家们经过模型推算后表示，举办奥运会、冬奥会、世界杯这样的"巨型赛事"可以刺激国家的出口，并且有足够的统计数据可以支持这一推断。奥运会的盈亏计算包括直接收益和间接收益，直接收益主要在于门票、广告、转播、旅游等收入，而长期收益则是需要一个漫长周期才能实现成本回收的。

虽然耗资巨大，但2004年的雅典奥运会被经济学家们认为是成功的。雅典奥组委（ATHOC）提供的数据称，主办雅典奥运会总收入为20.9亿欧元。但奥运会带给雅典的远不止这些。奥运会过后，希腊的游客数量持续增长，到2006年，只有1100万人口的希腊接待了创纪录的1570万旅游者。希腊中央银行统计，2005年，希腊旅游业带来的经济收入高达110亿欧元，占国内生产总值的6.1%。希腊从旅游业获得的纯收入在欧洲国家排名第4。❶

第一节 项目成本管理的内容

项目费用是指项目形成全过程所耗用的各种费用的总和，包括立项费用、可研费用、运行费用等。因此，项目成本管理或项目费用管理，广义上，指的是项目的生命期费用管理或全寿命费用管理。项目费用中，运行费用一般占总费用的90%以上，因此，在这种意义上，本章所学习的项目费用管理是指项目运行费用的管理，即为了在已经批准的预算范围内完成项目所需要的步骤和过程。

项目成本管理是指为保证完成项目的总经费（成本）不超过计划的预算额所需要的一系列工作和过程。项目成本管理包括资源规划、成本估算、成本预算和成本控制四个部分。

项目成本管理的步骤如下：

1. 资源计划

资源并不是具有无限能力且可以随时能够得到的，因为受项目成本、技术水平、时间等因素的影响，几乎所有项目都要受到资源的限制。资源包括硬件和软件：硬件是指项目中完成任务的人员、设备、物资；软件包括项目所需的各种技术、信息。如图12-1所示。

---

❶ 资料来源：里约奥运会拖垮巴西经济？陷入百年一遇危机［EB/OL］. 北京商报, 21世纪经济报道, 第一财经日报（http://www.sohu.com/a/108841735_114954），2016-08-03.

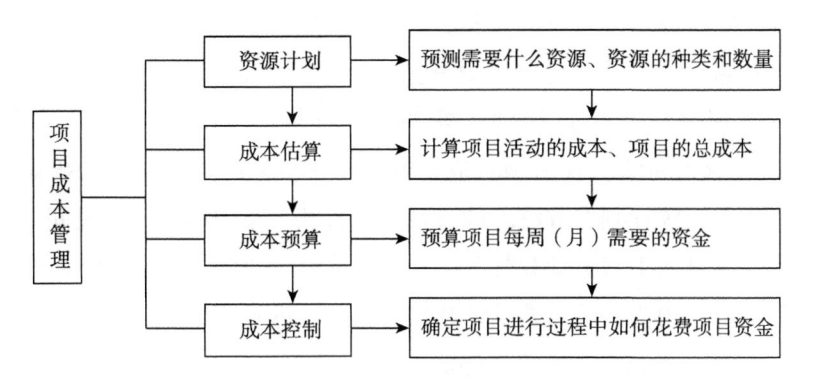

图 12－1　项目成本管理的内容

资源规划是确定为完成项目各活动需要什么资源（人、设备、材料）和这些资源的数量。项目资源计划是指通过分析和识别项目的资源需求，确定出项目需要投入的资源种类（包括人力、设备、材料、资金等）、项目资源投入的数量和项目资源投入的时间，从而制订出项目资源供应计划的项目成本管理活动。资源规划要回答项目各项活动何时需要投入哪种资源以及多少资源这两个问题。资源规划是成本估算的基础和前提。

资源规划的一般过程是：首先，工作分解结构列出项目的各个最具体或最基本的活动，因此是资源规划的基本依据。其次，项目进度计划列出了各个活动的先后次序和逻辑关系，资源规划必须以其作为根据来适时地、有计划地安排资源。最后，历史信息是指过去类似项目的资源情况对本项目有很大的借鉴作用。综合这三个方面的信息，可以得到一个关于本项目资源的数据库。通过后面要介绍的一些方法，可以把资源库进一步整理成资源文件，在该文件中，明确说明工作分解结构中每个活动需要什么类型的资源及其数量，如图 12－2 所示。

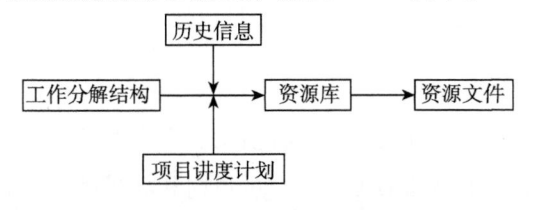

图 12－2　项目资源计划编制的依据

项目资源计划编制的依据：（1）项目工作分解结构；（2）历史项目信息；（3）项目范围说明书；（4）项目资源描述；（5）项目组织的管理政策；（6）活动工期估算。具体的编制方法可以采用：（1）专家判断法，即由项目成本管理专家根据经验和判断去确定和编制项目资源计划的方法。（2）统一定额法，指使用国家或民间统一的标准定额和工程量计算规则去制订项目资源计划的方法。（3）资料统计法，使用历史项目的统计数据资料，计算和确定项目资源计划的方法。（4）项目管理软件法等。

项目资源数据表是主要表现项目资源在整个项目不同阶段的使用和安排情况的一种项目资源计划工具，如表12-1、表12-2所示。

表12-1 项目资源数据表1

工作	资源需要					相关说明
	资源1	资源2	…	资源n-1	资源n	
工作1						
工作2						
…						
工作m-1						
工作m						

表12-2 项目资源数据表2

资源需求种类	资源需求总量	时间安排（不同时间资源需求量）					相关说明
		1	2	3	…	T-1	T	
资源1								
资源2								
…								
资源n-1								
资源n								

2. 成本估算

成本估算就是估算投入项目各活动所有资源的成本，并编制成本估算书。根据成本估算书可以进行项目内和项目间的比较。成本估算涉及确定完成项目活动所需资源的成本的近似（估算）值，成本估算通常用货币单位表示，也可用工时等其他单位表示。例如，人员工资/小时，某材料消耗/小时等。当项目需要签订合同时，应当区别成本估算和定价的不同。成本估算是为了提供产品或服务，项目实施组织需要付出的费用。而定价是指对于这种产品或服务，项目实施组织应当收取多少费用。价格制定一方面是以产品的成本费用为基础的，另一方面又受到市场供求变化及其他环境因素的影响，还与项目定价的目标有关。

图 12-3 中，资源消耗率就是每小时人工费，每立方米大宗材料费用等，它是计算项目费用的基础。如果存在学习曲线，还要考虑随着时间推移，平均成本下降带来的影响。学习曲线是指在重复劳动或生产时，员工可以积累起来产品生产、设计、管理等方面的经验，从而提高劳动生产率，降低成本。

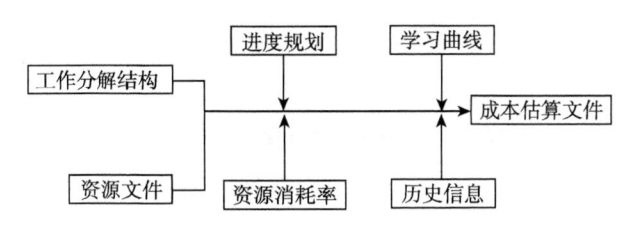

图 12-3　成本估算的主要过程

费用估算的结果就是费用估算文件。成本估算常用方法与技术有很多。例如，经验估算法，因素估算法（以过去为根据，并利用数学知识来预测未来）、由上到下估算（上、中层管理人员估计整个项目的费用和各个分项目的费用，将此结果传送给下一层的管理人员），自下而上法，WBS 全面详细估算，类比估算（例如，以 1990 年购买的一台设备的费用作为基础，来估算一台 2000 年的新设备的费用），参数模型估计（根据项目特点，计算项目总费用的数学模型。例如，建设 1 公里高速公路，需要投资 1000 万元，就是一个简单的参数模型），计算机化方法等。

3. 成本预算

成本预算主要指将全部估算成本分配给各个项目工作包，建立成本基线，来度量和控制项目的执行。成本预算以正式的文件形式下达，从严格意义上说，只有项目预算做完了，项目各个活动的资金到位了，才是真正的项目开始。成本预算具有约束性，更是一种控制机制，预算计划可以作为一种比较标准使用。

成本基准是按时间分段的成本计划，可用来测量和监督项目成本的实际发生情况。按时段把估算的成本加起来即可求得成本基准。成本基准一般以 S 曲线表示，用于测量和监控项目成本执行情况，如图 12-4 所示。

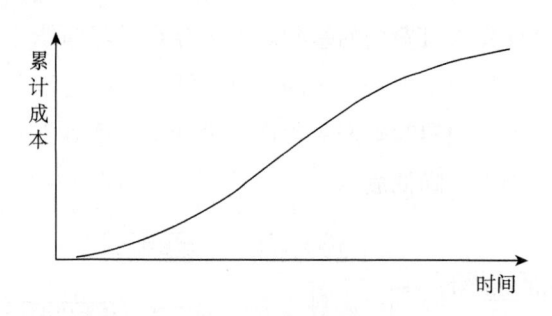

图 12-4　项目成本累计曲线（成本基线）

4. 成本控制

成本控制就是监视和测量项目的实际情况，若发现实施过程偏离了计划，就要找出原因，采取行动，使项目按计划执行。当然，费用预算可能在付诸实施后，才会发现无法实现，遇到这种情况，就必须对项目费用预算进行修改，或重新预算。

成本控制过程包括：（1）监控成本实施情况，查明与预算的偏差。（2）确保所有适宜的更改已经在成本基线中准确地记录下来。（3）把已批准的更改通知相关的部门（更改申请）。（4）进行控制。项目成本管理的一个主要目的就是项目成本的控制，将项目的运行成本控制在预算范围或可接受的范围内，是项目成功完成的一个重要指标。成本控制的关键是及时分析成本绩效的方法，并以此尽早地发现成本的差异和无效率，以便在失控之前能及时采取纠正措施。

第二节 成本控制的方法和技术

挣得值分析法（Earned value）是在工程项目实施中使用较多的一种方法，是对项目进度和费用进行综合控制的一种有效方法，也叫挣值法。1967年，美国国防部开发了挣值法并成功地将其应用于国防工程中，并逐步获得广泛应用。挣值法也被称为成本/进度控制系统准则（Cost/Schedule Control Systems Criteria，C/SCSC 或 CS）。

挣值法的价值在于将项目的进度和费用综合度量，从而准确描述项目的进展状态。挣值法的另一个重要优点是可以预测项目可能发生的工期滞后量和费用超支量，从而及时采取纠正措施，为项目管理和控制提供了有效手段。该方法用以下三种指标来控制衡量成本使用：

（1）已安排工作的预算成本 BCWS（Budgeted Cost of Work Scheduled），即根据批准认可的进度计划和预算到某一时点应当完成的工作所需投入资金的累计值。我国习惯称作"计划投资额"。

（2）已完成工作的预算成本 BCWP（Budgeted Cost of Work Performed），即根据批准认可的预算，到某一时点已经完成的工作所需投入资金的累计值。我国习惯称作"实现投资额"。

（3）完成工作实际成本 ACWP（Actual Cost of Work Performed），即到某一时点已完成的工作所实际花费的总金额。我国习惯称作"消耗投资额"。

以此为基础，挣值法的重要指标有：

成本偏差 CV（Cost Variance）= BCWP – ACWP；当 CV 为负值时，即表示超支，实际成本超过预算成本，若在几个不同的检查点上都出现此问题，则说明项目执行效果不好；当 CV 为正值时，表示节支，实际成本没有超过预算成本，项目执行效果良好。

成本绩效指数 CPI（Cost Performance Index）：CPI 是指预算成本与实际成本值的比值，即 CPI = BCWP/ACWP，当 CPI > 1 时，表示节支，即实际成本低于预算成本；当 CPI < 1 时，表示超支，即实际成本高于预算成本。

进度偏差 SV（Schedule Variance）= BCWP – BCWS；当 SV 为负值时，表示进度延误；当 SV 为正值时，表示进度提前。

进度绩效指标 SPI（Schedule Performed Index）：SPI 是指项目挣得值与计划值的比值，即 SPI = BCWP/BCWS，SPI > 1，表示进度提前，实际进度比计划进度快；SPI < 1，表示进度延误，实际进度比计划进度拖后。

成本预测 – 完成情况估计 EAC（Estimate At Completion），是指按照项目完成情况估计在目前状态下完成项目所需要的成本。最简单的情况就是按照实际支出的情况来预测项目后期的花费。计算公式为：EAC = 实际支出 + 按目前情况对剩余预算所做的修改。

例题 1：某土方工程总挖方量为 1 万立方米。预算单价为 45 元/立方米。该挖方工程预算总成本为 45 万元。计划用 25 天完成，每天 400 立方米。开工后第七天早晨刚上班时，业主项目管理人员前去测量，取得了两个数据：已完成挖方 2000 立方米，支付给承包单位的工程进度款累计已达 12 万元。用挣值法计算并分析。

解：已完成工作的预算费用：BCWP = 45 × 2000 = 9（万元）

已安排工作的预算费用：BCWS = 400 × 6 × 45 = 10.8（万元）

实际发生费用：ACWP = 12（万元）

成本偏差 CV = BCWP – ACWP = –3（万元）；成本绩效指数 CPI = BCWP/ACWP = 0.75

进度偏差 SV = BCWP – BCWS = –1.8（万元）；进度绩效指数 SPI = BCWP/BCWS = 0.83

因此，承包商进度已经拖延 1.8/45 = 400 立方米，正好落后 1 天；项目费用已经超支。

例题 2：某项目共有 6 项任务，在第 20 周结束检查，发现完成情况如下：

序号	计划完成情况	实际完成情况	成本预算（万元）	ACWP	BCWP	BCWS	EAC
1	100%	100%	25	22			

序号	计划完成情况	实际完成情况	成本预算（万元）	ACWP	BCWP	BCWS	EAC
2	100%	80%	45	40			
3	1/3	20%	30	6			
4	0	10%	80	7			
5	0	0	75	0			
6	0	0	170	0			

解答：以任务 2 为例：BCWP = 45 × 80% = 36；BCWS = 45 × 100% = 45；EAC = 40/80% = 50，项目总计：BCWP = 75，BCWS = 80，ACWP = 75，CV = 0，SV = −5，项目成本正好等于预算；但进度已经延误，如下表所示。

序号	计划完成情况	实际完成情况	成本预算（万元）	ACWP	BCWP	BCWS	EAC
1	100%	100%	25	22	25	25	22
2	100%	80%	45	40	36	45	50
3	1/3	20%	30	6	6	10	30
4	0	10%	80	7	8	0	70
5	0	0	75	0	0	0	75
6	0	0	170	0	0	0	170
总计				75	75	80	417

例题 3：一个高科技企业实施一个研发项目，原来的计划是总成本 200 万美元，10 个月完成，每个月正好支出 20 万美元。在 5 个月后，获得以下数据：头 5 个月的实际成本是 130 万美元；计划中预算成本是头 5 个月 100 万美元；如果 5 个月干了 6 个月的活，那么该项目的情况如何？如果 5 个月干了 4 个月的活，那么该项目的情况又是怎样？

解：BCWS = 100；ACWP = 130；如果 5 个月干了 6 个月的活，而这 6 个月工作的预算成本是 120 万美元，即 BCWP = 120，那么 SV =

BCWP − BCWS = 20，CV = BCWP − ACWP = −10。这意味着该项目进度计划加快，有 20 万美元预算工作提前实现，实际成本则超支，比预算多花了 10 万美元。如果 5 个月干了 4 个月的活，BCWP = 80，那么 SV = −20，进度落后，CV = −50，成本还超支了 50 万美元。

第三节　费用审计

项目费用审计就是派遣有胜任能力的独立人员确定项目管理中有关费用使用情况与既定标准的符合程度，并向项目利害人提交相应的审计报告。既定标准涉及费用使用的合法性、合理性和有效性等。费用审计是项目审计的重要组成部分，是项目费用管理的一种辅助手段，贯穿于项目的全过程。

项目审计（project audit）是指审计机构依据国家的法令和财务制度、企业的经营方针、管理标准和规章制度，对项目的活动用科学的方法和程序进行审核检查，判断其是否合法、合理和有效的一种活动。项目审计是对项目管理工作的全面检查，包括项目的文件记录、管理的方法和程序、财产情况、预算和费用支出情况以及项目工作的完成情况。项目审计既可以对拟建、在建或竣工的项目进行审计，也可以对项目的整体进行审计，还可以对项目的部分进行审计。

项目审计的职能包括：（1）经济监督是指对项目的全部或部分建设活动进行监察和督促。具体地说，就是把项目的实施情况与其目标、计划和规章制度、各种标准以及法律法令等进行对比，把那些不合法规的经济活动找出来。（2）经济评价是指通过审计和检查，评定项目的重大决策是否正确，项目计划是否科学、完备和可行，实施状况是否满足工程进度、工期和质量目标的要求，资源利用是否优化，以及控制系统是否健全、有效，机构运行是否合理等。（3）经济鉴定是指通过审查项目实施和管理的实际情况，确定相关资料是否符合实际，并在认真鉴定的基础上做出书面的证明。

项目审计主要遵循以下程序：（1）审计启动工作。明确审计目的、确定审计范围；建立审计小组；了解项目概况，熟悉项目有关资料；制订项目的审计计划。(2) 建立项目审计基准。(3) 实施项目审计。针对确定的审计范围实施审查，从中发现常规性的错误和弊端；协同项目管理人员纠正错误和弊端。(4) 报告审计结果并对项目各方面提出改进建议。(5) 项目审计终结。

第四节 项目融资

从广义上讲，项目融资（Project Financing）是指一切针对项目的资金筹措形式。从狭义上讲项目融资是指与传统的公司融资相比较，借款人原则上将项目本身拥有的资金及其收益作为还款资金来源，而且将其项目资产作为抵押条件来处理，该项目主体的一般性信用能力通常不作为重要贷款因素来考虑。

项目融资具有三个鲜明的特点：

1. 项目导向

项目融资主要是依赖于项目的收益和资产而不是依赖于项目的投资者或发起人的资信来安排融资，这是项目融资的最大特点。贷款方在项目融资中把注意力主要放在项目贷款期间能够产生多少净现金流量用于还款上。

2. 有限追索

追索是指借款人未能按期偿还债务时，贷款人要求借款人以抵押资产之外的资产偿还债务的权利。作为有限追索的项目融资，贷款人可以在贷款的某个阶段或者在一人规定的范围内对项目借贷人进行追索。除此之外，项目出现任何问题，借贷人均不能追索到借款人除了项目以外的任何形式的资产。

3. 风险分担

项目融资的有限追索性导致与项目有关的各种风险以多种形式在项目相关人之间进行分担。项目不同的利益相关人对风险的承受能力一般来说有很大的差别，应该承受多大的风险，取决于项目利益相关人的风险承受能力以及其对项目的预期回报。

项目融资的方式有很多，下面将较为常见的模式总结如下：

1. 项目投资者直接融资

由项目投资者直接安排项目的融资，并且直接承担融资中相应的责任和义务。优点是有利于与投资者资金结构方面的安排和获得相对较低的融资成本；缺点是实现有限追索相对复杂并且项目贷款很难安排成非公司负债型的融资。

2. 投资者通过项目公司安排项目融资

一般是由投资者共同投资组建一个项目公司，再以该公司的名义拥有、经营项目和安排融资。采用这种模式，主要的信用保证来自项目公司的现金流量、项目资产以及项目投资者所提供的与融资者有关的担保和商业协议。

3. 融资租赁

融资租赁是一种承租人可以获得固定资产使用权而不必在使用初期支付其全部资本开支的一种融资手段。融资租赁的一般过程是：租赁公司以自己的信用向贷款人取得贷款，购买厂房或设备，然后租赁给项目公司。项目公司在项目运营期间，以运营收入向租赁公司支付租金，租赁公司以其收到的租金通过担保信托向贷款人偿本付息。

4. BOT 投资方式

BOT 是指 Build-Operate-Transfer，即建造—运营—转让。典型的BOT形式，是政府同私营部门（在我国是外商投资）的项目公司签订合同，由项目公司筹资和建设基础设施项目。项目公司在协议期内拥有、运营和维护这项设施，并通过收取使用费和服务费用，回收投资并取得合理的利润。协议期满后，这项设施的所有权无偿移交给政府。BOT方式主要用于发展收费公路、发电厂、铁路、废水处理设施和城市地铁等基本设施项目。BOT的特点是借助私人投资建设应由政府开发建设的基础设施项目，很灵活，是一种非常有效的利用社会资本的手段。例如广西壮族自治区来宾电厂、湖南省长沙电厂、上海市和成都市水厂等项目就采用这种方式。

5. 众筹

众筹是指用团购+预购的形式，向公众募集项目资金的模式。相对于传统的融资方式，众筹更为开放，能否获得资金也不再是由项目的商业价值作为参考标准。只要是公众喜欢的项目，都可以通过众筹方式获得项目启动的第一笔资金，为更多小本经营或创作的人提供了无限的可能。众筹具有低门槛、多样性、依靠大众力量、注重创意等特征。一般来说，众筹主要由三个方面的主体构成：（1）发起人：有创造能力但缺乏资金的人；（2）支持者：对筹资者的故事和回报感兴趣的，有能力支持的人；（3）平台：连接发起人和支持者的互联网终端。

众筹最初是艰难奋斗的艺术家们为创作筹措资金的一个手段，现已演变成初创企业和个人为自己的项目争取资金的一个渠道。众筹网站使任何有创意的人都能够向几乎完全陌生的人筹集资金，消除了从传统投资者和机构融资的许多障碍。众筹的兴起源于美国网站 kickstarter，该网站通过搭建网络平台面对公众筹资，让有创造力的人可能获得他们所需要的资金，以便使他们的梦想有可能实现。这种模式的兴起打破了传统的融资模式，每一位普通人都可以通过该种众筹模式获得从事某项创作或活动的资金，使得融资的来源不再局限于风投等机构，而可以来源于大众。众筹在欧美逐渐成熟，并推广至亚洲、中南美洲、非洲等地区。

一般而言，传统的风投项目都来自关系网推荐，或各种网站提交的资料，而众筹平台则为风投公司带来了更多的项目，也拥有更高效的机制对项目进行审核，能更快地与企业家进行沟通，令投资决策过程更加合理。众筹平台也能让尽职审查过程变得更快。众筹平台会要求公司提供一些必要的数据，供投资者参考，帮助做出决策。标准化的项目呈现和商业计划节省了风投的时间，他们不必亲自搜索特定的信息，而这些信息往往会因格式不同，而难以查找。众筹平台能帮助企业家了解如何准备及呈现自己的项目，从而吸引更多的投资人。

核心概念或理论

1. 项目成本管理

项目成本管理是指为保证完成项目的总经费（成本）不超过计划

的预算额所需要的一系列工作和过程。项目成本管理包括资源规划、成本估算、成本预算和成本控制四个部分。

2. 资源规划

资源：硬件上就是项目中完成任务的人员、设备、物资，软件上应包括项目所需的各种技术、信息。资源并不是具有无限能力且随时能够得到的，因为受项目成本、技术水平、时间等因素的影响，几乎所有项目都要受到资源的限制。

资源规划是确定为完成项目各活动需要什么资源（人、设备、材料）和这些资源的数量。资源规划是成本估算的基础和前提。

3. 成本估算

成本估算就是估算投入项目各活动所有资源的成本和成本，并编制成本估算书。根据成本估算书可以进行项目内和项目间的比较。

成本估算涉及确定完成项目活动所需资源的成本的近似（估算）值，成本估算通常用货币单位表示，也可用工时等其他单位表示。

4. 成本预算

成本预算主要指将全部估算成本分配给各个项目工作包，建立成本基线，来度量和控制项目的执行。

成本基准是按时间分段的成本计划，可用来测量和监督项目成本的实际发生情况。按时段把估算的成本加起来即可求得成本基准。成本基线就是一般以 S 曲线直观地表示成本基准，主要用于测量和监控项目成本执行情况。

5. 成本控制

项目成本管理的一个主要目的就是项目成本的控制，将项目的运行成本控制在预算范围或可接受的范围内，是项目成功完成的一个重要的指标。成本控制的关键是有可以及时分析成本绩效的方法，并以此尽早地发现成本的差异和无效率，以便在失控之前能及时采取纠正措施。

6. 挣值法

项目成本控制的主要工具和方法是挣值法。挣值法（Earned value）是最常用的技术，该方法用三种指标来控制衡量成本使用。1967 年，美国国防部制定成本/进度控制系统的准则（Cost/Schedule Control Systems Criteria，C/SCSC 或 CS）时，正式采用了这种方法。

挣值法的三个基本值是：（1）已安排工作的预算成本 BCWS，即根据批准认可的进度计划和预算到某一时点应当完成的工作所需投入资金的累计值。我国习惯称作"计划投资额"。（2）已完成工作的预算成本 BCWP，即根据批准认可的预算，到某一时点已经完成的工作所需投入资金的累计值。我国习惯称作"实现投资额"。（3）完成工作实际成本 ACWP，即到某一时点已完成的工作所实际花费的总金额。我国习惯称作"消耗投资额"。

7. 项目费用审计

项目费用审计就是派遣有胜任能力的独立人员确定项目管理中有关费用使用情况与既定标准的符合程度，并向项目利害人提交相应的审计报告。既定标准涉及费用使用的合法性、合理性和有效性等。费用审计是项目审计的重要组成部分，是项目费用管理的一种辅助手段，贯穿于项目的全过程中。

8. 项目融资

项目融资广义上讲是指一切针对项目的资金筹措形式。狭义上是指与传统的公司融资相比较，借款人原则上将项目本身拥有的资金及其收益作为还款资金来源，而且将其项目资产作为抵押条件来处理，该项目主体的一般性信用能力通常不作为重要贷款因素来考虑。

项目融资具有三个鲜明的特点：项目导向、有限追索、风险分担。项目融资有多种模式。

练习

一、单项选择题

根据你学过的知识，从 A、B、C、D 选项中选择一个正确的答案。

1. 通过估算最小任务的成本，再把所有任务的成本向上逐渐加总，从而计算出整个项目的总成本，这种方法是（　　）。

A	专家判断法
B	自下而上估算法
C	自上而下估算法
D	参数模型估算法

2. 大部分项目成本累计曲线呈什么形状（　　）。

A	T
B	S
C	Y
D	V

3. 项目成本管理主要包括项目资源计划、项目成本估算、项目成本预算和（　　）。

A	工作分解结构
B	项目成本控制
C	项目进度计划
D	项目挣值分析

4. 项目资源计划工具不包括（　　）。

A	资源矩阵
B	甘特图
C	资源需求清单
D	资源负荷图

5. 在拟定项目初步成本估算时，项目经理最初需要的资料是（　　）。

A	核查估算过程
B	成本管理计划
C	现有的历史数据
D	自下而上的估算

6. 成本估算中最终估算的精确度应该控制在（　　）。

A	−25% ~ +30%
B	−10% ~ +25%
C	−5% ~ +10%
D	−5% ~ +5%

7. 以下关于类比估算的说法都正确，除了（　　）。

A	用于以往的项目是指相似，而不是表面上相似
B	进行估算的个人或集体具有所需的知识
C	类比估算是一种专家判断法
D	类比估算的费用通常低于其他方法，其精确度也较高

8. 若已知 PV = 220 元，EV = 250 元，AC = 200 元，根据挣值分析法，则此项目的 SV 和项目状态是（　　）。

A	30 元，项目提前完成
B	−30 元，项目比原计划滞后
C	50 元，项目提前完成
D	−50 元，项目比原计划滞后

9. 若已知 PV = 220 元，EV = 250 元，AC = 200 元，则此项目的 CPI 和项目的成本绩效是（　　）。

A	0.8，实际成本与计划一致
B	0.8，实际成本比计划成本低
C	1.25，实际成本超出计划成本
D	1.25，实际成本比计划成本低

10. 若已知 PV = 200 元，EV = 250 元，AC = 220 元，计划花费 3 天时间，则此项目的估计完成时间为（　　）。

A	3 天
B	2 天
C	2.4 天
D	3.75 天

二、判断题

根据你学过的知识判断下面的题目，正确的在（ ）打"√"，错误的在（ ）打"×"。

1. 项目成本控制就是使项目尽可能少的花钱。   （   ）

2. 项目成本一般包括人力资源成本、设备成本、材料成本及其他成本。   （   ）

3. 人力资源成本就是员工的工资。   （   ）

4. 自上而下估算法就是比照执行的项目所花的成本，来估计将要执行项目成本的一种方法。   （   ）

5. 一般情况下，成本估算和成本预算可以采用相同的方法。
                                                （   ）

6. 项目成本估算是项目成本预算的基础。   （   ）

7. 缩短项目的工作时间，往往以减少项目成本为代价。   （   ）

8. 在自下而上进行成本估算时，相关具体人员考虑到个人或本部门的利益，他们往往会增加估计量。   （   ）

9. 成本累计曲线图上的实际支出与计划情况存在偏差，则说明项目工作中发生了问题。   （   ）

10. 当 $CV \geq 0$，$CPI \geq 1$；$SV \geq 0$，$SPI \geq 1$ 时，项目的成本未超支，进度未超时。   （   ）

三、计算题

1. 假设某项目包括6个工作，情况如下表所示。目前进行到第6周末，假设未来情况不会有多大的变化，请计算该检查点，各项工作以及总项目的 BCWP、BCWS 和 EAC，并判断各项工作及项目在此时的费用使用和进度情况，就各项工作给出具体建议。

工作	成本预算	计划的工作时间（周）	实际完成	实际投入 ACWP
A	20	1~5	100%	25
B	40	2~6	90%	38
C	70	3~7	75%	55
D	60	4~8	50%	35
E	30	6~8	25%	10
F	50	7~9	0%	0

2. 假设某项目包括 5 个工作，情况如下表所示。目前进行到第 5 周期初，假设未来情况不会有多大的变化，请计算该检查点的 BCWP、BCWS 和 EAC，并判断项目在此时的费用使用和进度情况。

工作	成本预算	计划工作时间（周）	实际完成	实际投入 ACWP
A	30	1~2	100%	30
B	20	1	100%	25
C	80	2~4	100%	85
D	70	3~6	60%	50
E	90	5~9	0%	0

四、应用题

2016 年 3 月，北京首家由大学生团队众筹 200 多万元开办的餐厅"后会友期"开业，一时成为新闻事件。据中国农业大学官网介绍，"后会友期"创业团队 2015 年 7 月萌芽，由水利与土木工程学院能源与动力工程专业 2013 级学生潘启农等大学生组成，是北京首家以大学生为主体、通过股权众筹成立的创业实体。

2016 年 3 月 14 日，赶着"白色情人节"的风头，"北京首家大学生众筹餐厅"在海淀区六道口艺海大厦开业。餐厅打出"学院路上的饭局被我们承包了"的宣传口号，其消费者以附近 10 余所高校的大学生为主。第一家餐厅开业 3 天后，团队即开始众筹第二家餐厅——后会友期魏公村店。团队曾发给股东的一份公开声明称，魏公村店共筹得款项 330 万元。据一位股东统计，近 30 所高校学生，外加多名社会人士参与了此次众筹。

"1000元也能开餐厅当老板"，众筹口号让很多同学动了心。据后会友期餐厅运营团队的一位成员介绍，入股后每个人将拥有一张股东打折卡、享受线下活动免费或打折的优惠、优先参加餐厅举办的各种活动，餐厅中也会有股东的照片墙。大学生投资者有200多人，投资金额大多集中在5000元至1万元。在投资"后会友期"餐厅前，某位同学已有两次创业经历。他总结，以大学生为主要目标人群进行众筹，成功率很高：一来他们手头有家里给的零用钱，没啥经济压力。二来大学生投资理财方面知识不多，容易从众报名，"试试水"。多位大学生股东表示，自己并不清楚餐厅是如何运转，又是如何盈利的。2017年1月，"后会友期"位于六道口的店面已关门，筹集200多万元投资的另一家店也没开起来，股东们质疑项目负责人财务造假，目前警方已介入调查。

资料来源：根据《首家倒闭的北京大学生众筹餐厅被谁涮了？》一文编写，此文来源于曹慧茹、蓝昱璇、石爱华/微信公号"深一度"，2017年3月24日，http://www.sohu.com/a/130115907_260616。

讨论：

1. 案例中的融资模式存在什么问题？应该如何规避风险？
2. 应用众筹模式来进行项目融资的成功经验是什么？需要注意哪些方面？

第十三章 项目质量管理

开篇案例：英国高等教育质量保证体系

英国高等教育历史悠久，享誉盛名，从 1168 年牛津大学成立至今，现已有 170 多所大学和学院。英国政府为了增强国际竞争力，把高等教育作为重要的问题予以关注。

一、内部质量保证

英国大学是自治机构，为自己的学术标准和质量负责。每所大学都有自己的内部质量保证程序，一般对课程项目分为正规检查和周期性评估两项。正规检查课程项目是否有效达到目标，学生学习是否成功，由提供课程项目的系在每学年末自己进行。校内周期性评估一般每 5 年进行一次，一般检查课程项目的目标是否仍然有效。

二、外部质量保证：QAA 的质量保证过程

英国有一系列的国家措施来确保质量评估过程的适当性，维护标准的严格性。著名的国家评估机构就是 1997 年成立的高等教育质量保证局，即 QAA。QAA 设立了明确的标准，对在院校层次的内部质量保证体系进行审查，并对这种体系是否在学科层次上的执行情况进行更加详细的检查。

QAA 的标准十分明确，审查范围包括三方面：1. 根据院校课程项目质量和标准的常规评估方式，评估院校内部质量保证结构和机制的有效性。2. 对院校对其课程项目质量和学术标准的信息发布的准确性、完整性和可靠性进行审查。3. 院校内部质量保证过程的审查，审查组根据自己的判断写成报告并发布。

QAA 的质量保证过程：技术检验。

在程序上，由院校先提供自评报告一份和对学科层次抽样，之后在此基础上，评估组到院校进行实地考察。同时，学生在审查过程中非常重要。每次审查，学生代表有机会参加一些主要的会议，并可提供学生意见书。

英国高等教育质量保证体系的成果非常显著，作为一个国家性的长期项目，英国高等教育具有严格的质量保证系统，正是因为英国高等教育高质量的教学和研究机会，从全世界各地吸引大量的学生前来就读，高等教育成为英国具有竞争力的领域。

第一节　质量管理

"一战"前，质量管理工作被看成从坏产品中检查并挑选出好产品，重点在于找出问题。从"一战"到20世纪50年代初，质量管理的重点仍然是劣中选优，但出现了质量控制的思想。从20世纪50年代初到60年代末，质量控制演变为质量保证，从发现问题转移到避免问题。如今，质量管理的重点是战略质量管理。

一、质量管理历程及其代表人物

W. 爱德华·戴明（W. Edwards Deming），他认为，产品质量低是因为管理层短视，没有关注未来。他估计有85%的质量问题应该由管理层在项目开始时就解决掉，而基层员工能控制的质量问题只占15%。例如，由于原材料质量不合格导致的产品质量问题是不能让基层员工负责的，因为这往往是管理层为降低成本而做出的错误选择。

约瑟夫·M. 朱兰（Joseph M. Juran），他提出了改进质量的十个步骤和"朱兰三部曲"：质量提高、质量规划和质量控制。朱兰认为，质量管理应该从制造商和用户两个角度来考虑，这样才可以生产出合格的产品。

菲利浦·B. 克劳斯比（Philip B. Crosby），他提出了质量改进的14个步骤和质量的四个原则：（1）高质量意味着与需求相一致。（2）高质量来源于事先预防。（3）高质量意味着性能标准是"零缺陷"。（4）质量可用不一致的成本来度量。

田口宏一，他提出了优化工程试验过程的方法，称为"田口宏一法"。这种方法的观念是：（1）要在设计中提高质量。（2）要尽量使设计目标最少，并且要考虑对不可控环境因素的抵抗力。（3）用产品全寿命周期的成本来度量与给定设计参数的偏差。

二、质量管理认证体系

总部设在瑞士日内瓦的 ISO（国际标准化组织管理和质量保证技术委员会），是一个拥有近 100 家世界工业组织的联盟。ISO/TC 176 颁布的 ISO 9000 系列国际标准，称为 ISO 9000 系列标准。ISO 9000 不是一套针对产品或服务的标准，也不对任何行业提供特别的服务，而是一个对世界任何一个地方的产品、服务或过程提供服务的质量系统的标准。

ISO 9000 的 2000 版对质量的定义：质量是一组固有的特性满足需求的程度，包括物理、感官、行为、时间和功能等特性。质量：产品或服务达到或超过一组特定指标的程度。质量是一个持续改进的过程，利用这个过程中取得的经验教训来提高未来产品和服务的质量。

质量管理就是确定质量方针、目标和职责，并在质量体系中通过质量策划、质量控制、质量保证和质量改进使其实施的全部活动。全面质量管理（Total Quality Management，TQM）是一种全员、全过程、全企业的品质管理。它指一个组织以质量为中心，以全员参与，通过让顾客满意和组织所有成员及社会受益而达到永续经营的目的。TQM 的核心理念是顾客满意、附加价值和持续改善。

戴明环——PDCA 循环是实现全面质量管理的重要工具。PDCA 循环的含义：P（plan）——计划；D（do）——执行；C（check）——检查；A（action）——处理。

PDCA 循环的特点：大环套小环——项目各个小组的工作甚至个人的工作，均有一个 PDCA 循环，而且大环套小环，一环扣一环，小环保大环，推动大循环。同时，PDCA 循环是阶梯式上升——PDCA

循环不是在同一水平上循环，每循环一次，就解决一部分问题，取得一部分成果，工作就前进一步，水平就提高一步。到了下一次循环，又有了新的目标和内容，更上一层楼，见表 13 – 1。

表 13 – 1 PDCA 循环的步骤和方法

阶段	步骤	方法
P	1. 分析现状，找出问题	排列图、直方图、控制图
	2. 分析影响因素或原因	因果图
	3. 找出主要影响因素	排列图、相关图
	4. 针对主要原因制订计划	回答 "5W1H" 问题
D	5. 执行实施计划	
C	6. 检查计划执行结果	排列图、直方图、控制图
A	7. 总结成功经验，制定相应标准	制定或修改规章制度
	8. 把未解决或新出现问题转入下一个 PDCA 循环	

PDCA 案例分析：生活中的项目——减肥计划中的质量控制。

健身俱乐部李先生作为专业减肥师在协助希望减肥的王女士制定并实施一套行之有效的训练方法。他们的目标是设计一套能够在每周有四天出差的情况下可行的训练方案以保证训练的质量（这个计划在她旅行期间也要得到实施）。

第一次 PDCA 循环。

计划：考虑到王女士每周四天出差在外，李先生建议王女士进行每天 20 分钟跑步训练。为了能够在旅行期间不间断训练，王女士需要预定有健身房的宾馆。

执行：李先生讲解了跑步过程中的注意事项，王女士尝试每天 20 分钟的跑步训练，她发现这个训练对她来说有些剧烈，跑步结束后，身体有不舒服的感觉，而且不是每家宾馆都有健身房。

检查：王女士两周只练习了 10 天，有两天因为出差没预定上有健身房的宾馆，没有训练，最后两天由于感觉比较累，没有训练。她训练的积极性不是很高，而且预约不到有健身房的宾馆也是个问题。王女士需要改进这个训练计划。

处理：李先生建议以户外散步的方式避免剧烈运动的不适。

第二次 PDCA 循环。

计划：每天散步。为了提高散步的兴致，改善散步时的心情，王女士决定买一条狗。在家的时候，每天早晨散步遛狗；如果出差，狗由她先生照顾。

执行：王女士几乎每天都可以散步，她发现遛狗感觉很不错，如果在家，每天都能大约坚持 45 分钟，在出差时，她经常在市里转转，差不多每次都有这样的机会。

检查：王女士两周练习了 13 天，每天最少 20 分钟。早晨的新鲜空气让她感觉遛狗非常愉快，她的血压也开始降低了。

处理：王女士现在已经发现了可行有效的训练计划，她决定继续保持这个练习——遛狗 + 步行市内观光。

第二节　项目质量管理

项目质量是指项目管理和项目成果的质量，它不仅包括项目成果——产品或服务的质量，也包括项目管理的质量。项目管理各个过程的质量决定了项目成果的质量。项目质量管理是围绕项目质量所进行的指挥、协调和控制等活动。

项目质量管理的原则有：（1）以顾客为核心；（2）领导的作用；（3）全员参与；（4）过程方法：系统地将活动和资源作为一个动态的过程来进行管理，以求获得持续的改进；（5）管理的系统方法；（6）持续改进；（7）以事实为决策基础；（8）与供应商保持互利的关系。

项目成功与否，主要看项目的质量是否符合要求，一个质量没有达到客户要求的项目是失败的项目。项目质量规划就是确定项目应当采取哪些质量标准以及如何达到。项目质量规划是针对具体项目的要求，以及应重点控制的环节所编制的对设计、采购、项目实施、检验等质量环节的质量控制方案。项目质量规划是保证项目成功的过程之一，应当同项目其他计划结合起来。

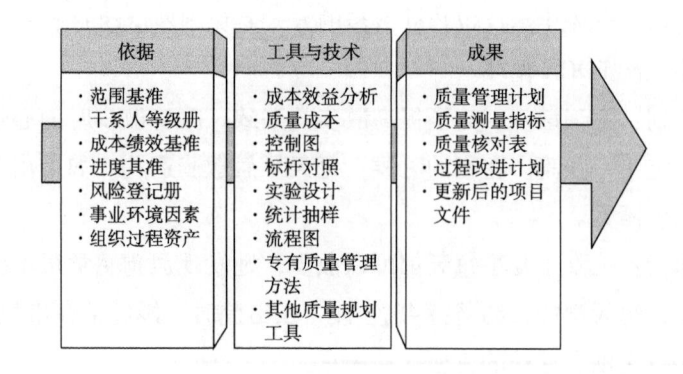

依据	工具与技术	成果
·范围基准 ·干系人等级册 ·成本绩效基准 ·进度基准 ·风险登记册 ·事业环境因素 ·组织过程资产	·成本效益分析 ·质量成本 ·控制图 ·标杆对照 ·实验设计 ·统计抽样 ·流程图 ·专有质量管理方法 ·其他质量规划工具	·质量管理计划 ·质量测量指标 ·质量核对表 ·过程改进计划 ·更新后的项目文件

图13-1 因果图（鱼骨图）

对于制订质量计划的方法和技术，以成本收益分析为例，成本指的是开展质量活动的开支；收益指的是通过项目质量管理活动，减少返工、提高生产率、降低成本、提高满意度等；对成本和收益进行对比权衡，从而进行取舍。

标杆对照也称为基准比较，是将实际项目与其他同类项目的实际做法进行比较，从而提供一个实施的标准。

流程图则是一种表明系统各组成部分之间相互关系的图，如因果图，能够直观反映各种原因及其构成因素同各种可能出现的问题之间的关系。

依据	工具与技术	成果
·项目管理计划 ·质量测量指标 ·质量核对表 ·工作绩效测量结果 ·批准的变更请求 ·可交付成果 ·组织过程资产	·因果图 ·控制图 ·流程图 ·直方图 ·帕累托图 ·趋势图 ·散点图 ·统计抽样 ·检查 ·审查已批准的变更请求	·质量控制测量结果 ·确认的变更 ·确认的可交付成果 ·组织过程资产（更新） ·变更请求 ·项目管理计划（更新） ·项目文件（更新）

图13-2 因果图（鱼骨图）

质量控制是指监督项目的实施结果，将项目结果与事先制定的质量标准进行比较，找出存在的偏差及其形成这一偏差的原因，找出避免出现质量问题的方法，找出改进质量、组织验收和必要返工的方案。质量控制贯穿于项目实施的全过程。

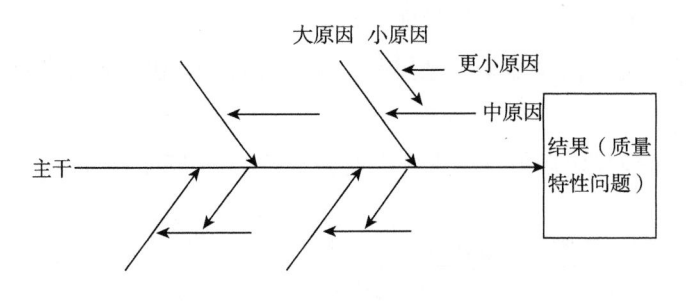

图 13-3 帕累托图

帕累托图与"二八"定律：帕累托图是一种按发生频率排序的特殊直方图，显示每种已识别的原因分别导致了多少缺陷。排序的目的是有重点地采取纠正措施。这是19世纪意大利社会学家帕累托提出的20/80原理，即80%的问题是由20%的原因导致的，因此，这些原因是质量控制的重点，这会极大地提高项目质量的合格率。

影响项目质量的因素主要有五大方面：人、材料、设备、方法和环境。对这五个方面因素的控制，是保证项目质量的关键。项目质量控制的内容包括以下几个方面。

因素控制

（1）人的控制。

（2）材料的控制。

（3）设备工具的控制。

（4）方法的控制。

（5）环境的控制。

项目质量保证是指在执行项目质量计划的过程中，经常性地对整个项目质量计划执行情况所进行的评估、核查和改进等工作。质量保证通常是由质量保证部门或者类似机构提供，包括内部质量保证和外部质量保证：前者是提供给项目管理组以及实施组织的；后者是提供给客户或项目工作涉及的其他组织。

项目质量保证的作用。

项目质量保证包括正式活动和管理过程。

（1）定期评价项目的全部性能。

（2）提供项目满足质量标准的证明。

（3）通过这个活动和过程保证应交付的产品和服务满足要求的质量层次。

质量保证实质上是对质量规划和质量控制过程的控制。

依据	工具与技术	成果
·项目管理计划 ·质量测量指标 ·工作绩效信息 ·质量控制测量结果	·质量规划和质量控制的工具与技术 ·质量审计 ·过程分析	·组织过程资产（更新） ·变更请求 ·项目管理计划（更新） ·项目文件（更新）

图 13-4 因果图（鱼骨图）

第三节 质量保证与质量控制的异同

PMBOK 指南第 3 版中对质量保证过程的定义是：按计划实施系统的质量活动，保证项目通过各种过程来达到要求。PMBOK 指南第 5 版中对"实施质量保证"过程的定义为：审计质量要求和质量控制测量结果，确保采用合理的质量标准和操作性定义的过程。

从 PMBOK 指南及相关 PMP 辅导书中的具体内容来总结，实施质量保证过程要开展的工作包括：（1）按项目计划开展具体的质量活动，把项目过程及产品做得符合质量要求；即按照计划做质量。（2）设法提高项目干系人对项目将要满足质量要求的信心，以便减少来自干系人的干扰，扩大他们的支持。（3）按照过程改进计划，进行过程改进，使项目过程更加稳定，并减少非增值环节。（4）根据过去的质量控制测量结果（质量偏差），对质量标准（要求）进行重新评价，确保所采用的质量标准（要求）是合理的、可操作的。

实施质量控制包括的内容则是：（1）按照质量标准检查质量，发现质量偏差和质量缺陷，并对不可接受的质量偏差提出纠偏建议，对质量缺陷提出缺陷补救建议。这两种建议都属于变更请求。(2)对已经完成的可交付成果进行质量合格性检查。如果合格，就得到"确认的可交付成果"。如果不合格，就提出变更请求（缺陷补救建议）。(3)对已批准的缺陷补救措施的实施情况进行检查。如果已实施到位，就得到"确认的变更"；否则，就要求执行过程继续实施缺陷补救。

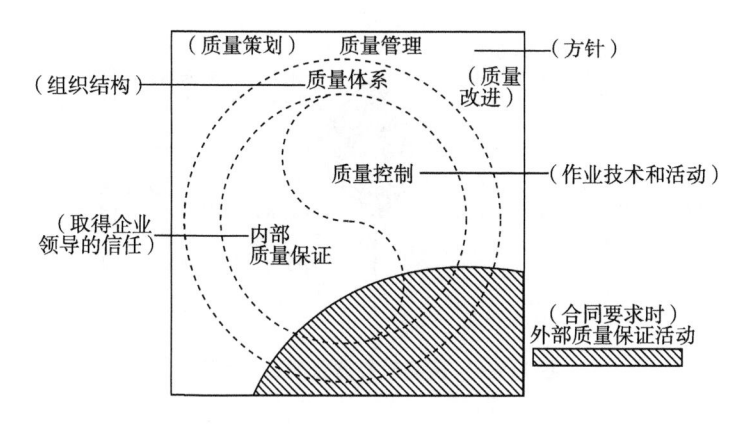

图 13-5 质量控制示意图

因此，我们可以总结为：实施质量保证与实施质量控制的区别主要在于两个方面：

第一，实施质量保证是针对过程改进和审计的，强调的是过程改进和信心保证。

第二，实施质量控制是按照质量要求，检查具体可交付成果的质量，强调的是具体的可交付成果。

第四节　项目质量管理组织

质量管理组织在不同专业领域有多种形式，如按工作方式分，有质量监督制与质量监理制。质量监督制是强制性的，必须按国家规定的标准规范进行监督检查，从这个意义上说，是对政府负责；在同时执行企业标准时，质量监督又是对整个企业负责。从工作内容看，监督是按分工仅对质量进行监督检查。

以药品质量监督为例,它是国家药品监督管理行政部门根据国家通过立法所授予的权利,依据国家制定的药品标准、法规、制度、政策,对本国药品研究、生产、经营、使用、进出口等的药品质量以及影响药品质量的工作质量进行监督管理。具体而言,药品质量监督可以分为四个方面,如图13-6所示。

```
行政监督是一种法律监督,        技术监督的根据是药品标准,
由国家药品监督管理局以及        由中央和地方药品检验所承担
各级相应管理部门进行

用户监督是指药品使用者,        自我监督是指企业为了确保药
如医疗单位或患者,对药品        品质量,维护企业自身信誉和
质量的评价和申诉              长远利益,自觉地对自己的产
                          品进行监督、分析和评价
```

图 13-6　药品质量监督的四个方面

质量监理制是服务性的,虽然也必须按统一规定开展工作,但是对业主负责。从工作内容说,监理是对整个项目、全过程、全方位(包括质量之外的进度、成本等)进行的监督和管理。建设项目质量管理国际通行的就是建设监理制,监理单位是与建设单位、承建单位平行的一个专职机构,可以是政府设置的,也可以是社会性的,如监理公司。

家装监理随着家庭装饰行业的发展应运而生,和建筑工程监理一样,所提供的商品不是物,而是无形的服务,其价值也在家装监理服务过程中产生。

```
一、对进场原材料验收    二、对施工工艺的控制
         五、协助客户进行
         工程竣工验收
三、对施工工期的控制    四、对工程质量的控制
```

图 13-7　家装监理流程

核心概念或理论

1. 质量的概念

质量：产品或服务达到或超过一组特定指标的程度。质量是一个持续改进的过程，利用这个过程中取得的经验教训来提高未来产品和服务的质量，目的是留住现有用户；重新吸引流失的用户；赢得新用户。

2. 项目质量管理

项目质量管理是围绕项目质量所进行的指挥、协调和控制等活动。进行项目质量管理的目的是确保项目按规定的要求满意地实现，它包括使项目所有的功能活动能够按照原有的质量及目标要求得以实施。

3. 项目质量规划

项目质量规划就是确定项目应当采取哪些质量标准以及如何达到。项目质量规划是针对具体项目的要求，以及应重点控制的环节所编制的对设计、采购、项目实施、检验等质量环节的控制方案。

项目质量规划是整体项目管理计划的一部分，是对特定的项目、产品、过程或合同，规定由谁及何时，应使用哪些程序和相关资源的文件。

4. 项目质量保证

项目质量保证是指在执行项目质量计划的过程中，经常性地对整个项目质量计划执行情况所进行的评估、核查和改进等工作。它是在质量体系中实施的全部有计划、有系统的活动，以提供满足项目相关标准的信心，它应贯穿于整个项目。

项目质量保证包括正式活动和管理过程，指的是定期评价项目的全部性能；提供项目满足质量标准的证明，以确定该项目能满足相关的质量标准，通过这个活动和过程保证应交付的产品和服务满足要求的质量层次。

5. 项目质量控制

质量控制是指监督项目的实施结果，将项目的结果与事先制定的质量标准进行比较，找出其存在的偏差，并分析形成这一偏差的原因，找出避免出现质量问题的方法，找出改进质量、组织验收和必要返工的方案。质量控制贯穿于项目实施的全过程。

练习

一、单项选择题

根据你学过的知识，从 A、B、C、D 选项中选择一个正确的答案。

1. 戴明环的四个过程包括（　　）。

A	计划—处理—执行—检查
B	计划—执行—处理—检查
C	计划—检查—执行—处理
D	计划—执行—检查—处理

2. 项目质量控制与项目质量保证的关系是（　　）。

A	截然分开的
B	目标是不同的
C	相互交叉、相互重叠的
D	采用的方法是一样的

3. 项目质量保证包括（　　）。

A	项目内部质量保证和外部质量保证
B	项目内部质量保证
C	外部质量保证
D	项目各项质量保证

4. 在成本/收益分析中，项目质量收益是指（　　）。

A	项目质量的提高而增加的收益
B	满足了质量要求而减少返工所获得的好处
C	项目质量要求的降低，而减少的成本
D	项目质量的提高，增加的收益与增加的成本之差

5. 能确定影响项目质量的因素是由随机事件还是由突发事件引起

的方法是（ ）。

A	流程图法
B	实验设计
C	控制图
D	帕累托图

6. 能描述由不同的原因相互作用所产生的潜在问题的方法是（ ）。

A	趋势分析
B	因果分析图
C	控制图
D	帕累托图

7. 当检查质量成本时，你认为培训成本属于（ ）。

A	质量保证成本
B	质量纠正成本
C	内部故障成本
D	外部故障成本

8. 六西格玛指的是以距离平均值六个标准差的范围确定的置信区间这样一个目标，而一般的一个过程的预期的方差是（ ）。

A	一个标准差
B	二个标准差
C	三个标准差
D	无法确定

9. 为了进行质量控制而进行的测试结果主要用于（ ）。

A	作为编制质量管理计划的一个输入内容
B	用于确定一个操作性定义
C	为绘制控制图做准备
D	作为质量保证的一个输入内容

10. 质量管理计划描述了下面所有的条目，除了（　　）。

A	质量政策实施方法
B	项目质量体系
C	实施项目质量管理所需要的组织结构、责任、程序、进程以及资源
D	用来在成本、进度和质量中进行平衡分析的步骤

二、判断题

根据你学过的知识判断下面的题目，正确的在（　）打"√"，错误的在（　）打"×"。

1. 项目的质量规划是不可以调整的。（　）

2. 质量好并不代表等级高。（　）

3. 项目质量保证的结果主要就是项目质量改进与提高的建议。（　）

4. 项目质量计划的实际执行情况是项目质量控制的基本依据。（　）

5. 项目质量成本的来源是损失的成本。（　）

6. 项目质量与项目费用是正相关关系。（　）

7. 项目管理的质量就是项目的交付成果符合客户的某种质量性能要求。（　）

8. 项目管理的质量主要是靠项目经理来控制的。（　）

9. 返工和修补所花的费用不属于质量成本。（　）

10. 为了保证项目的质量，每个项目必须制定一个质量方针。（　）

三、应用题

1. 一门课程的教学质量指的是什么，包括哪些方面？

2. 一门课程教学质量的影响因素有哪些？

3. 如何对一门课程进行教学质量控制？

四、案例分析

1. 有个老木匠准备退休，他告诉老板，说要离开建筑行业，回家与妻子儿女享受天伦之乐。老板舍不得他的好工人走，问他是否能帮忙再建一座房子，老木匠说可以。但是大家后来都看得出来，他的心已不在工作上，他用的是软料，出的是粗活。房子建好的时候，老板把大门的钥匙递给他。"这是你的房子，"他说，"我送给你的礼物。"他震惊得目瞪口呆，羞愧得无地自容。如果他早知道是在给自己建房子，他怎么会这样呢？现在他得住在一幢粗制滥造的房子里！

2. A自行车制造公司成立于20世纪80年代，其产品主要是生产标准的或者定制的自行车。公司所有者一直希望打入竞争激烈但更有利可图的赛车市场，但是由于一方面缺乏资本，另一方面是其产品的性能与质量尚不足在该市场进行竞争而未果。

A公司的营业收入在整个20世纪八九十年代一直保持了平稳增长，但是进入21世纪以后，该公司却未能跟上市场规模的增长，其市场份额开始萎缩。该公司从内部评估中认识到设计、制造、客户服务质量中的一些问题其实在过去的3~4年里一直存在，调查表明这些问题在过去的几年里正在严重蚕食公司的销售额和利润额。根据质量调查的结果，该公司管理层正在制定他们需要的、全新的、大力度的管理措施来改进该公司的产品质量。

案例分析问题：

1. 如果你是这个公司的总经理，你认为应该如何进行产品质量管理？

2. A自行车制造公司产品滞销的原因何在？

3. 方总是一家成立不久的有色金属冶炼公司的老总，为人正直、诚恳，乐于助人，颇具个人魅力，在公司员工中威信较高。2008年的金融风暴给方总公司以沉重打击，业绩持续下滑，连续亏损，人心涣散，管理混乱，就连公司的卫生都出现一片狼藉的局面……面对公司管理处于一片狼藉的现状，方总准备从提升公司管理水平开刀，重新思考公司的管理问题。公司的其他领导都是技术出身，对管理不甚精通。于是，方总决定外聘一位企业管理专家。

就在这时，作为方总好朋友的赵主动请缨，准备在公司大干一番。方总听说赵要来公司，便开了绿灯，增设企业管理部，将原来的综合管理部部分职能划归到企业管理部，并任命赵为企业管理部经理，决定让赵经理牵头负责推进这次管理提升项目。

2009年8月，赵经理走马上任，摆在他面前的第一项任务便是作为推进组组长负责推进此次管理提升项目。此次管理提升项目范围较大，几乎涉及企业管理的所有内容。面对如此庞大的管理提升项目，赵经理非但不担心完不成，而且满怀信心，相信一定能在方总面前"秀"一下自己，赢得方总的信赖。

在项目进行过程中，让赵经理最为头痛的是公司的员工。顾问组设计的方案如何推行在最近一段时间很让赵经理发愁。有的成员敷衍了事，对项目的工作不配合。而作为刚刚上任的赵经理面临着双重压力，一方面由于自己是新人，要和公司的老员工打成一片；另一方面还不得不处理项目的相关问题。尽管方总任命赵经理为项目推进组负责人，但公司的员工配合不配合是另外一回事。最为重要的问题是，赵经理并没有对项目推进工作有明确的说明，也并未告诉大家如何才能达到项目的目标。赵经理布置的有关项目的任务，公司的相关员工并不是不做，而是抱着应付的心态，因为大家普遍认为，完成项目的任务一方面超出了我的能力，也没有进行相关的培训，只是单纯地将任务布置下去；另一方面做与不做一个样，做多做少一个样，做好做差一个样，因此，没有人能够圆满完成赵经理安排的工作。按照方总的安排，赵经理每周都要向他汇报项目进展情况，而每次汇报工作的时候，赵经理总是在抱怨公司员工太"难缠"。方总总是安慰并鼓励赵经理，一定要迎难而上，这正是发挥你聪明才智的时候。项目进展已经有三分之一了，项目目标是否能够达成仍然是个未知数。

案例分析问题：

1. 案例中赵经理在项目质量管理方面存在什么问题？
2. 应该如何处理以上问题？

第十四章 项目人力资源管理

开篇案例：两则宗教故事

第二天，摩西坐在帐篷前审理官司。摩西从早到晚忙个不停，事无巨细都要亲自过问，然后做出处理，所以感到很累，简直有些精力不支。百姓们排着长队，有的排了一整天也没有轮到自己，所以求摩西审理事情的百姓们也感到很疲乏。叶忒罗看着女婿这样办事，费力而不讨好。作为有经验的大祭司，他直率地对女婿说："你要把你手中的事，按照重要的程度和影响的大小，委派给不同的人。你要在百姓中拣选有才能的人，敬畏上帝的人，诚实无欺的人，恨不义之财的人，派他们作千夫长、百夫长、五十夫长和十夫长，由他们来管理百姓。你要将律例法度教给他们，告诉他们当行的道，当做的事。这样你就可以叫他们随时审理官司，只有关系全部会众的大事才呈报到你这里来，小事就由他们自己审理。这样你不但会轻松一些，而且百姓也很乐意。"摩西听从了岳父的话，他在以色列人中挑选有才有德之士，让他们担当各级官员，随时处理百姓中的事，下级的长官服从高级的长官，全体官员都归在他的领导之下。这种新型组织的形成，是以色列人新的政治制度的萌芽。叶忒罗对摩西讲的那段话被很多人认为是世界上最早的关于社会内部分层管理原理的专门论述，后世的人们经常引用这段话。

资料来源：《圣经·出埃及记》。

而在中国的佛教故事里，关于人力资源的管理也有很多生动有趣的故事，直到今天还令人深思不已。下面就是这样一个小故事：去过寺庙的人都知道，一进庙门，首先是弥勒佛，笑脸迎客，而在他的北面，则是黑口黑脸的韦陀。但相传在很久以前，他们并不在同一个庙里，而是分别掌管不同的庙。弥勒佛热情快乐，所以来的人非常多，但他什么都不在乎，丢三落四，没有好好地管理账务，所以依然入不敷出。而韦陀虽然管账是一把好手，但成天阴着个脸，太过严肃，搞得人越来越少，最后香火断绝。佛祖在查香火的时候发现了这个问题，就将他们俩放在同一个庙里，由弥勒佛负责公关，笑迎八方客，于是香火大旺。而韦陀铁面无私，锱铢必较，则让他负责财务，严格把关。两人的分工合作使得庙里呈现出一派欣欣向荣的景象。

从以上两个宗教故事里面，你体会到了什么道理？

第一节 项目人力资源管理

组织是特定的群体，为了共同的目标，按照特定的原则，通过组织设计，使得相关资源有机组合，并以特定结构运行的结合体。组织就是把多个人联系起来，做一个人无法做的事情，是管理的一项职能。组织包括与它要做的事情相关的人和资源，及其相互关系。组织的形式多种多样，取决于组织的任务和目标。例如，家庭也是一种组织。项目要由人来执行，需要建立项目组织。大型、复杂项目的组织往往可以组成独立的机构，如长江三峡工程总公司、欧洲隧道公司（EURO-Tunnel）等。不过，多数项目班子存在于一个较大的组织机构中，是其中的一部分，而把执行项目的组织叫作项目组织。

人力资源有两层含义：从广义上来说，就是指智力正常的人；从狭义上来说，指的是企业组织内外具有劳动能力的人的总和；或者是企业全体员工的能力。项目人力资源管理是指确保所有项目参与者的能力及积极性得到有效发挥所做的一系列工作和过程。项目人力资源管理过程即根据实施项目的要求，任命项目经理，组建项目团队，分配相应角色并明确团队中各成员的汇报关系，建设高效项目团队，并对项目团队进行绩效考评。目的是确保项目团队成员的能力达到最有效使用，进而能高效、高质量地实现项目目标。

项目人力资源管理与企业人力资源管理的差异有两个方面：第一，项目人力资源管理与一般企业组织人力资源管理一样，实现相同性质的功能，但是，企业组织和项目不同，组织是现存的、长期的、稳定的。第二，项目则必须坚持与项目干系人的特定具体目标联系在一起，有确切的起始日期，与企业组织相比，它可以说是临时性的，独特的和短期的。因此，项目人力资源的特点主要有三个：（1）项目的一次性特点，决定了项目管理小组必须掌握适应这种短暂关系的管理技巧。（2）不同项目生命周期需要的人力资源数量和类型不同，因此，需要选择适合当前需求的管理技巧。(3) 项目团队必须对行政管理的必要性有足够的重视。

项目人力资源管理的内容主要包括两类：第一，针对个人的，如工作委派、激励、培训、指导等；第二，针对团队的，如团队建设、冲突处理、沟通协调等。项目人力资源管理的程序因此分为三个步骤：（1）组织规划：目标、设岗、职责、资格、选人；（2）人员组织：招聘各类人才（各种形式）；（3）团队发展：形成团队，核心是项目经理。

下面，我们主要从项目经理、团队建设和项目岗位评价三个方面来进行学习。

第二节 项目经理

一、项目经理的定义

项目经理（Project Manager），是指企业建立以项目经理责任制为核心，对项目实行质量、安全、进度、成本管理的责任保证体系和全面提高项目管理水平设立的重要管理岗位。它要负责处理所有事务性质的工作。也可称为"执行制作人"（Excutive Producer）。项目经理是项目团队的领导者，项目经理的首要职责是在预算范围内按时优质地领导项目小组完成全部项目工作内容，并使客户满意。为此项目经理必须在一系列的项目计划、组织和控制活动中做好领导工作，从而实现项目目标。

项目经理有三条产生的途径：第一，从职能经理来。但在实际中，要防止职能经理兼任项目经理，而把项目看成自己职能工作的一部分。第二，从项目办公室来。项目办公室的人员经过一定的时间培养，由通才变帅才。第三，从项目实践中来。在一个具体的项目中负一定技术责任的高级工程技术人员，经过在项目活动中的积极参与，从专才变通才。

二、项目经理的地位

项目经理是项目管理工作的核心，在整个管理活动中具有举足轻重的作用，因此，要想使项目经理具有管理的权威性，必须赋予项目经理一定的地位。

1. 核心地位

从组织上看，项目经理是项目当事人和项目关系人各方协调合作的桥梁和枢纽，处在项目的各方的核心位置。项目管理不仅是管理的中心，即统一指挥整个项目高效、有序的进行，还是项目关系人各方沟通、协调的中心。项目经理人是项目的全权代理人，对项目进行全权管理，对项目目标的实现负有全部的责任，他所扮演的角色，起到的作用是任何人都难以取代的。

2. 合法当事人地位

从契约关系上，项目经理作为成约单位（项目的被委托方亦即承约商）指定的代表人，是进行合同管理的合法当事人，具有代表承约商的最高法律权利，负责履行合同义务、执行合同的条款、承担合同的责任，必要时进行合同的变更，他的法律地位无异于名副其实的法人代表，他的权利、责任、利益都将受到法律的约束和保护。项目经理在处理项目各当事人、各关系人的关系中。按约行责是其最高的准则，有权拒绝合同以外强加给他的责任和义务。

3. 控制地位

项目经理又是项目管理中上级指令有关信息、实施进度、目标体系等的实际控制者，这种控制又分为内部控制和外部控制。项目经理是项目目标的全面实现者，既要对客户提出要求，即项目的目标负责，又要对承约商，即自己这届的主管单位的盈利目标负责。

三、项目经理负责制

项目经理负责制是目前国际上项目管理的主要形式之一。承约商通过竞争获得项目的承建权和管理权以后，便在内部组成项目团队专门负责，并以契约的形式委托项目经理全权负责和管理。

许多西方国家从 20 世纪 60 年代起便开始实行项目经理负责制，我国的项目经理负责制首先是从建筑施工单位开始，并在其他行业中逐渐开始推广。在 1986 年学习并推广鲁布革水电站项目建设经验时，项目经理责任制被正式提出。事实证明，推行项目经理负责制，对于加快我国企业改革，逐渐参与国际竞争起着有力的推动作用。

项目经理的权利是确保项目经理承担责任的前提条件，在项目的实施中，凡是需要项目经理负责管理的方面，首先就应授予其相应的权限，问题的关键在于授权的程度大小。项目经理的工作范围涉及和贯穿于项目实施的全过程和所有方面，所以，对其的授权也应贯穿到项目实施的全过程、涉及项目实施的所有方面。

四、项目经理的素质

项目经理的特殊职责和工作性质，对于项目经理的知识素质、能力素质和品格素质提出了特殊的要求。首先，项目经理需要具有三个方面的知识素质：（1）专业知识的深度。项目经理首先必须是相关专业的专家。作为项目实施的最高决策人的项目经理，如果不懂技术，就无法决策；就无法按照工程项目的工艺流程施工的阶段性来组织实施；更难以鉴别项目计划、工具设备及技术方案的优劣，从而对项目实施中的重大技术决策问题就没有自己的见解，就没有发言权。（2）综合知识面的广度。项目经理必须要对项目负全面的责任，所以并不需要他亲自去做一些较为具体的工作，也不必成为某专业技术方面的专家，但必须要具有一定的知识广度，这是项目经理工作性质的必然要求。（3）管理知识。项目经理的主要职能是管理，而不是科技攻关，只精通技术，而不善于管理的传统型项目经理越来越不适应现代项目管理的要求。这正如一个出色的高级工程师未必是一个好的企业家一样。项目经理必须在管理知识和管理技术上训练有素，并且在实践中能灵活的运用。

对于项目经理知识素质的结构，有两种典型的观点：一种观点认为项目经理应该全面均衡地掌握各个方面的知识，应该是一个通才；另一种观点则认为，项目经理首先应该具有非常丰富的综合知识和人文素养，其次才是专业技术知识和管理知识，这样的项目经理能够更好地处理好与项目各个利益相关者的关系，为项目获取最大的资源和支持。

其次，项目经理应该具有下面的能力素质：(1) 人际交往能力。良好的人际交往能力是项目经理首先必备的能力；(2) 知人善用能力。出色的项目经理首先是一个出色的用人经理，用人得当可以事半功倍，用人不当则可以使项目的实施屡屡受挫。(3) 领导能力。项目管理首先是人的管理，因此项目经理是否具有较高领导水平直接影响着项目的成败，决定着项目的目标能否实现。(4) 决策能力。杰出的项目经理应具有果断及时的决策能力。

最后，项目经理的品格素质，一般来说，项目经理应该具有较为开朗的性格，善于与人交往沟通；容易与人相处，易于容人之缺点或错误；具有坚忍不拔的意志品质，能接受挫折和失败；处事果断冷静，做事既要灵活善变，又不失原则。更为重要的是，项目经理应该有良好的社会道德品质，必须对社会的安全、文明、进步和经济的发展负有道德责任。

第三节　项目团队建设

项目团队建设是聚集具有不同需要、背景和专业的个人，把他们变成一个整体的、有效的工作单元。在这个转变过程中，把诸多个体贡献者的目标和精力融合到一起，聚集到特定的目标上来。项目获得成功需要有一个有效工作的项目团队。项目经理和项目团队工作是否有效直接影响项目的成败。

布鲁斯·塔克曼（Bruce Tuckman）的团队发展阶段（Stages of

Team Development）模型可以被用来辨识团队构建与发展的关键性因素，并对团队的历史发展给以解释。1965 年，Bruce Tuckman（1938—）发表了一篇短文，题为《小型团队的发展序列》（Developmental Sequence in Small Groups）。1977 年，他与约翰逊（Jensen）在 1965 年提出的四阶段中加入第五阶段：休整期。该模型对后来的组织发展理论产生了深远的影响。

团队发展的五个阶段是：组建期（Forming）、激荡期（Storming）、规范期（Norming）、执行期（Performing）和休整期（Adjourning）（休整期是在 1977 年后加入的）。根据 Tuckman，所有五个阶段都是必需的、不可逾越的，团队在成长、迎接挑战、处理问题、发现方案、规划、处置结果等一系列经历过程中必然要经过上述五个阶段。

1. 形成阶段（Forming）项目小组启蒙阶段

团队成员互相认识，并了解项目情况及他们在项目中的正式角色和职责；团队成员倾向于相互独立，不一定开诚布公。

2. 震荡阶段（Storming）形成各种观念，激烈竞争、碰撞的局面

团队开始从事项目工作，制定技术决策和讨论项目管理方法；如果团队成员不能用合作和开放的态度对待不同观点和意见，团队环境可能变得事与愿违。

3. 规范阶段（Norming）规则，价值，行为，方法，工具均已建立

在规范阶段，团队成员开始协同工作，并调整各自的工作习惯和行为来支持团队，团队成员开始相互信任。

4. 成熟阶段（Performing）人际结构成为执行任务活动的工具

团队角色更为灵活和功能化，团队能量积聚于一体。进入这一阶段后，团队就像一个组织有序的单位那样战斗；团队成员之间相互依靠，平稳高效地解决问题。

5. 解散阶段（Adjourning）任务完成，团队解散

在解散阶段，团队完成所有工作，团队成员离开项目；通常在项目可交付成果完成之后，再释放人员解散团队。

塔可曼团队发展模型的局限及缺点：(1) 该模型是用来描述小型团队的。(2) 该模型忽视了组织的背景；(3) 实际上，团队发展轨迹不一定像该模型描述的是线形的，而有可能是循环式的。(4) 该模型描述的阶段特征并不可靠，因为它主要考虑的是人的行为，而当团队从一个阶段跨向另一个阶段的时候，团队成员的行为特征变化并不明显。它们也很有可能会发生交叠。(5) 模型没有考虑到团队成员的个人角色特征。(6) 在阶段发展跨越上没有给出时间框架指导，这是一个主客观相结合的模型。

□ 塔可曼（Tuckman）阶梯理论

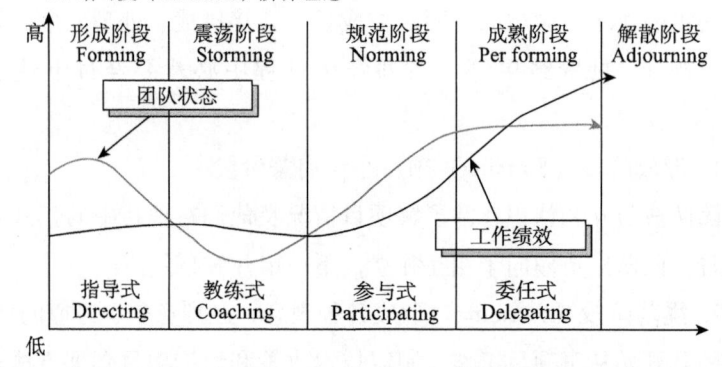

| 形成阶段 | 震荡阶段 | 规范阶段 | 成熟阶段 | 解散阶段 |
| Forming | Storming | Norming | Per forming | Adjourning |

团队状态

工作绩效

| 指导式 | 教练式 | 参与式 | 委任式 |
| Directing | Coaching | Participating | Delegating |

有效项目团队的特点：(1) 项目目标的清晰理解（范围、质量、预算、进度）；(2) 对每位成员角色和职责的明确期望（明确分工）；(3) 目标导向（树立典范、加班）；(4) 高度的合作互助（独立工作与合作的统一）；(5) 高度信任（承认每位成员是项目成功的因素）；(6) 重视协调与服务。

第四节　项目组织结构

组织结构又称为组织形式，反映了生产要素结合的结构形式，即管理活动中各种职能的横向分工和层次划分。组织结构运行的规则和各种管理职能分工的规则即是工作规则。组织结构决定了项目的运行效率及结果。建立项目组织结构需要遵循五个原则：(1) 能反映项目的目标和计划：达到的预期目标；(2) 根据需要设计组织结构：项目性质、规模、体制；（3）保证决策指挥的统一：合理的层次；（4）创造人尽其才的环境：能级原则；（5）有利于过程的控制：各种报告、汇报的方式、方法和制度。

一、职能式组织

层次化的职能式组织结构是当今世界上最普遍的组织形式。是金字塔结构，高层管理者位于塔顶，中层和低层管理则沿着塔顶向下分布。公司的经营活动按照设计、生产、营销和财务等职能划分成职能部门，如图 14-1 所示。

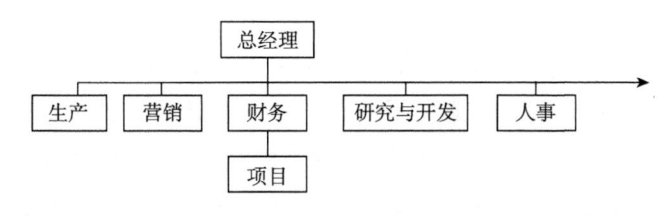

图 14-1 职能式组织

职能式组织结构的优点是：职能部门为主体，资源相对集中，便于互相交流和互相支持。在人员的使用上具有较大的灵活性；技术专家可以同时被不同的项目所使用，同一部门的专业人员在一起易于交流，可以保持项目的连续性，职能部门可为本部门专业人员提供一条正常的晋升途径。其缺点是：当项目需由多个部门共同完成，而一个职能部门内部又涉及多个项目时，这些项目在资源使用的优先权上可能会产生冲突，职能部门主管常常难以把握项目间的平衡。各个部门往往会更注重本部门的工作领域而忽视整个项目的目标。职能式组织中的项目事宜由职能部门负责人来协调解决。

二、项目式组织

项目从公司组织中分离出来，作为独立的单元，有自己的技术人员和管理人员。有些公司对项目的行政管理、财务、人事及监督等方面做了详细的规定，而有些公司则在项目的责任范围内给予项目充分的自主权，如图 14-2 所示。

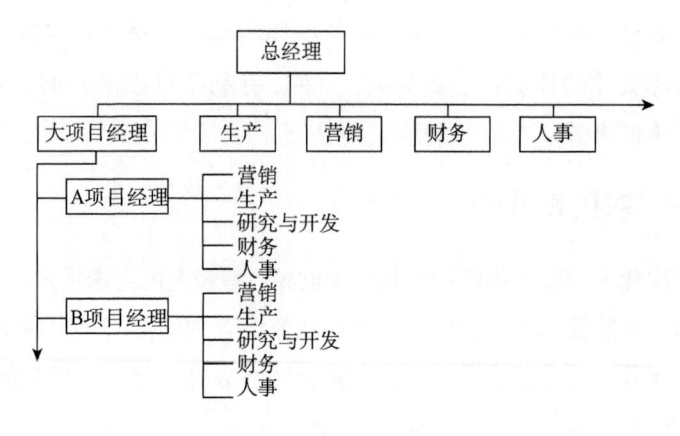

```
                    ┌──────┐
                    │ 总经理 │
                    └──────┘
        ┌────────┬──────┬──────┬──────┬──────┐
        │        │      │      │      │      │
   ┌────────┐  ┌────┐ ┌────┐ ┌────┐ ┌────┐
   │大项目经理│  │生产│ │营销│ │财务│ │人事│
   └────────┘  └────┘ └────┘ └────┘ └────┘
        │
        ├─┬──────┐ ─营销
        │ │A项目经理│─生产
        │ └──────┘ ─研究与开发
        │          ─财务
        │          ─人事
        │
        └─┬──────┐ ─营销
          │B项目经理│─生产
          └──────┘ ─研究与开发
                   ─财务
                   ─人事
```

图 14-2　项目式组织形式

项目式组织结构的优点是：可以跨学科组织不同的人力、物力，集中攻关；目标明确，避免了多重领导；沟通途径更加简洁，决策的速度更快；个人与组织目标一致，成员之间凝聚力高。其缺点是：机构重复及资源的闲置；项目组与现有部门之间容易出现隔阂。

三、矩阵式组织结构

矩阵制组织机构是将组织内的工作部门分成两大类：一类按照纵向设置，即按管理职能设立工作部门，实行专业化分工，对管理业务负责；另一类按照横向设置，即按照规划目标（产品、工程项目）进行划分，建立对规划目标总体负责的工作部门。这两者结合，形成一个矩阵机构，如图 14-3 所示。

矩阵组织主要有三种形式：

（1）强矩阵组织形式：资源均由职能部门所有和控制，每个项目经理根据项目需要向职能部门借用资源。项目经理向项目管理部门或总经理负责，他领导本项目内的一切人员，通过项目管理职能，协调各职能部门派来的人员以完成项目任务。强矩阵式组织结构图（规模大、工期长），如图 14-4 所示。

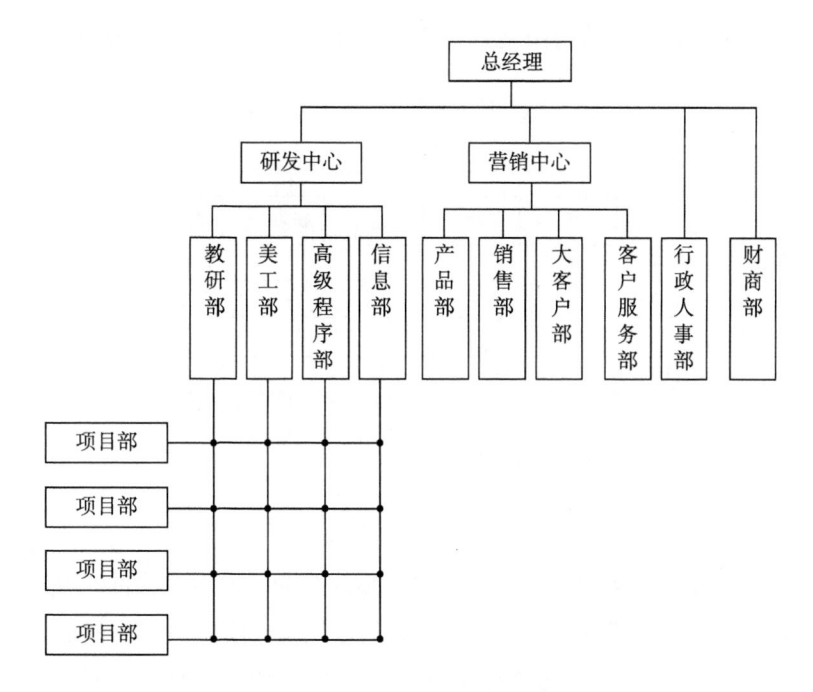

图 14-3　矩阵制的组织机构图

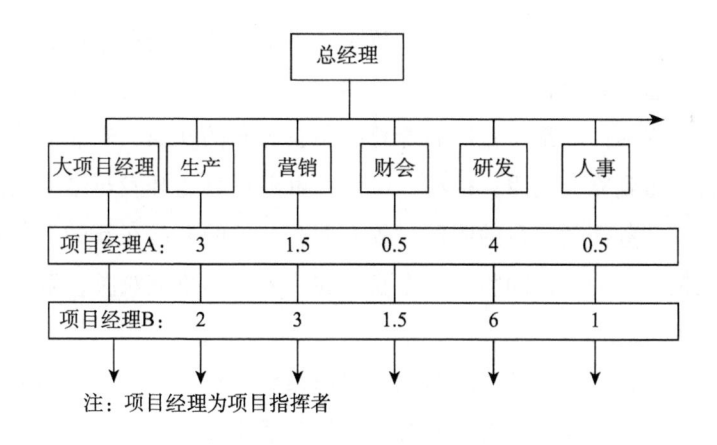

图 14-4　强矩阵组织机构图

（2）弱矩阵组织形式：基本上保留了职能式组织形式的主要特征，但是为了更好地实施项目，建立了相对明确的项目实施班子，但并未明确对项目目标负责的项目经理，即使有项目负责人，他也只不过是一个项目协调者或项目监督者，而不是真正意义上的项目管理者。弱矩阵式组织结构图（规模小、工期短），如图 14-5 所示。

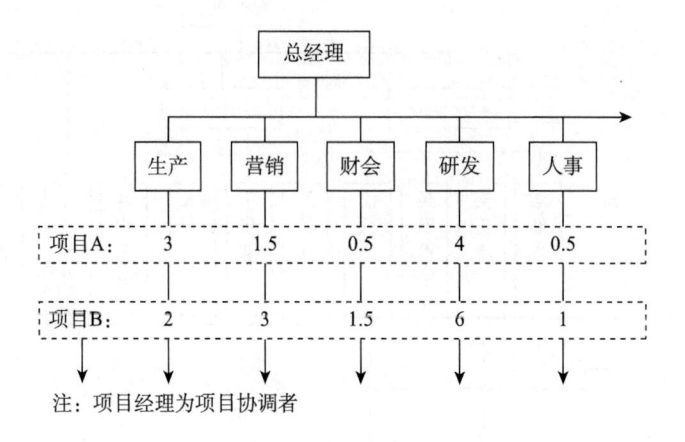

```
                        总经理
         ┌────────┬────────┼────────┬────────┐
        生产     营销     财会     研发     人事
项目A：   3       1.5      0.5      4       0.5
项目B：   2       3        1.5      6       1
```

注：项目经理为项目协调者

图 14-5　弱矩阵组织机构图

（3）平衡矩阵组织形式：该组织形式是为了加强对项目的管理而对弱矩阵组织形式进行的改进，与其的区别是在实施班子中任命一名对项目负责的管理者，即项目经理，他被赋予完成项目任务所应有的职权和责任。

矩阵式组织结构的优点是：解决了传统模式中企业组织和项目组织相互矛盾的状况，求得了企业长期例行性管理和项目一次性管理的统一。加强横向联系，克服职能部门各自为政的现象，专业人员和专用设备能得到充分利用；机动、灵活，可随项目的开发与结束而组织或解散。任务清楚，目的明确，各方面有专长的人员在新的工作小组里，能把自己的工作同整体工作联系在一起，为攻克难关，解决问题而献计献策。

其缺点是：项目负责人和职能部门领导人双重管理，容易造成权责混乱和纠纷。项目负责人没有足够的激励手段与惩治手段。由于项目组成人员来自各个职能部门，当任务完成以后，仍要回原单位，因而容易产生临时观念，对工作质量有一定影响。对成员素质要求较高。

主要项目组织结构的特点如表 14-1 所示。

表 14-1　主要项目组织结构的特点

组织形式特征	职能式	矩阵式			项目式
		弱矩阵式	平衡矩阵式	强矩阵式	
项目经理的权限	很少或没有	有限	小到中等	中等到大	很高甚至全权
全职工作人员的比率	几乎没有	0~25%	15%~60%	50%~95%	85%~100%
项目经理任务	兼职	兼职	全职	全职	全职
项目经理的常用头衔	项目协调员	项目协调员	项目经理	项目经理	项目经理
项目管理行政人员	兼职	兼职	兼职	全职	全职

矩阵结构的实施并有效发挥作用至少应该具备以下条件：（1）职能部门与项目部的职责与权力划分清晰，岗位的职责描述明确，这样就避免出现多头领导的现象，员工也不会左右为难无所适从；（2）集分权设计合理，总部与项目部之间的职权分配适度。合理的权力分配，可以在总部控制与项目的效率之间达到有效的平衡；（3）公司运作规范化、流程化，通过制度规范各项工作流程并对流程实行动态管理与优化，在总部和项目部之间建立高效率的工作协调与沟通网络；（4）具备良好的分配机制，薪酬与考核有机结合，通过考核体系促进内部责任制的完善，指标要相互关联，各部门与各岗位以项目的目标任务为中心协作与配合；（5）制度完善，各级管理人员具备较高的管理素质和职业化素质，员工具有较强的规则意识和责任感。

第五节　项目岗位评价

所谓评价是指用相应的尺度来衡量、判断、预测事物的现实和未来发展状况。岗位评价是在岗位设计的基础上，按照一定的客观标准，对岗位进行系统衡量、评比和估价的过程。

评价要素的设置主要有三个方面：（1）岗位所需的资格：完成岗位工作必须具备的知识、经验和能力。（2）岗位复杂程度：岗位工作的复杂性、工作强度和工作环境所决定的工作难易程度。(3) 岗位责任大小：对岗位工作结果有相关影响而必须完成的技术指标、责任或进行经常性考核的客观状态。

项目岗位评估的程序，如图14-6所示。

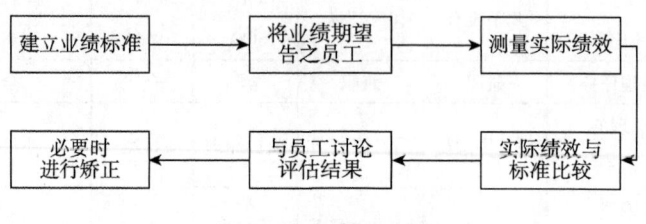

```
建立业绩标准 → 将业绩期望告之员工 → 测量实际绩效
                                        ↓
必要时进行矫正 ← 与员工讨论评估结果 ← 实际绩效与标准比较
```

图14-6　岗位评价流程

核心概念或理论

1. 项目人力资源管理

项目人力资源管理是指确保所有项目参与者的能力及积极性得到有效发挥所做的一系列工作和过程。项目人力资源管理就是根据实施项目的要求，任命项目经理，组建项目团队，分配相应的角色并明确团队中各成员的汇报关系，建设高效项目团队，并且对项目团队进行绩效考评的过程，目的是确保项目团队成员的能力达到最有效使用，进而能高效、高质量地实现项目目标。

2. 组织规划

组织规划包括确定书面计划并分配项目任务，职责以及报告关系。组织规划作为项目最初阶段的一部分，但是应当在项目全过程中经常性地复查，以保证组织规划的持续适用性。组织规划总是与项目沟通规划紧密联系。

3. 人员组织

人员组织包括得到所需的人力资源（个人或团队），将其分配到项目中工作。人员组织的工具和技术主要有三种，协商、预先分配和临时雇用。人员组织输出是项目人员分配和项目小组名单。

4. 项目经理

项目管理是以个人负责制为基础的管理体制，项目经理就是项目的负责人，负责项目的组织、计划及实施全过程，以保证项目目标的成功实现。项目经理对项目的管理比职能经理更加系统全面，是直接的管理者，总经理一般是从项目经理提拔上来的。

5. 项目团队

项目团队建设是聚集具有不同需要、背景和专业的个人，把他们变成一个整体的、有效的工作单元。在这个转变过程中，把诸多个体贡献者的目标和精力融合到一起，聚集到特定的目标上来。

6. 塔克曼团队发展理论

B. W. 塔克曼定义了团队发展的四个阶段：（1）形成阶段（forming）；（2）震荡阶段（Storming）；（3）正规阶段（Norming）；（4）表现阶段（Performing）。

7. 项目组织结构

组织结构又称为组织形式，反映了生产要素相合的结构形式，即管理活动中各种职能的横向分工和层次划分。组织结构运行的规则和各种管理职能分工的规则即是工作规则。组织结构决定了项目的运行效率及结果。

8. 职能式组织结构

职能式组织结构：层次化的职能式组织结构是当今世界上最普遍的组织形式，是金字塔结构，高层管理者位于塔顶，中层和低层管理则沿着塔顶向下分布。公司的经营活动按照设计、生产、营销和财务等职能划分成职能部门。

9. 项目式组织结构

项目式组织结构：项目从公司组织中分离出来，作为独立的单元，有自己的技术人员和管理人员。有些公司对项目的行政管理、财务、人事及监督等方面做了详细的规定，而有些公司则在项目的责任范围内给予项目充分的自主权（建筑公司）。

10. 矩阵式组织结构

矩阵式组织是职能式的结合，它是在职能式组织的垂直层次结构上，叠加了单列式组织的水平结构。矩阵制组织机构是将组织内的工作部门分成两大类：一类按照纵向设置，即按管理职能设立工作部门，实行专业化分工，对管理业务负责；另一类按照横向设置，即按照规划目标（产品、工程项目）进行划分，建立对规划目标总体负责的工作部门。这两者结合，形成一个矩阵机构。

11. 岗位评价

所谓评价是指用相应的尺度来衡量、判断、预测事物的现实和未来发展状况。岗位评价是在岗位设计的基础上，按照一定的客观标准，从工作任务、繁简难易程度、责任大小以及所需的资格条件出发，对岗位所进行的系统衡量、评比和估价的过程。

案例思考：团队成员缺乏经验怎么办？

新元公司是一个不到 50 人的软件公司，主要业务是开发办公自动化管理软件。开发部的李强进入公司两年多，虽不是项目经理，但现在也面临一个任务：带着几个刚毕业的学生完成一个软件模块。他认为公司的项目团队组建是不合理的，因为团队成员中刚从学校出来一两个月的太多了。

假如李强让他们做设计，做出的设计真的让你不忍多看一眼；不让他们做设计，那么多的工作只能一个人扛，工期又不允许。而项目经理认为李强可以一边教他们做设计，一边让他们做设计。所以不论怎么选择，他的结果注定是一个字：累！请问李强该怎么做？

练习

一、单项选择题

根据你学过的知识，从 A、B、C、D 选项中选择一个正确的答案。

1. 某一承包商在项目中期离开了项目，取而代之为新的项目团队。作为该项目团队的项目经理在项目启动会议上首先要谈的内容是（　　）。

A	分配团队成员的职责
B	审核具体进度计划
C	讨论成本估算
D	确认你的权限

2. 团队成员的角色和职责记录方式不包括以下哪一项（　　）。

A	工作分解结构
B	层级结构
C	矩阵结构
D	文字叙述形式

3. 在以下组织中，最机动灵活的组织形式是（　　）。

A	项目型
B	职能型
C	矩阵型
D	复合型

4. 以下组织中最容易形成多头领导的是（　　）。

A	职能型
B	项目型
C	矩阵型
D	复合型

5. 下面哪个决定了对建设项目团队组织人员的需求的基本特征（　　）。

A	项目的目标和任务
B	人员分配情况
C	人员管理计划
D	项目的特征

6. 对于风险较大、技术较为复杂的大型项目，应采用（　　）。

A	矩阵型组织结构
B	职能型组织结构
C	项目型组织结构
D	复合型组织结构

7. 项目型结构适用于以下哪种情况（　　）。

A	项目的不确定因素较多，同时技术问题一般
B	项目的规模小，但是不确定因素较多
C	项目的规模大，同时技术创新性强
D	项目的工期较短，采用的技术较为复杂

8. 下列有关矩阵型组织结构情况描述中，错误的是（　　　）。

A	矩阵型组织结构能充分利用人力资源
B	项目经理和职能部门经理必须就谁占主导地位达成共识
C	项目经理必须是职能部门领导，这样才能取得公司总经理对项目的信任
D	矩阵型组织结构能对客户的要求做出快速的响应

9. 项目经理在什么中权力最大（　　　）。

A	职能型组织结构
B	项目型组织结构
C	矩阵型组织结构
D	复合型组织结构

10. 以下为项目管理办公室的职能，除了（　　　）。

A	配置项目资源
B	选择建立项目团队
C	制定项目管理规范
D	组织开展多项目管理

二、判断题

根据你学过的知识判断下面的题目，正确的在（　）打"√"，错误的在（　）打"×"。

1. 团队就是一起的一群人。（　）

2. 项目小组队员主要是从公司外部招聘而来的。（　）

3. 项目经理的主要权力就是可以开除表现欠佳的队员。（　）

4. 团队建设是一个持续的过程。（　）

5. 处理项目冲突的最佳办法就是回避。（　）

6. 人力资源具有增值性。（　）

7. 项目人力资源管理的特点主要是由项目的特点来决定的。（ ）

8. 项目人力资源管理要随着生命周期的不同而进行相应的调整。（ ）

9. 人力资源的综合平衡是指项目人员需求总量和人员的供给总量的平衡。（ ）

10. 如果项目团队成员配备合理，就会减少项目的成本。（ ）

11. 项目组织具有明确的目标，因此工作的内容也很单一。（ ）

12. 项目组织一旦确定了就不能更改。（ ）

13. 当项目结束后项目组织就会解散。（ ）

14. 在职能型项目组织中，团队成员往往优先考虑项目的利益。（ ）

15. 项目型与职能型的组织结构类似，其资源可实现共享。（ ）

16. 一般来说，职能型组织结构适用于所用技术标准化的小项目，而不适用于环境变化较大的项目。（ ）

17. 项目经理的职责比职能部门经理的权利更大。（ ）

18. 在项目型组织结构中，其部门是按项目进行设置。（ ）

19. 项目经理是项目的核心人物。（ ）

20. 选择项目经理的时候，不能仅仅考虑项目经理候选人的素质和能力。（ ）

三、论述题

1. 你是否具备项目经理的素质？

2. 在你所参与的项目中，项目经理是否很好的管理了该项目？哪些方面做得好？哪些方面做得不好？

3. 下面的项目应该采用哪种组织结构，说明理由。

（1）某家银行投资部的风险投资项目。

（2）某公司的研发实验室的研究项目。

（3）客户需求较多的一个标准软件项目。

四、案例分析

售前部的大王（暂时充当前期项目协调员的角色）周三又接到 B

地客户打来的电话，客户下最后通牒，项目建议书如周五前还不能提交则后果自负。大王再次开始走售前支持流程，请相关部门协助。不想，大王被踢皮球的遭遇就开始了。

首先大王按售前支持照流程找到方案准备部，请他们写，但该部张经理马上抱怨说另一个大项目下周就要投标了，老总还亲自过问了这个大项目，这几天全部门的人还搭上技术部加班加点的干，哪有空儿写。其实大王前一周就向他们说过写项目建议书了，但当时张经理说不着急，缓一缓。原计划这周写的，哪想又赶上了投标。

大王只好直接找技术部。项目的最终实施是技术部负责，现在技术部正做着同类项目在 A 地区的开发。技术部杨经理说这事合同还没签呢，应该是方案准备部的事，况且现在也没空儿写。他说得也对，这事并不是技术部负责的。见大王一脸无奈的样子，杨经理指给大王一条路，原先在项目组的小林现在有空，看看他是否愿意帮忙。大王心里一喜，赶紧去找。听明来意后，小林说了两点：（1）项目组除了他现在还没人写过这份东西，由于他已不在项目组，有必要从项目组中找人来学着写一写，否则以后有事还要找到他头上。（2）写这份建议书涉及 B 地区的许多资料，他一直没接触过，如看过资料后再写要花至少一周时间。本周肯定完成不了。

案例分析问题：

1. 大王该怎么办？
2. 公司的项目管理存在哪些问题？

第十五章 项目沟通管理

开篇案例：微软公司的项目沟通

在微软公司，每个软件项目都有对应的项目状态报告。项目团队每个月都将这些报告送交 Bill Gates 和其他高级经理，以及所有相关项目的管理人员。状态报告很简明，具有一种标准格式。Gates 可以很快阅读大部分报告，同时仍然能够从中找出他所不希望的项目延误或者变动。他特别注意查看项目的进度滑坡、太多的项目特征缩减或者需要变更一种技术规格。Gates 通常通过电子邮件对相关的管理人员或开发者做出直接反应。状态报告是高层管理人员和项目之间沟通的重要机制。正如 Gates 解释说到的：我获得所有的状态报告，现在大约有一百个活跃的项目在进行，包括进度计划、里程碑日期、任何技术规格上的变动，以及各种评论。员工知道自己的报告会提交到所有相关管理者手中，因此，如果他们不在状态报告中提出他们面临的问题，两个月后就没有理由说自己的意见得不到重视，沟通不良了。公司内部很依赖这种机制，它使得团体之间能够达成意见一致。

思考和讨论：

1. 什么是项目信息，项目信息发挥什么作用？
2. 在上述案例中，项目信息主要以什么方式呈现？
3. 根据上文，微软公司的项目沟通如何？

第一节 项目沟通管理的内容

所谓沟通是人与人之间的思想和信息的交换，是将信息由一个人传达给另一个人，逐渐广泛传播的过程。在项目管理中，专门将沟通管理作为一个知识领域。PMBOK中也建议项目经理要花75%以上时间在沟通上，可见沟通在项目中的重要性。多数人理解的沟通，就是善于表达，能说、会说，项目管理中的沟通，并不等同于人际交往的沟通技巧，更多的是对沟通的管理。

项目沟通管理（project communication management），就是为了确保项目信息合理收集和传输，以及最终处理所需实施的一系列过程。包括为了确保项目信息及时适当的产生、收集、传播、保存和最终配置所必需的过程。项目沟通管理为成功所必需的因素——人、想法和信息之间提供了一个关键连接。涉及项目的任何人都应准备以项目"语言"发送和接收信息，并且必须理解他们以个人身份参与的沟通会怎样影响整个项目。沟通就是信息交流。组织之间的沟通是指组织之间的信息传递。对于项目来说，要科学的组织、指挥、协调和控制项目的实施过程，就必须进行项目的信息沟通。好的信息沟通对项目的发展和人际关系的改善都有促进作用。

项目沟通管理具有复杂和系统的特征。著名组织管理学家巴纳德认为"沟通是把一个组织中的成员联系在一起，以实现共同目标的手段"。没有沟通，就没有管理。沟通不良几乎是每个企业都存在的老毛病，企业的机构越是复杂，其沟通越是困难。往往基层的许多建设性意见未及反馈至高层决策者，便已被层层扼杀，而高层决策的传达，常常也无法以原貌展现在所有人员面前。

项目信息是指报告、数据、计划、技术文件、会议等与项目实施直接或间接联系的各种信息。项目信息在整个项目实施过程中起着非常重要的作用，收集到的项目信息是否正确、能否及时地传递给项目利益相关者，将决定项目的成败。项目沟通管理就是确定利益相关者对信息与沟通的需求，确定谁需要信息，需要什么信息，何时需要，以及如何将信息分发给他们。

沟通远不只是对事实的信息传输，它是指每个人明白正被传递的信息的意图和真实含义。Fulmer指出："沟通中最大的通病是做这样的假设，即因为有一个信息发出去了，那么必定有一个信息被接收到了。"项目沟通的基本内容包括：（1）事实；（2）情感；（3）价值取向；(4) 基本观点。

项目沟通管理首先需要进行需求分析，项目资源应该用于沟通有利于成功的信息，但不是不发布坏消息，沟通需求分析的本质在于防止项目利益相关者因为过多的细节内容而应接不暇。接着，需要制订项目沟通计划。

项目沟通计划是对于项目全过程的沟通工作，沟通方法、沟通渠道等各个方面的计划与安排。就大多数项目而言，沟通计划的内容是作为项目初期阶段工作的一个部分。同时，项目沟通计划还需要根据计划实施的结果进行定期检查，必要时还需要加以修订。所以项目沟通计划管理工作是贯穿于项目全过程的一项工作，项目沟通计划是和项目组织计划紧密联系在一起的，因为项目的沟通直接受项目组织结构的影响。

项目沟通计划是确定利害关系者的信息交流和沟通要求。每个项目干系人所参与的沟通将会如何影响到项目的整体。谁需要何种信息、何时需要以及如何将其交到他们手中最好通过沟通方式和手段。因而沟通计划对于项目的成功很重要。沟通计划的依据包括：沟通要求、沟通技术、制约因素和假设四个方面。

确认项目沟通要求的信息一般包括：项目组织和各利益相关者之间的关系；该项目设计技术知识；项目本身的特点决定的信息特点；与项目组织外部的联系等。沟通技术：根据沟通的严肃性程度分为正式沟通和非正式沟通；根据沟通的方向分为单向沟通和双向沟通，横向沟通和纵向沟通；根据沟通的工具分为书面沟通和口头沟通等。选用何种沟通技术以到达迅速、有效、快捷地传递信息主要取决于对信息要求的紧迫程度；技术的取得性；预期的项目环境；制约因素和假设。

1986年，"挑战者号"航天飞机发射失败，七个宇航员丧生。挑战者号事故的直接起因是有缺陷的O形环——火箭助推器上的封条，它们使热废气泄漏，触发了外部燃料箱，导致了航天飞机的爆炸。然而，大家都知道，而且有明确文献记录说这种封条，在某些温度下表现糟糕，会对飞行安全造成严重威胁。在悲剧发生的当天，几位工程师警告说封条可能会失效，但这些警告没有引起项目管理者的注意，仍然做了升空决定。挑战者号爆炸的直接原因虽然是不完美的硬件设计，但项目管理者保留有缺陷的封条，让设计错误未加改正就通过。发射当天，项目管理者全然不顾警告，没有与工程师进行充分沟通，批准发射，这属于不称职的管理。项目管理者一错再错，最终酿成悲剧。

第二节 项目信息沟通的方式

项目信息沟通的方式有很多，根据沟通的严肃性程度，可以分为：正式沟通和非正式沟通；根据沟通的方向分为：上行沟通、下行沟通和平行沟通；或横向沟通和纵向沟通；单向沟通和双向沟通；根据沟通的工具分为：书面沟通和口头沟通；语言沟通和体语沟通等。

一、正式沟通渠道

正式沟通（formal communication/Communication Object Official），指组织中依据规章制度明文规定的原则和渠道进行的沟通。例如，组织间的公函来往，组织内部的文件传达、发布指示、指示汇报、会议制度、书面报告、一对一的正式会见等，按照信息流向的不同，正式沟通又可细分为下向沟通、上向沟通、横向沟通、斜向沟通、外向沟通等几种形式。巴维拉斯对5种正式沟通渠道进行了实验比较。

1. 链式沟通渠道

这是一个平行网络，其中居于两端的人只能与内侧的一个成员联系，居中的人则可分别与两人沟通信息。在一个组织系统中，它相当于一个纵向沟通网络，代表一个五级层次，逐渐传递，信息可自上而下或自下而上进行传递。在这个网络中，信息经层层传递、筛选，容易失真，各个信息传递者所接收的信息差异很大，平均满意程度有较大差距。此外，这种网络还可表示组织中主管人员和下级部属之间中间管理者的组织系统，属控制型结构。在管理中，如果某一组织系统过于庞大，需要实行分权授权管理，那么，链式沟通网络是一种行之有效的方法。

2. 轮式沟通渠道

属于控制型网络，其中只有一个成员是各种信息的汇集点与传递中心。在组织中，大体相当于一个主管领导直接管理几个部门的权威控制系统。此网络集中化程度高，解决问题的速度快。主管人（项目经理）的预测程度很高，而沟通的渠道很少，组织成员的满意程度低，士气低落。轮式网络是加强组织控制、争时间、抢速度的一个有效方法。如果组织接受紧急攻关任务，要求进行严密控制，则可采取这种网络。

3. 环式沟通渠道

此形态可以看成链式形态的一个封闭式控制结构，表示 5 个人之间依次联络和沟通。其中，每个人都可同时与两侧的人沟通信息。在这个网络中，组织的集中化程度和领导人的预测程度都较低；畅通渠道不多，组织中成员具有比较一致的满意度，组织士气高昂。如果在组织中需要创造出一种高昂的士气来实现组织目标，环式沟通是一种行之有效的措施。

4. Y 式沟通渠道

这是一个纵向沟通网络，其中只有一个成员位于沟通内的中心，成为沟通的媒介。在组织中，这一网络大体相当于组织领导，秘书班子再到下级主管人员或一般成员之间的纵向关系。这种网络集中化程度高，解决问题速度快，组织中领导人员预测程度较高。除中心人员（项目经理）外，组织成员的平均满意程度较低。此网络适用于主管人员的工作任务十分繁重，需要有人选择信息，提供决策依据，节省时间，而又要对组织实行有效的控制。但此网络易导致信息曲解或失真，影响组织中成员的士气，阻碍组织提高工作效率。

5. 全通道式沟通渠道

这是一个开放式的网络系统，其中每个成员之间都有一定的联系，彼此了解。此网络中组织的集中化程度及主管人的预测程度均很低。由于沟通渠道很多，组织成员的平均满意程度高且差异小，所以士气高昂，合作气氛浓厚。这对于解决复杂问题，增强组织合作精神，提高士气均有很大作用。但是，由于这种网络沟通渠道太多，易造成混乱，且又费时，影响工作效率，见表15-1。

表15-1 各种沟通模式的比较

沟通模式 指标	链式	Y式	轮式	环式	全通道式
解决问题速度	适中	适中	快	慢	快
准确性	高	高	高	低	适中
领导者地位	中	高	高	无	无
成员满意度	适中	适中	低	高	高

上述种种沟通形态和网络，都有其优缺点。作为一名主管人员，在管理工作实践中，要进行有效的人际沟通，就需发挥其优点，避免其缺点，使组织的管理工作水平逐步提高。

二、非正式沟通渠道

非正式沟通是指在组织正式信息渠道之外进行的信息交流。当正式沟通渠道不畅通时，非正式沟通就会起到十分关键的作用。与正式沟通相比，非正式沟通的信息传递速度更快、范围更广，但准确性比较低，有时候会对正式沟通产生很大的负面影响。组织可以通过开诚布公，正本清源，提供事实，驳斥流言，诚信待人，与人为善等方式尽可能降低非正式沟通的负面影响。

因为非正式沟通网络是与正式组织无关，因某些兴趣、习惯、爱好相同而形成的群体，所以，非正式沟通网络有以下一些特点：（1）不受管理者控制；（2）更相信非正式组织成员的信息；（3）对传递信息的人有利（有一定的目的性）；（4）准确率较高（据统计准确率达75%）；（5）可以缓解人们的焦虑（很关心又得不到）；（6）能整合群体成员；（7）表明信息发布者的地位。

美国通用（GE）公司执行总裁杰克·韦尔奇（Jack Welch）被誉为"20世纪最伟大的经理人"之一，在他上任之初GE公司内部等级制度森严、结构臃肿，韦尔奇通过大刀阔斧的改革，在公司内部引入

"非正式沟通"的管理理念，韦尔奇经常给员工留便条和亲自打电话通知员工有关事宜，在他看来，沟通是随心所欲的，他努力使公司的所有员工都保持着一种近乎家庭式的亲友关系。使每个员工都有参与和发展的机会，从而增强管理者和员工之间的理解、相互尊重和感情交流。

一些企业和组织在公司的网站上设立了相关论坛、BBS 公告等多种非正式的沟通渠道。在这些渠道当中，组织成员的沟通一般是在身份隐蔽的前提下进行的。所以，这些沟通信息能够较为真实地反映组织成员的一些思想情感和想法。对于组织领导者来说，掌握了解这些信息资料是有利于他们日后的管理沟通工作的。

不过，非正式沟通难以控制，传递的信息不确切，容易失真、被曲解，并且，它可能促进小集团、小圈子的建立，影响员工关系的稳定和团体的凝聚力。因此，一方面，如果能够对企业内部非正式的沟通渠道加以合理利用和引导，就可以帮助企业管理者获得许多无法从正式渠道取得的信息，在达成理解的同时解决潜在的问题，从而最大限度提升企业内部的凝聚力，发挥整体效应。另一方面，还要尽量通过以下举措，减少非正式沟通的负面影响：（1）尽量创造信息公开的环境（Motorola：员工家属集体 Party、郊游）；（2）尽可能公布重大决策（避免人们猜想）；（3）加强决策的透明度（尽可能公开。如工资、奖金）；（4）报喜也报忧（需解决的现实问题）；（5）对重大问题公开讨论最差的结果（如工期延长的可能性）。

第三节 项目经理的沟通

项目经理日常工作的 90% 时间是用在沟通上的。对项目经理而言，沟通是一门必修课。有效的沟通遵循着一些基本的原则：定义清晰的目标、了解对方需求、场景分析、正确的沟通渠道和适当的反馈等。项目型的组织里，项目经理同时也担任职能经理的角色，这就要求对员工的个人发展负责。项目经理要通过良好的沟通来帮助每一位成员进行职业规划。当团队内部存在多种意见无法达成一致时，项目经理要做一个协调者,引导大家找出最合适的方法❶,如图15-1所示。

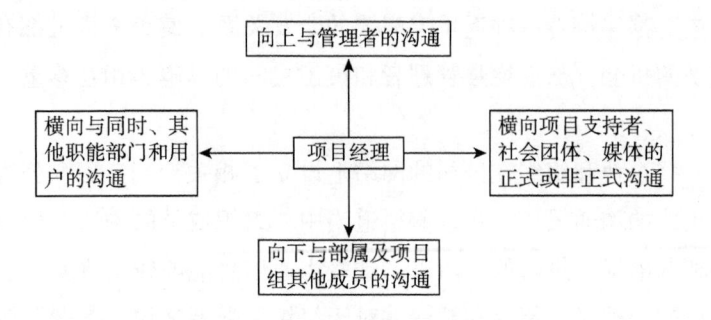

图15-1 项目经理的沟通渠道

合理地运用多种沟通方式和沟通技巧是成功沟通的关键。项目经理就像一个大家庭的家长,要时刻关心成员的心理健康,定期和每位团队成员沟通,帮助他们发挥自身的特长,逐步提高各项技能,组建高效的团队来确保项目的成功。项目经理的沟通职责有:(1)承担项目沟通的促进者,信息公开、透明;(2)发现并及时清除沟通障碍;(3)使团队成员尽可能加强他们之间的关系;(4)设立一个固定的会议室,提供大家讨论;(5)增强会议的有效性,尽量使大家畅所欲言。

第四节 项目的冲突管理

冲突是双方感知到矛盾与对立,是一方感觉到另一方对自己关心的事情产生或将要产生消极影响,因而与另一方产生互动的过程。项目冲突主要有以下几种类型:

1. 人力资源的冲突

对有来自其他职能部门或参谋部门人员的项目团队而言,围绕着用人问题,会产生冲突。当人员支配权在职能部门或参谋部门的领导

---

❶ PM圈子百家号. 优秀项目经理要掌握的沟通技巧 [EB/OL]. (https://baijiahao.baidu.com/s?id=16043917646124479038wfr=spider&for=pc), 2018-06-27.

手中时，双方会在如何使用这些队员上存在冲突。

2. 成本费用冲突

成本费用冲突往往在费用如何分配上产生冲突。例如，项目经理分配给各职能部门的资金总被认为相对于支持要求是不足的，工作包 1 的负责人认为该工作包中预算过小，而工作包 2 的预算过大。

3. 技术冲突

在面向技术的项目中，在技术质量、技术性能要求、技术权衡以及实现性能的手段上都会发生冲突，如客户认为应该采用最先进的技术方案，而项目团队则认为采用成熟的技术更为稳妥。

4. 管理程序上的冲突

许多冲突来源于项目应如何管理，也就是项目经理的报告关系定义、责任定义、界面关系、项目工作范围、运行要求、实施的计划、与其他组织协商的工作协议，以及管理支持程序等。

5. 项目优先权的冲突

项目参加者经常对实现项目目标应该执行的工作活动和任务的次序关系有不同的看法。优先权冲突不仅发生在项目班子与其他合作队伍之间，在项目班子内部也会经常发生。

6. 项目进度的冲突

围绕项目工作任务（或工作活动）的时间确定次序安排和进度计划会产生冲突。

7. 项目成员个性冲突

这些冲突经常集中于个人的价值观、判断事物的标准等差别上，这并非技术上的问题。冲突往往来源于团队队员经常的"以自我为中心"。

冲突不会在真空中形成，它的出现总是有理由的。如何进行冲突管理在很大程度上取决于对冲突产生原因的判断，项目中冲突产生原因主要有：（1）沟通与知觉差异。沟通不畅容易造成双方的误解，引发冲突。另外，人们看待事物存在"知觉差异"，即根据主观的心智体验来解释事物，而不是根据客观存在的事实来看待它，比如人们对"半杯水"的不同态度，并由此激发冲突。（2）角色混淆。项目中的每一个成员都被赋予特定的角色,并给予一定的期望。但项目中常存在"在其位不谋其政,不在其位却越俎代庖"等角色混淆,定位错误的情况。(3) 项目中资源分配及利益格局的变化。如目前国资委在中央项目中普遍开展的竞聘上岗活动,就会引起项目中原有利益格局的变化,导致既得利益者与潜在利益者的矛盾,因为项目中某些成员由于掌控了各种资源、优势、好处而想维持现状,另一些人则希望通过变革在未来获取这些资源、优势和好处,并由此产生对抗和冲突。(4) 目标差异。不同价值理念及成长经历的项目成员有着各自不同的奋斗目标,而且往往与项目目标不一致。同时,由于所处部门及管理层面的局限,成员在看待问题及如何实现项目目标上,也有很大差异,存在"屁股决定脑袋"的现象,并由此产生冲突。

20世纪40年代以来,冲突被普遍认为是有害无益的,强调管理者应尽可能避免和消除冲突。但近年来,这种观念有了很大的改变,人们意识到冲突在企业中存在的必然性和合理性,认为冲突并不一定会导致低效,建设性冲突有利于改变企业反应迟缓、缺乏创新的局面,提高企业效率。因此,企业有时需要建设性的冲突,管理者也需要在适当的时候激发一定水平的冲突。通用电气的CEO韦尔奇就十分重视激发冲突。他认为坦诚、建设性冲突能够让不同观点交锋,碰撞出新的思想火花,有利于管理者顺势推动改革与创新。在通用电气,韦尔奇经常与成员面对面地沟通、辩论,诱发同成员的冲突,从而不断发现问题,改进企业的管理。

同样在项目管理过程中,项目经理应该适当地利用建设性冲突,避免破坏性冲突,但这两种冲突是共生的,通常只是一线之差,项目经理能否应用得好也是管理艺术的体现。冲突的解决策略有以下几点。

策略一:回避和冷处理。管理者对所有的冲突不应一视同仁。当冲突微不足道、不值得花费大量时间和精力去解决时,回避是一种巧妙而有效的策略。通过回避琐碎的冲突,管理者可以提高整体的管理效率。尤其当冲突各方情绪过于激动,需要时间使他们恢复平静时,或者立即采取行动所带来的负面效果可能超过解决冲突所获得的利益时，采取冷处理是一种明智的策略。总之，管理者应该审慎地选择所要解决的冲突，不能天真地认为优秀的管理者就必须介入每一个冲突中。

策略二：强调共同的战略目标。共同的战略目标的作用在于使冲突各方感到使命感和向心力，意识到任何一方单凭自己的资源和力量无法实现目标，只有在全体成员通力协作下才能取得成功。如企业中投资部门、经营管理部门、质量安全部门、销售部门等都会不自觉得强调自己部门的重要性，需要使其意识到要从企业整体高度看待问题，而不是从部门，甚至个人的角度。在这种情况下，冲突各方可能为这个共同的战略目标相互谦让或做出牺牲，避免冲突的发生。

策略三：制度的建立和执行。制度的存在虽然让许多人觉得受到约束，但它是一条警戒线，足以规范成员的作为。因此通过制定一套切实可行的制度并将企业成员的行为纳入制度的规范范围，靠法治而不是人治来回避和降低冲突。

策略四：各方的妥协。前联合国秘书长安南曾坦言：联合国作为全球政治冲突的中心，其最大的作用就是妥协。所谓妥协就是在彼此之间的看法、观点的交集基础上，建立共识，彼此都做出一定的让步，达到各方都有所赢、有所输的目的。当冲突双方势均力敌或焦点问题纷繁复杂时，妥协是避免冲突，达成一致的有效策略。

策略五：强制执行。这是同妥协相对立的解决方式，当管理者需要对重大事件做出迅速的处理时，或者需要采取不同寻常的行动而无法顾及其他因素时，以牺牲某些利益来保证决策效率也是解决冲突的途径之一。

核心概念或理论

1. 项目沟通管理

项目信息是指报告、数据、计划、技术文件、会议等与项目实施直接或间接联系的各种信息。项目信息在整个项目实施过程中起着非常重要的作用，收集到的项目信息是否正确、能否及时地传递给项目利益相关者，将决定项目的成败。

项目沟通管理就是确定利益相关者对信息与沟通的需求，确定谁需要信息，需要什么信息，何时需要，以及如何将信息分发给他们。

2. 项目信息沟通的方式

（1）根据沟通的严肃性程度分为：正式沟通和非正式沟通。

（2）根据沟通的方向分为：上行沟通、下行沟通和平行沟通；或横向沟通和纵向沟通；单向沟通和双向沟通。

（3）根据沟通的工具分为：书面沟通和口头沟通；语言沟通和体语沟通等。

3. 项目沟通渠道

（1）正式沟通渠道：关于不同的沟通网络如何影响个体和团体的行为以及各种网络结构的优缺点，巴维拉斯对5种结构形式进行了实验比较。

① 链式沟通渠道；

② 轮式沟通渠道；

③ 环式沟通渠道；

④ Y式沟通渠道；

⑤ 全通道式沟通渠道。

（2）非正式沟通网络的概念和特点。

概念：与正式组织无关，因某些兴趣、习惯、爱好相同而形成的群体。

特点：①不受管理者控制；②更相信非正式组织成员的信息；③对传递信息的人有利（有一定的目的性）；④准确率较高（据统计准确率达75%）；⑤可以缓解人们的焦虑（很关心又得不到）；⑥能整合群体成员；⑦表明信息发布者的地位。

4. 项目冲突

冲突就是项目中各因素在整合过程中出现了不协调的现象。冲突管理是项目管理者利用现有技术方法，对出现的不协调现象进行处置或对可能出现的不协调现象进行预防的过程。解决冲突的方式：退出、强制、缓和、妥协、面对面协商等。

练习

一、单项选择题

根据你学过的知识，从 A、B、C、D 选项中选择一个正确的答案。

1. 信息沟通网络是由各种沟通途径所组成的结构形式，它直接影响到沟通的有效性及组织成员的满意度。以下四种沟通网络形式中，最能使组织士气高昂的沟通网络形式是（   ）。

A	轮式沟通网络
B	链式沟通网络
C	环式沟通网络
D	Y 式沟通网络

2. 管理需要信息沟通，而信息沟通必须具备的三个关键要素是（   ）。

A	传递者、接收者、信息渠道
B	发送者、传递者、信息内容
C	发送者、接收者、信息内容
D	发送者、传递者、接收者

3. 人际沟通中会受到各种"噪声干扰"的影响，这里所指的"噪声干扰"可能来自（   ）。

A	沟通的全过程
B	信息传递过程
C	信息解码过程
D	信息编码过程

4. 项目团队成员要经常学习新的技能，并在项目实施的过程中不断地提高使用这些技能的熟练程度。对于项目经理而言，一个工作重点是要更新员工资料库中有关雇员技能的信息。这一工作应该在下述哪个管理过程中完成？（   ）

A	资源计划编制
B	沟通计划编制
C	团队发展
D	行政收尾

5. 在项目的收尾阶段，一系列的行政事务必须得到实施和了结。一个基本的关注就是评估项目的有效程度。成功完成任务的一个方法是（　　）。

A	准备一个业绩报告
B	实施审查
C	进行业绩评价
D	进行采购审核

6. 在下面哪种情况下，项目小组需要与客户进行正式的书面沟通（　　）。

A	项目的产品出现问题
B	项目进度延期
C	项目支出超支
D	客户提出超出合同要求的工作

7. 在项目实施的整个过程中，强度最大的冲突是（　　）。

A	技术冲突
B	项目成员的个性冲突
C	进度计划冲突
D	人力资源冲突

8. 下面哪种说法是不正确的（　　）。

A	项目沟通有单向沟通和双向沟通
B	项目沟通既有下对上的沟通也有上对下的沟通
C	项目沟通只在项目团队内部进行
D	项目沟通分为文字符号、言语动作沟通

9. 下面哪种说法是不正确的（　　）。

A	有些风险是可以回避的
B	风险只有负面影响
C	风险对于不同的人或组织影响的大小是不同的
D	项目中总是存在风险

10. 项目沟通的促进者应该是（　　）。

A	A. MIS 专家
B	项目管理者
C	项目秘书
D	项目客户

二、判断题

根据你学过的知识判断下面的题目，正确的选择"对"，错误的选择"错"。

1. 项目沟通就是项目经理经常找人谈话。

2. 项目进展报告是项目沟通的重要形式。

3. 有效沟通的一个基本条件是演讲者表达清楚。

4. 项目团队集中办公有利于提高沟通水平。

5. 冲突是项目组织的必然产物，它通常在组织的任何层次都会产生。

6. 相对正式沟通而言，非正式沟通的沟通效果好。

7. 在双向沟通中，沟通主体和沟通客体两者的角色不断交换。

8. 冲突的强度越高，就说明它越重要，应该尽快解决。

9. 在冲突双方势均力敌、难分胜负时，妥协也许是较为恰当的解决方式。

10. 项目进度冲突往往是由于项目经理的权力受限而发生的。

三、案例分析

晓蕊是一个典型的北方姑娘，具有北方人的热情和直率，这使得她在中学的时候很受老师和同学的欢迎。进入大学以后，晓蕊加入了女生部，经过一番面试与复试，晓蕊最终入选。但是到女生部组织策划的第一个传统活动——T风暴模特秀时,晓蕊就陷入了困境中。

　　T风暴模特秀活动的任务安排基本上都由部长和副部长指定担任的,部长和有些干事是中学母校时的校友,所以在分配任务和安排活动时难免牵扯到私人感情。在T风暴进入活动准备期间时,晓蕊被部长安排到了工作较为枯燥、锻炼机会较少的宣传组工作。然而晓蕊认为自己性格开朗,有很强的人际交往能力,更适合做外联组的工作。因此,晓蕊找到部长直截了当地说:"我想和你谈谈T风暴任务分配的想法,可以吗?""好啊!你有什么好的建议吗?""部长,如果要圆满地组织好一次大型的活动,我觉得最重要的是全体成员的协调和配合。我参加女生部已经有一段时间了,我认为部里主要的问题在于职责界定不清;干事的自主权力太小致使干事觉得部长或副部对他们缺乏信任;一些工作的分配都缺乏公平性和透明性,干事不能根据自己的特长得到锻炼的机会,也不能公平合理地竞争。"晓蕊按照自己早已形成的看法逐条向部长道来。

　　部长微微皱了一下眉头说:"你说的这些问题我们部也确实存在,但是你必须承认,我们部已经成功举办好几届活动了,这说明目前的体制有它的合理性。""可是,几次的活动并不能说明这种方法是真正有效的啊!""那你有具体方案吗?""目前还没有,但是如果你认为我的想法可行,我想方案只是时间问题。""那你先回去做方案,关于你刚才所说的,我会考虑一下的。"说完部长又开始继续写下一步的工作计划了。晓蕊感到了不被认可的失落,她的建议石沉大海,部长好像完全不记得有关建议的事。晓蕊陷入困惑之中,她不知道自己是否应该继续和部长沟通,还是干脆放弃女生部的工作,另找一个能发挥自己能力的空间。

　　案例分析问题:
　　1. 本次沟通存在什么问题?
　　2. 晓蕊在沟通中存在什么问题?
　　3. 部长在沟通中存在什么问题?
　　4. 女生部应该如何改进其沟通工作?

第十六章 项目风险管理

开篇案例：世界之巅的风险管理

珠穆朗玛峰探险，提供了项目风险管理的启示。首先，绝大多数登山队员需要花多于 3 周的时间，来使其身体适应高海拔环境。其次，大量本地夏尔巴人为他们运输给养和建立登山四个阶段中将使用的宿营基地。为减少缺氧造成的氧气不足、轻度头痛和丧失方向感等影响，绝大多数登山者在最后登顶中使用氧气面罩和氧气瓶。如果足够幸运不是登山季节的第一批探险者，则可以利用前面登山者打桩并连绳的登顶路径。

登山向导通过电台收到最后一分钟的天气报告，以便确认天气是否能保证风险要小。为增加保险，绝大多数登山者会参与夏尔巴人精心准备的礼拜仪式，在登山前企求神的加持。从宿营基地到顶峰的一段路程，被登山者称为"死亡地带"，因为超过 26000 英尺高度后，头脑和身体很快开始恶化，即使补充氧气也是如此。

在良好的条件下，从登顶到回到基地的来回路程，需要 18 个小时。登山者凌晨 1 点开始出发，以便在夜幕降临和完全疲惫之前回到营地。攀登珠穆朗玛峰最大的危险不在于登顶，而在于能否返回宿营基地。每五个登顶成功者中，就有一个在下山时死亡。

关键在于建立应变计划，在登山者遇到难题或天气变化时使用。应变计划建立一个预定的回转时点（下午 2 点）以保证安全返回，无论登山者离顶峰多近到那个时候都要返回，以保证安全。按照这个规则需要强大的自律。例如，登山者戈兰·克拉普，他在离山顶 1000 英尺时返回。他是一个 29 岁的瑞典人，曾经从斯德哥尔摩骑自行车到加德满都，全程 8000 英里！

没能坚持执行回转点，而一心走向顶峰使很多生命消逝。正如一个登山者所说："具有足够决心时，任何傻瓜都可以登上山顶，关键在于活着回来。"

讨论：

1. 攀登珠峰的风险有哪些？
2. 案例中采用了哪些措施？其中，最关键的是什么？
3. 你有什么建议和补充？

第一节 风险和风险管理

通俗地讲，风险就是发生不幸事件的概率。换句话说，风险是指一个事件产生我们所不希望的后果的可能性。从广义上讲，只要某一事件的发生存在着两种或两种以上的可能性，那么就认为该事件存在着风险。因此，我们将风险定义为活动或事件的不确定性、可能发生的危险，或遭受损失的一种可能性。如质量降低，费用增加，项目进度延误。有多个不同的标准来对风险进行分类。

按照行为分类，我们可以将风险分为：（1）投资风险（资金回收与投资方向有关的风险，例如个人在储蓄、股票或者不动产上的投资风险）；（2）经营风险（在销售、采购、广告等环节产生的风险）；（3）生产风险（在生产过程中，由于设备、产品质量、系统故障等产生的风险）。

按照决策或行为目标，我们可以将风险分为：（1）政治目标风险（如三峡工程）；（2）环境风险（生态、环境）；（3）社会风险（核工程）。

按照风险来源，我们可以将风险分为：（1）市场风险（市场的变化引起）；（2）政策风险（金融、税收）；（3）技术风险（设计、施工、技术指标）；（4）经济风险（货币、利率、汇率）；（5）政治风险（政局是否稳定）；（6）信用风险（行为人的失信）；（7）道德风险（商业秘密、研发人员跳槽）等。

风险管理（Risk Management）是指如何在项目或者企业环境里把

风险减至最低的管理过程。风险管理是指通过对风险的认识、衡量和分析，选择最有效的方式，主动地、有目的地、有计划地处理风险，以最小成本争取获得最大安全保证的管理方法。良好的风险管理有助于降低决策错误之概率、避免损失之可能、提高企业价值。

风险管理作为企业的一种管理活动，1931年由美国管理协会首先倡导。由于受到1929—1933年的世界性经济危机的影响，美国约有40%的银行和企业破产，经济倒退了约20年。美国企业为应对经营上的危机，许多大中型企业都在内部设立了保险管理部门，负责安排企业的各种保险项目。可见，当时的风险管理主要依赖保险手段。1938年以后，美国企业对风险管理开始采用科学的方法，并逐步积累了丰富的经验。

20世纪50年代，美国的一些大公司发生了重大损失，使公司高层决策者开始认识到风险管理的重要性。其中一次是1953年8月12日通用汽车公司在密歇根州的一个汽车变速箱厂因火灾损失了5000万美元，成为美国历史上损失最为严重的15起重大火灾之一。这场大火与50年代其他一些偶发事件一起，推动了美国风险管理活动的兴起。

从20世纪60年代起，对风险管理的研究逐步趋向系统化、专门化，使风险管理成为企业管理中一门独立学科。20世纪70年代中期，全美大多数大学工商管理学院均普遍开设风险管理课程。20世纪70年代以后逐渐掀起了全球性的风险管理运动。70年代以后，随着企业面临的风险复杂多样和风险费用的增加，法国从美国引进了风险管理并在法国国内传播开来。与法国同时，日本也开始了风险管理研究。

1979年3月美国三里岛核电站的爆炸事故，1984年12月3日美国联合碳化物公司在印度的一家农药厂发生了毒气泄漏事故，1986年前苏联乌克兰切尔诺贝利核电站发生的核事故等一系列事件，大大推动了风险管理在世界范围内的发展。

1986年10月，新加坡召开风险管理国际学术讨论会，风险管理活动成为全球范围的国际性活动。随着经济、社会和技术的迅速发展，人类开始面临越来越多、越来越严重的风险。科学技术的进步在给人类带来巨大利益的同时，也给社会带来了前所未有的风险。目前，风险管理已经发展成企业管理中一个具有相对独立职能的管理领域，在围绕企业的经营和发展目标方面，风险管理和企业的经营管理、战略管理一样具有十分重要的意义。

近20年来，美国、英国、法国、德国、日本等国家先后建立起全国性和地区性的风险管理协会。1983年在美国召开的风险和保险管理协会年会上，世界各国专家学者云集纽约，共同讨论并通过了"101条风险管理准则"，它标志着风险管理的发展已进入了一个新的发展阶段。1986年，由欧洲11个国家共同成立的"欧洲风险研究会"将风险研究扩大到国际交流范围。1986年10月，风险管理国际学术讨论会在新加坡召开，风险管理已经由环大西洋地区向亚洲太平洋地区发展。进入20世纪90年代，随着资产证券化在国际上兴起，风险证券化也被引入风险管理的研究领域中。而最为成功的例子是瑞士在保险公司发行的巨灾债券，和由美国芝加哥期货交易所发行的PCS期权。

目前，世界上著名的风险管理组织有：美国风险与保险管理协会（RIMS）、美国风险与保险协会（ARIS）、日本风险管理协会（JRMS）、英国工商企业风险管理与保险协会（AIRMIC）。中国对于风险管理的研究开始于20世纪80年代。一些学者将风险管理和安全系统工程理论引入中国，在少数企业试用中感觉比较满意。中国大部分企业缺乏对风险管理的认识，也没有建立专门的风险管理机构。作为一门学科，风险管理学在中国仍处于起步阶段。

第二节　项目风险管理过程

项目风险管理是识别和分析项目风险及采取应对措施的活动。包括将积极因素所产生的影响最大化和使消极因素产生的影响最小化两方面内容。因此，项目风险管理就是项目管理组织对可能遇到的风险进行规划、识别、估计、评价、应对、监控的过程，是以科学的管理方法，实现最大安全保障的实践活动的总称。

一、项目风险规划

风险规划就是决定风险管理活动的计划和实践形式。项目风险规划是项目风险管理的一整套计划。包括定义项目组及成员风险管理的行动方案及方式，选择合适的风险管理方法，确定风险判断的依据等。项目风险规划的结果是整个项目风险管理的战略性和全生命周期的指导性纲领。

项目风险规划考虑两个问题：（1）风险管理策略本身是否正确可行；（2）实施风险管理策略的手段和策略是否符合项目总目标。进行项目风险规划的主要工具有召开风险规划会议。主要内容有确定风险管理目标、风险管理组织（负责人和团队），以及制订风险管理计划等。

二、项目风险识别

风险识别就是确定风险来源，产生条件并描述其特征。项目风险识别就是将项目风险的因子要素归类和分层地查找出来。项目风险识别包括确定风险来源、风险产生条件、描述风险特征、确定哪些风险事件有可能影响项目。

项目风险识别要回答以下问题：（1）项目中有哪些潜在的风险因素？（2）这些风险因素会引起什么风险？（3）这些风险的严重程度如何？

项目风险识别的方法有：德尔菲方法、头脑风暴法、情景分析法、核对表法、敏感性分析法、图解技术、访谈法等。通过使用这些方法，项目风险识别的成果有：已识别风险清单、潜在应对措施清单、风险根本原因、风险类别更新、各种项目风险征兆等。

项目风险识别的一般步骤有：

（1）明确所要实现的目标；

（2）借助因素层次图找出影响目标值的全部因素；

（3）分析各因素对目标的相对影响程度；

（4）根据对各因素向不利方向变化的可能性进行分析、判断，并确定主要风险因素，其中第 2 步是风险识别的一个关键。

例如，以工程项目的风险识别来说明因素层次图：

（1）目标确定为项目净现值（NPV）；

（2）找出决定 NPV 大小的第一层因素；

（3）逐层分解，直至可直接判断其变动可能性为止；

（4）结合对未来环境（政策、经济、市场、技术环境）的分析预测以及分析人员的经验，判断主要因素发生不利变化的可能性大小及程度，以此找出主要的风险因素（可用敏感性分析法），如图 16-1 所示。

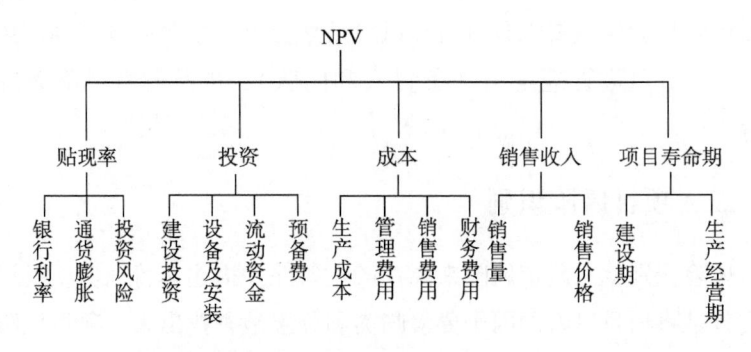

图 16-1 项目风险因素层次图

三、项目风险估计

风险估计就是确定风险发生的可能性，时间以及危害。项目风险估计是对风险进行定性分析，并依据风险对项目目标的影响程度对项目风险进行分级排序的过程。通过对项目所有不确定性和风险要素的充分、系统而又有条理的考虑，确定项目的各种风险。

项目风险估计的内容有：（1）风险事件发生的可能性的大小；（2）可能的结果范围和危害程度；（3）预期发生的时间；（4）一个风险因素所产生的风险事件的发生频率。

四、项目风险评价

风险评价就是确定项目的关键风险和整体风险水平。项目风险评价就是对项目风险进行综合评价。它通过建立风险的系统模型，从而找到该项目的关键风险，确定项目的整体风险水平，为如何处置这些风险提供科学依据，以保障项目的顺利进行。

项目风险评价的环节有：（1）确定风险的先后顺序；（2）评估风险之间的因果关系；（3）评估风险损害程度；（4）评估风险转化的条件；（5）确定项目整体风险水平。

五、项目风险应对

风险应对就是设计如何改变风险的性质，概率和影响水平。项目风险应对就是对项目风险提出处置意见和方法。项目风险应对从改变风险后果的性质、风险发生概率、风险后果大小三个方面提出以下多种策略：减轻风险、预防风险、转移风险、回避风险、自留风险和后备措施等。风险管理的一条基本原则是：以最小的成本获得最大的保障。对风险的处理有回避风险、预防风险、自留风险和转移风险等四种方法。

（1）回避风险。回避风险是指主动避开损失发生的可能性。如考虑到游泳有溺水的危险，就不去游泳。虽然回避风险能从根本上消除隐患，但这种方法明显具有很大的局限性，因为并不是所有的风险都可以回避或应该进行回避。如人身意外伤害，无论如何小心翼翼，这类风险总是无法彻底消除。再如，因害怕出车祸就拒绝乘车，车祸这类风险虽可由此而完全避免，但将给日常生活带来极大的不便，实际上是不可行的。

（2）预防风险。预防风险是指采取预防措施，以减小损失发生的可能性及损失程度。兴修水利、建造防护林就是典型的例子。预防风险涉及一个现时成本与潜在损失比较的问题：若潜在损失远大于采取预防措施所支出的成本，就应采用预防风险手段。以兴修堤坝为例，虽然施工成本很高，但与洪水泛滥造成的巨大灾害相比，就显得微不足道。

（3）自留风险。自留风险是指自己非理性或理性地主动承担风险。"非理性"自留风险是指对损失发生存在侥幸心理或对潜在的损失程度估计不足从而暴露于风险中;"理性"自留风险是指经正确分析,认为潜在损失在承受范围之内,而且自己承担全部或部分风险比购买保险要经济合算。自留风险一般适用于对付发生概率小,且损失程度低的风险。

(4)转移风险。转移风险是指通过某种安排,把自己面临的风险全部或部分转移给另一方。通过转移风险而得到保障,是应用范围最广、最有效的风险管理手段,保险就是其中之一。

六、项目风险监控

风险监控即全程监控项目的进展和项目环境的变化。项目风险监控就是通过对风险规划、识别、估计、评价、应对全过程的监视和控制,从而保证风险管理能达到预期的目标,它是项目实施过程中的一项重要工作。

项目风险监控的目的实际是监控项目的进展和项目环境,即项目情况的变化,其目的是:(1)核对风险管理策略和措施的实际效果是否与预见的相同;(2)寻找机会改善和细化风险规避计划;(3)获取反馈信息,以便将来的决策更符合实际。项目风险监控的依据有项目风险管理计划和项目风险应对计划、项目进展报告、项目评审报告等。

第三节 项目风险管理举例

近年来,打造精良的影视剧节目日益受到观众的好评,电影院、电视,以及手机等移动端的视频平台都迎来了高速的发展。影视剧的投资是制作方为生产其产品而进行的经济活动。投资是以出品人为主角,以影视剧项目作为文化产品项目,对其应用功能、产品价值和市场定位进行分析和论证,并通过市场运作方式收回成本、获取相应利润的资金投放方式。因此,成功的影视剧节目不仅是项目管理的典范,同时也是风险管理的代表。

影视剧投资的目的,是通过生产影视剧产品,最终获得较好的社会效益与经济效益。因此在对一部影视剧进行投资之前，投资方和制作方应该形成一套市场调研、投资分析、产品开发、监控和反馈的体系，可以将商业计划和投资分析的成熟方法借鉴到影视剧的投资、制作当中来，以此来科学地分析和判断影视项目的优劣。这既需要有一批懂得投资、市场、财务和法律的专业人才，又要有一批熟悉影视剧市场和影视剧生产、销售流程的业务人才，通过他们的互相配合才能做出有效的分析报告。其中，影视剧制片人就是这个项目的经理。投资方与制片人之间是信用的关系，制片人要对投资人负责，保证影视剧的制作质量，保证投资方的投资利益❶。

影视剧项目的风险主要是投资风险，大致可以分为政策风险、市场风险、人为风险和自然风险四类。政策风险主要表现为以下两个方面：

（1）对国家或主管部门的政策、法规中限定性条款不熟悉，因内容限制而导致投资风险。比如涉及民族、宗教政策的影视剧要由民委和宗教局审查，合拍剧或聘请境外演员的要报国家广电总局外事司批准等。投拍影视剧一定要避免因违规操作而被"叫停"的可能，否则将导致重大损失。

（2）投资者的判断力和决策力迟缓，跟不上政策、法规的调整速度而导致的投资风险。

例如，2004年国家广电总局相继出台的关于对涉案剧的限播令（要求涉案剧退出黄金档的播出时段）和关于就"红色经典"对编剧的再审办法，都致使部分制作公司经济受损。其主要原因是政府部门的行政手段过强，以及投资者没有密切关注有关管理政策的变动并采取相应的措施而造成的。

市场风险主要体现为以下两个方面：

（1）对市场预测过于乐观所带来的风险。这种风险指的是很多人在做影视剧市场预测时，往往一厢情愿地过高估计了该剧的市场销售

---

❶ 资料来源：克顿数据传媒中心，影视制片人必看攻略——投资风险规避与成本管理，https：//www.sohu.com/a/235421844_99919418，2018-06-12.

额,从而导致投资过高而造成亏损。造成亏损的原因不是因为做得不好,而是因为没有那么大的市场空间。比如前几年"戏说"题材的影视剧在市场上很受欢迎,于是很多公司都看好这类题材的影视剧,并投资进行拍摄。等到影视剧制作完成后发现,市场上已有很多类似的影视剧,供给量已经大大多于实际的需求量,进而导致购买价格大幅下降,最终使得一些影视剧无法销售出去,使投资者受到了损失。

(2)对市场变化缺乏应对措施所带来的风险。市场是瞬息万变的,投资者在投资时如果无法预测到各种可能的变化,也会导致投资风险。比如,2002年,国家广电总局积极推进各地组建集团,导致各地电视媒体购买节目的机构合并,实际上造成了地方市场出现萎缩,致使节目价格下滑,使投资者的利益受损。此外,2005年上半年盗版高压缩DV对音像市场的冲击,导致影视剧版权音像市场的收益几乎全部受损,给投资者带来了巨大损失。

如果说政策风险和市场风险难以完全预测,项目组相对被动。那么,人为风险则是项目组可以积极避免并预防的风险,人为风险包括:(1)法律文书的风险。主要是指在签署法律文书时,没能将影视剧制作过程的一些实质内容和核心条款等纳入风险管理范畴。因此当出现制片方与投资方发生纠纷的情况时,将给投资方带来麻烦和不必要的损失。(2)选择合作伙伴错误导致的风险。主要是指因各种因素造成相关的参与者不履行和约、违背承诺,从而可能导致影视剧无法正常拍摄或投资发生损失的风险,如资金不到位或资金被骗等情况。(3)选错主创人员的风险。主要是指在选择编剧、导演或主要演员等人员时出现失误,造成影视剧的艺术效果和质量出现较大问题,使拍出来的影视剧不受市场欢迎,结果导致投资成本无法正常收回。(4)生产管理风险。主要是指制片管理人员自身素质欠缺、管理和协调能力不强,从而导致生产管理混乱,制作的影视剧质量不高,缺乏市场竞争力。严重的情况是发生诸如车祸或者火灾等意外事故。此外,器材设备和磁带的保管、现金的保管等,也存在风险。

自然风险不是意外风险,前者指人祸,后者指天灾,比如地震和台风等自然灾害。由于影视剧投资活动的周期比较长,并且有很多室外景地的拍摄工作，经常要跨越不同的地区进行野外作业，活动范围很大，并且会涉及复杂的地理、气候等因素。因此，在一定程度上会受到自然环境、气候条件等不利因素的影响。这些影响因素多来自自然界的变化，出现的概率不大，但是突发性很强，往往事先无法预测，人们也很难控制。如果一旦发生，就有可能造成巨大的危害和损失。比如影视剧剧组正在拍摄外景戏时，突然遭遇到暴雨甚至山洪暴发等情况，就可能会对剧组的拍摄进展造成很大的影响，扰乱正常的摄制进程，甚至会对剧组成员的人身安全造成危害，导致拍摄进度延误、拍摄成本增加。

针对上述风险，剧组可以从以下几个方面来采取措施，积极地规避投资风险：

1. 对项目进行科学的投资论证

投资人在投拍一部影视剧之前，要充分利用各种渠道，收集相关市场信息，准确了解观众的需求，在此基础上对该影视剧项目进行分析和论证。投资者获得的相关信息和数据越多、越准确，对项目的判断和市场的把握就越准确。项目论证必须以最终消费者——观众的需求为核心，确定主要目标市场，并针对市场的需求进行产品的精确定位，包括影视剧的类型、题材、风格、目标观众群等。在决定进行投资时，投资者要结合自身的情况和风险负担能力，选择合适的投资时机。通常人们的投资判断是基于对市场的预测，但市场是在不断变化的，所以投资者也要不时地调整对市场的预期，及时做出规避风险的决策。

2. 进行资产的投资组合

所谓组合投资，即投资者将资产分散配置到多个投资对象上，而不是只投在一个项目上，以此来获得平稳的收益。组合投资是一种有效的规避投资风险的方式。由于不同投资项目的风险程度不同，在一般情况下，几个投资项目同时失败的可能性要远远小于一个项目失败的可能性。因此，一个风险分散的投资组合策略可以平衡风险与回报之间的关系。例如，通过将较为保守的投资和危险较高的投资相互组合，可以尽量降低因为单个项目操作失误所造成的重大损失。

3. 选择良好的合作伙伴进行联合投资

对于资金量需求较大、投资风险也较大的项目，可以联合多个投资者共同投资，这样可以将投资风险均摊到每个投资者身上，因此对于单个投资者来说，其所承担的风险就相对降低。联合投资的合作伙伴可以是影视剧发行商、广告商、其他影视制作机构、文化公司甚至房地产商等。

在联合投资中，要注意搞清对方的信誉、资金与资源等情况，选择信誉好、实力强的投资者作为合作伙伴。此外，还特别需要处理好一些容易发生的问题：如由于投资商多了而产生意见不合导致延误拍摄，或者在分配利润时产生纠纷等。有效的预防方法是签订法律合同，以一家主要的出资者为主，其他投资商以股份制形式进行合作，按照出资的比例，明确各方的权限、责任和利润分成。同时，还需要注意在合同中注明对于联合投资的相关参与方在违约时的处理方法等事项。

4. 选择合适的主创人员

主创人员的选择对影视剧作品的质量至关重要，因此选择合适的主创人员也是规避风险的重要因素。在选择编剧、导演、演员、摄像等摄制组人员时，必须要从符合该剧风格的角度出发。制片人在选择导演时要考虑导演的艺术风格是否与影视剧的风格接近，该导演是否具备引领创作人员保持高质量创作的工作能力，以及对剧本进行二度创作的艺术才能。

导演在选定摄制组人员的同时，对演员的挑选也是非常重要的，角色是一部影视剧最核心的艺术元素，因此演员选择的好坏直接关系到影视剧的质量，挑选演员要考虑演员的外形、气质是否与角色符合。此外，演员的成本、档期以及演员的搭配等都与影视剧的质量有着直接的关系。

5. 加强制片环节的管理

影视剧产品的生产是一个完整的过程，这个过程涉及生产领域、流通领域及资本市场。必须保证每一个环节都通畅，才能使整个制片活动高效地进行，而任何一处发生了问题都会延误拍摄，甚至导致整个影视剧作品的收益受损。因此,影视剧制片管理是一个系统工程,其目标就是以生产出好的影视剧作品为根本目的的管理活动,而制片管理工作的不到位将会使影视剧在拍摄过程中产生诸多问题,从而影响影视剧的质量和成本,为投资者带来风险。

加强制片环节的管理要特别做好三个方面的工作:(1)制定完善的管理制度,以此明确各部门的职责与奖惩机制,规范剧组成员的行为;(2)建立有效的监督机制,对摄制过程的艺术和技术质量以及财务、设备等各个方面进行监督,发现问题及时解决,确保各项工作的顺利开展;(3)管理者要树立"以人为本"的管理理念,尊重剧组中的各类演职人员,做好服务工作,形成相互信任的工作氛围,充分调动他们的工作积极性和热情。

6. 节约成本

拍摄影视剧,需要动用大量的资金,人员、器材、场景、衣食住行等都离不开资金的支持,而且拍摄的时间也较长。为了使影视剧产品获得更高的利润,在不影响艺术与技术质量的前提下,需要制作人员尽可能地节省成本。节约拍摄成本的主要办法如下:(1)合理制定制作周期,尽量缩短整体拍摄周期;(2)控制好前期筹备阶段的各项费用;(3)演职人员的成本合理;(4)充分利用可回收资产(如服装、道具、置景等);(5)选择利用免费场景;(6)寻找更多的商业赞助,减少成本支出;(7)完善的用人资格认定(如前期用人资格认定,可避免人员成本的浪费);(8)寻求政府、军队的实物赞助(如大型道具、实景、大量的群众演员等)。

7. 全面营销

一部品质优良的影视剧只有被成功地销售出去才有可能实现良好的经济效益,并取得好的社会宣传效果。从这个意义上来说,首先,影视剧的市场营销环节就显得非常重要。其次,在开发影视剧产品时,要考虑渠道的多样性,可以考虑以下举措:(1)产品开发的品种多样化(套拍电视电影、高清标清套拍、图书广播产品);(2)相关产品的开发(同名影视剧邮票、首日封、T恤衫、玩具);(3)寻求政府等相关部门的资助(政府宣传、政府获奖、社会教育);(4)兼顾海外市场，扩大收益范围（在项目策划时应考虑海外市场的需求）；
(5) 通过其他合法手段争取利益最大化。

核心概念或理论

1. 风险

风险是为实现项目目标的活动或事件的不确定性和可能发生的危险，或遭受损失的一种可能性。如质量的降低，费用的增加，项目完成的推迟等。

2. 项目风险管理

项目风险管理是项目管理组织对可能遇到的风险进行规划、识别、估计、评价、应对、监控的过程，是以科学的管理方法实现最大安全保障的实践活动的总称。

3. 项目风险的分类

项目风险的分类。按照行为分类：投资风险（资金回收与投资方向有关：个人—储蓄、股票……）；经营风险（销售、采购、广告）；生产风险（设备、质量、系统）等。

4. 项目风险规划

项目风险规划是项目风险管理的一整套计划。主要包括定义项目组及成员风险管理的行动方案及方式，选择合适的风险管理方法，确定风险判断的依据等。项目风险规划用于对风险管理活动的计划和实践形式进行决策，其结果将是整个项目风险管理的战略性和全生命周期的指导性纲领。

5. 项目风险识别

项目风险识别就是将项目风险的因子要素归类和分层地查找出来。项目风险识别包括确定风险的来源，风险产生的条件，描述其风险特征和确定哪些风险事件有可能影响项目。

6. 项目风险估计

项目风险估计是对风险进行定性分析，并依据风险对项目目标的影响程度对项目风险进行分级排序的过程。通过对项目所有不确定性和风险要素的充分、系统而又有条理的考虑，确定项目的各种风险。

7. 项目风险评价

项目风险评价就是对项目风险进行综合评价。它是在对项目风险进行规划、识别和估计的基础上，通过建立风险的系统模型，从而找到该项目的关键风险，确定项目的整体风险水平，为如何处置这些风险提供科学依据，以保障项目的顺利进行。

8. 项目风险应对

项目风险应对就是对项目风险提出处置意见和方法。项目风险应对可以从改变风险后果的性质、风险发生的概率和风险后果大小三个方面提出以下多种策略：减轻风险、预防风险、转移风险、回避风险、自留风险和后备措施等。

9. 项目风险监控

项目风险监控就是通过对风险规划、识别、估计、评价、应对全过程的监视和控制，从而保证风险管理能达到预期的目标，它是项目实施过程中的一项重要工作。

练习

一、单项选择题

根据你学过的知识，从 A、B、C、D 选项中选择一个正确的答案。

1. 项目风险应对的方法包括（　　）。

A	风险识别、风险分析、风险应对、风险监控
B	层次风险法、敏感度分析、蒙特卡罗模拟
C	头脑风暴法、德尔菲法
D	风险转移、风险规避、风险缓解、风险接受

2. 项目风险管理的过程包括（　　）。

A	风险规划
B	风险识别、风险分析
C	风险应对、风险监控
D	A、B、C 都有

3. 下列不属于项目风险定量分析方法的是（　　）。

A	层次分析法
B	矩阵分析法
C	敏感度分析
D	决策树法

4. 项目团队另外准备一套备用的进度计划，这属于（　　）。

A	关键路径分析
B	蒙特卡罗仿真
C	应急计划
D	进度偏差

5. 风险识别最先解决的是（　　）。

A	影响程度高，发生概率较小的风险
B	影响程度低，发生概率较小的风险
C	影响程度高，发生概率较大的风险
D	影响程度低，发生概率较大的风险

6. 在风险管理的哪个过程，会用风险的分类作为输入（　　）。

A	风险识别
B	风险定性分析
C	风险定量分析
D	风险应对规划

7. 要起到效果，风险管理过程应该是（　　）。

A	主要应用于概念和收尾阶段，在一定程度上用于执行和计划编制阶段
B	贯穿整个项目，应用于系统分解和项目组织的各个阶段
C	集中某些项目干系人识别风险和制定降低风险战略
D	注意高层管理认为的关键风险

8. 在风险识别中最常用的技术是（   ）。

A	面访
B	概率/影响分析
C	风险清单
D	脑力风暴

9. 以下哪一项关于风险回避的陈述是不正确的（   ）。

A	重点在于消除造成风险的因素
B	包括做出不向风险发生概率过高的项目投标的决定
C	在风险事件发生的时候接受其后果
D	包括在客户最有可能消除风险的情况下风险转给客户处理

10. 如果一次商业行为有60%的可能赚取200万美元，20%的可能损失150万美元，那么该行为的预期价值为（   ）。

A	$ 50000
B	$ 30000
C	$ 500000
D	$ 900000

二、判断题

根据你学过的知识判断下面的题目，正确的在（ ）打"√"，错误的在（ ）打"×"。

1. 项目的风险无法预测、无法管理。（ ）

2. 风险识别是一次性过程。（ ）

3. 项目风险管理首先要进行项目风险规划。（ ）

4. 风险应对就是回避风险。（ ）

5. 转移风险可以降低风险发生的概率。（ ）

6. 德尔菲法可以避免由于个人因素对项目风险识别的结果产生不当的影响。（ ）

7. 转移风险从长期看总是有益的。（ ）

8. 应急储备可以用来减轻项目的风险。（ ）

9. 风险事件就是那些给项目带来负面影响的，或者是给项目带来损失的事件。（　）

10. 风险评估主要是定性或定量评价风险对项目影响的大小。（　）

三、计算题

1. 某投资者要投资生产某种产品，他通过市场调查和预测，得到了关于未来该产品销售的基本情况。如下表所示，请分别用最大损益值法、期望收益法进行投资决策并把计算和说明过程写在试卷上。

状态概率 方案	Q_1 $P(Q_1)=0.2$	Q_2 $P(Q_2)=0.6$	Q_3 $P(Q_3)=0.2$
大批量 A_1	100	80	-20
中批量 A_2	70	40	10
小批量 A_3	40	40	40

2. 某企业决定今后五年内生产某电子产品的生产批量，以便及早进行生产前的各项准备工作。生产批量的大小主要依据市场销路好坏而定。现有三种可能的方案，即大、中、小三种方案相对于三种销路（好、一般、差）的损益值见下表，请用最大损益值法和期望收益法来进行选择。

状态概率 方案	好 $P(Q_1)=0.3$	一般 $P(Q_2)=0.5$	差 $P(Q_3)=0.2$
大批量 A_1	20	14	-2
中批量 A_2	12	17	12
小批量 A_3	8	10	10

四、应用题

如何进行留学的风险管理？潜在的风险是什么？风险严重程度如何？如何应对？

五、案例分析

2010年，国内某电信公司（H公司）打算上某项目，选定国外Clearnet公司为其提供电话设备。立达公司作为Clearnet公司的国内代理商，与 H 公司签订了总金额近 1000 万元的合同。立达公司是第一次参与此类工程，李先生是项目经理。合同规定如下：

1. 该项目施工周期为三个月；

2. 由 Clearnet 负责提供主要设备，立达公司负责全面的项目管理和系统集成工作；

3. Clearnet 和立达公司之间采用一次性付账；

4. H 公司与立达的合同是固定总价的分期付款合同，同时按照惯例，10% 的尾款要等到系统通过最终验收一年后才予以支付。

整套系统安装完成。但自系统试运行之日起，不断有问题暴露出来。H 公司要求立达公司负责解决。可其中很多问题涉及 Clearnet 的设备问题。因而，立达公司要求 Clearnet 公司予以配合。Clearnet 也一直积极参与此项目的工作。

然而，项目经理李先生发现，为了竞争的需要，立达对 H 公司的承诺和技术建议书远远超过了系统的实际技术指标，而这与设备商 Clearnet 公司与立达的代理合同有很大的出入。由于立达公司实施的项目没有达到合同要求，因此直至 2012 年，H 公司还拖欠立达公司 10% 的验收款和 10% 的尾款。

硬件指标不满足导致项目延期的情况下，立达公司只好不断将 Clearenet 公司的最新软件升级系统提供给 H 公司，甚至派人常驻在 H 公司。又经过了 3 个月，H 公司终于通过了最初验收。在立达公司同意承担系统升级工作直到完全满足合同的基础上，H 公司支付了 10% 的验收款。然而 2012 年年底，Clearent 公司由于内部原因暂时中断了在中国的业务，其产品的支持力度大幅下降，结果致使该项目的收尾工作至今无法完成。据了解，立达公司在此项目上原本可以有 250 万元左右的毛利，可是考虑到增加的项目成本（差旅费、沟通费用、公关费用和贴现率）和尾款，实际上毛利不到 70 万元。如果再考虑工程延期两年多的机会成本，实际利润很可能是负值❶。

---

❶ 根据以下资料改编：殷焕武，周中华，等. 项目管理导论 [M]. 第 2 版. 北京：机械工业出版社，2010：186.

参考文献

[1] 强海涛. 商业策划原理与实践 [M]. 第1版. 北京：机械工业出版社，2011.

[2] 史宪文. 现代企划原理、案例、技术 [M]. 第1版. 北京：清华大学出版社，2011.

[3] 叶万春. 企业营销策划 [M]. 第3版. 北京：中国人民大学出版社，2012.

[4] 张宪平. 特立独行——经典商业策划个案解密 [M]. 北京：中国经济出版社，2006.

[5] 吴粲. 策划学 [M]. 北京：中国人民大学出版社，2012.

[6] 孟韬等. 营销策划：方法、技巧与文案 [M]. 第3版. 北京：机械工业出版社，2016.

[7] 吴柏林. 广告策划：实务与案例 [M]. 第1版. 北京：机械工业出版社，2012.

[8] 爱德华·德·博诺. 水平思考法 [M]. 第1版. 太原：山西人民出版社，2008.

[9] 爱德华·德·博诺. 六项思考帽 [M]. 第1版. 太原：山西人民出版社，2008.

[10] 奥格·曼狄诺. 世界上最伟大的推销员 [M]. 第1版. 北京：世界知识出版社，2013.

[11] 艾·里斯，杰克·特劳特. 定位：有史以来对美国营销影响最大的观念 [M]. 第1版. 北京：机械工业出版社，2015.

[12] 马尔科姆·格拉德威尔. 引爆点 [M]. 第4版. 北京：中信出版社，2014.

[13] （美）罗伯特·B. 西奥迪尼. 影响力 [M]. 北京：北京联合出版公司，2016.

[14] 殷焕武，周中华，等. 项目管理导论 [M]. 第2版. 北京：机械工业出版

社,2010.

[15] 孙新波. 项目管理 [M]. 第1版. 北京：机械工业出版社,2010.

[16] 蒂莫西·J. 克罗彭伯格. 项目管理：现代方法 [M]. 第3版. 杨爱华等,译. 北京：机械工业出版社,2016.

[17] 吴之明,卢有杰. 项目管理引论 [M]. 北京：清华大学出版社,2000.

[18] 邱菀华,沈建明,杨爱华,等. 现代项目管理导论 [M]. 北京：机械工业出版社,2003.

[19] 毕星,翟丽. 项目管理 [M]. 上海：上海复旦大学出版社,2000.

[20] 白思俊等. 现代项目管理概论 [M]. 北京：电子工业出版社,2007.

[21] 吴健,彭四平. 项目管理与实践应用 [M]. 北京：机械工业出版社,2011.

[22] 吴晓波. 大败局 [M]. 杭州：浙江人民出版社,2011：24－29.

[23] 强海涛,杨德慧. 商业策划管理 [M]. 北京：北京大学出版社,2010.